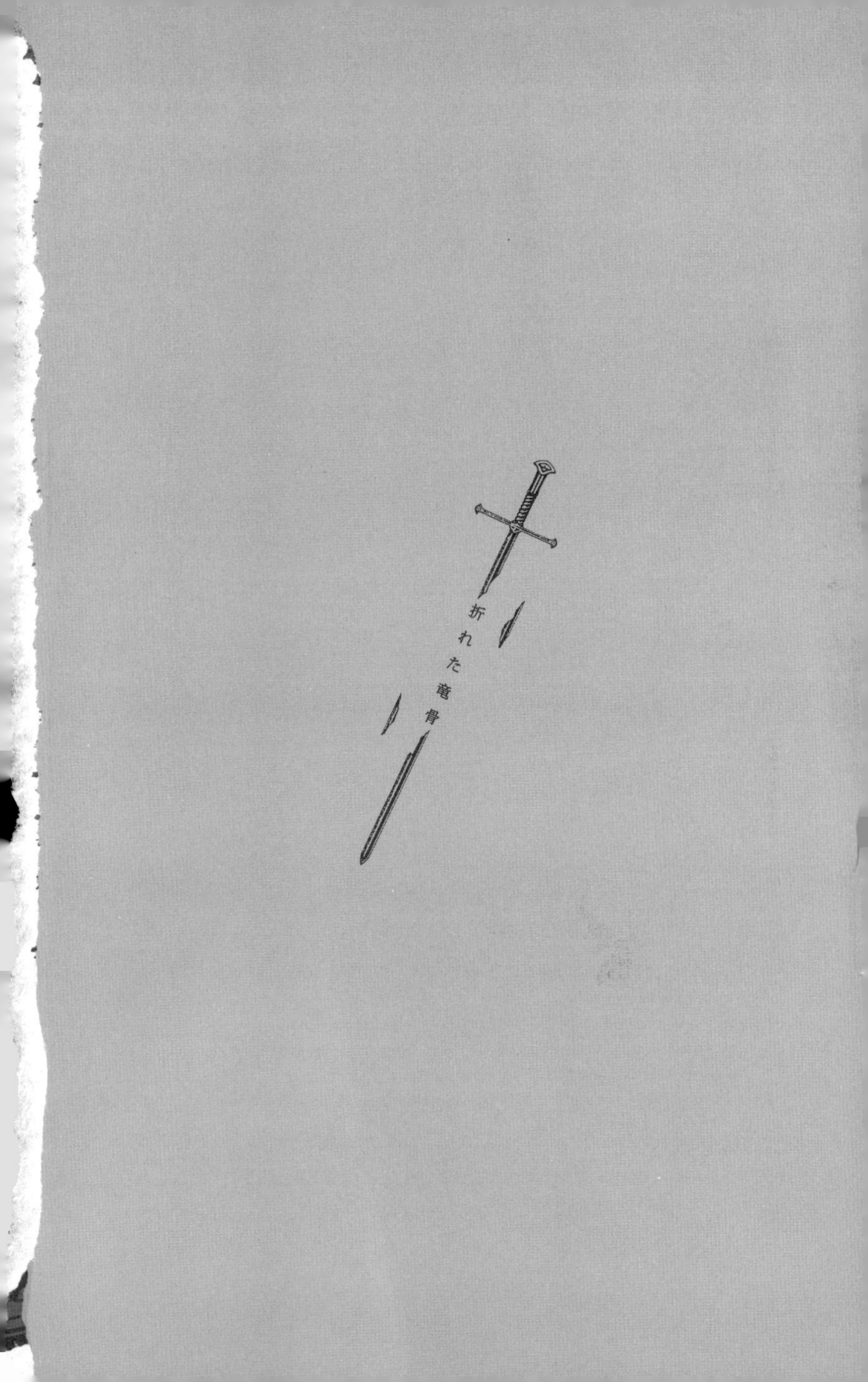
折れた竜骨

양선교의 천로역정

태평양

들어가며

2016년 4월 10일 주일 아침이었다. 혼자만의 기도시간을 갖기 위해 새벽 6시부터 홀로 교회에 앉아 있었다. 그런데 이상한 일이었다. 입에서는 영적인 기도를 하고 있는데, 머릿속에서는 계속적으로 다른 생각이 떠올랐다. 끊임없이 어떤 영상 속으로 빠져 들어가고 있는 느낌이었다. 이 책은 그날의 꿈과 환상이 바탕이 되어 쓰였다.

1부는 주인공인 기자가 구약성서의 인물들을 만나는 이야기이고, 2부는 신약성서의 사도들과 그 외 이야기들을 기자와의 이야기 형식으로 담았다.

이 원고가 나오기까지는 두 달 정도의 시간이 걸렸는데, 실제로 저술한 기간은 한 달 정도에 못 미친다. 이 말은 전폭적으로 성령님께서 쓰게 하셨다는 의미다.

성경 말씀을 많이 인용했기에 차분한 마음으로 읽어 내려가다 보면 놀라운 하나님의 은혜 가운데서 영광의 하나님을 뵙는 데 도움이 되리라 생각된다. 더 나아가 이 시대 그리스도인으로서 어떻게 해야 하나님 나라에 들어갈 수 있는지 깨달아 아는 데 도움이 될 것으로 믿는다.

이 책이 다른 모습으로 새로 태어나기까지 애쓰고 수고해주신 많은 분들이 있다. 그분들께도 진심으로 감사드린다.

이 모든 영광을 하나님께, 그리고 우리의 사랑되신 예수님과 진리의 성령님께 올려드린다.

2018. 4. 월곶에서와 2022. 2. 서울에서

"화려하진 않아도 정결하게 사는 삶, 가진 것이 적어도 감사하며 사는 삶 내게 주신 작은 힘, 나눠주며 사는 삶, 이것이 나의 삶에 행복이라오"

어느 날, 우연히 들꽃 같은 한 여인을 만났습니다. 결코 화려하지 않아 보이는 결코 귀족적이지 않아 보이는 그러나 볼 수록 귀하고 알아갈 수록 신비한 이 여인을 통해 저는 주님을 사랑하며 살아간다는 것은 어떤 모습인지를 배우게 되었습니다. 시골 목사의 아내가 된 것을 행복이라 여기며 욕심 없이 살던 여인이 남편을 먼저 주님 품으로 보내고는 광야에 홀로 남겨졌으니 그 삶이 얼마나 지난했겠습니까! 그 수많은 세월을 가난과 궁핍 속에서 모질게 살아냈으면 어찌 여인의 모습이 일그러지지 않을 수 있을까요? 그러나 여인 '양선교'는 거의 천사와 같은 얼굴로, 아니 천사도 흠모할 만한 목사의 모습으로 이 시대를 향해 호령하고 있습니다. 모르는 이들이 보면 아직도 돈 꽤나 있어 보이는 모습처럼 오해를 불러 오지만, 사실 여인 '양선교'는 아무것도 없는 빈자의 모습, 그 자체입니다. 그러나 항상 웃고 다니며 늘 행복해하면서, 이 시대를 외롭고 아프게 살아가는 이들에게 희망의 전도사로 존경받고 있습니다. 주님을 사랑하는 어린 아이 같은 마음, 오직 주님 한분이면 족하다고 흥에 겨워하는 모습으로 살아가는 주님의 신부가 그 행복한 주님과의 동행을 '천로역정'에 담았습니다. 장차 만날 신랑 예수님을 그리면서 한 걸음, 한 걸음 나아가는 하늘 여정 길에 여러분을 감히 초대합니다.

"눈물 날 일 많지만 기도할 수 있는 것 억울한 일 많으나 주를 위해 참는 것 비록 짧은 작은 삶 주 뜻대로 사는 것 이것이 나의 삶의 행복이라오"

이수일 목사 음성흰돌교회

목차

첫 여정 /

다음 여정 /

첫 여정

향락의 도시

나는 수많은 사람들과 함께 천국으로 향하는 에스컬레이터를 타고 있었다. 그러다 어느 휴게소 같은 곳에서 잠시 내렸다. 누구든 원하기만 하면 자유롭게 내릴 수 있는 곳이었다. 그러나 이상하게도 대부분의 사람들이 내리지 않았다. 모두 천국 가는 데에만 마음을 집중한 듯 "이제 얼마 안 남았다"며 저마다 좋아하며 가고 있는 모습이었다.

휴게소로 나오자 제일 먼저 눈에 들어오는 것은 굉장히 많은 사람들이었다. 모두들 어디론가 줄지어 가고 있었는데, 그들이 가는 곳을 따라가다 보니 먹거리 골목이 나왔다. 길 양쪽으로는 끝이 안 보일 정도로 많은 노점상들이 판을 벌이고 음식들을 팔고 있었다. 풍기는 음식 냄새들이 어찌나 좋은지 당장이라도 그 음식들을 먹지 않으면 배고파 쓰러질 것만 같았다.

그런데 그들은 어쩐지 배가 고파 일용할 양식을 먹는 것이 아닌, 음식들을 먹기 위해 몰려든 사람들처럼 보였다. 음식을 파는 사람들도, 사려는 사람들의 모습도 제각각이었다. 다만 공통된 것이 있다면 그곳에 모인 사람들은 배가 부른 줄도 모르고, 이곳저곳 다니면서 먹고 또 먹고 있다는 것이었다.

다른 한편에서는 음식을 먹은 사람들이 그 먹은 것들을 다시 토해내고 있었다. 그들의 식탐은 오직 자기 배만 부르게 하기 위해 존재하는 듯, 다른 사람들이 줄을 서서 기다리고 있어도 먼저 먹겠다며 새치기하고 큰 소리치며 싸우는 모습도 보였다.

골목을 지나며 문득 생각해보니 에스컬레이터를 타고 갈 때는 배고픈 줄 몰랐는데 그곳을 지나면서 나 또한 배가 고파서 견딜 수 없게 되었다는 걸 알게 되었다. 나는 길 양쪽으로 줄지어 있는 음식점들을 지나서, 배고픈 것을 참으며 조금씩 발걸음을 옮기고 있었다. 그때 '참! 나는 천국 가는 열차를 타고 있었지……' 라는 생각이 머리에 스쳤다. 그렇다. 나는 천국 가는 에스컬레이터에서 잠시 내린 것뿐이었다.

* * *

정신을 차리고 오던 길을 다시 되돌아가려는데 갑자기 뒤에서 나를 부르는 소리가 들려왔다. "주은 기자님, 주은 기자님!"

돌아보니 40대 초쯤 되어 보이는 한 여인이 서 있었다.

'누구더라……?'

나는 그 사람을 바라보았지만 금방 누구인지 기억나지 않았다. 그는 곧 내게로 달려와서 아주 반가운 얼굴로 내 손을 잡아끌었다.

"이곳에서 주은 기자님을 만나게 되다니요."

너무 반가워하는 그에게 나는 차마 '당신은 누구냐'고 물을 수가 없었다.

그는 나에게 맛있는 음식을 사주겠다며 어느 음식점 안으로 들어갔다. 그러고는 알아서 이것저것 음식을 시키는데, 그 음식들은 보기만 해도 침이 꿀꺽 넘어갈 정도로 맛있어 보일 뿐 아니라 냄새까지도 기가 막혔다. 너무 허기져 곧 쓰러질 것같이 배가 고팠기 때문에 음식들이 나오는 대로 정신없이 먹기 시작했다.

그런데 이상한 것은 그 많은 음식들을 먹었으면 배가 부를 만도 한데 내 눈과 내 생각은 또 다른 음식들을 찾고 있다는 것이었다. 이것을 알아챈 그 사람은 또다시 많은 음식들을 주문했고, 음식들이 나오자 나 역시 다른 사람들처럼 그 음식들을 정신없이 또다시 먹어치우고 있었다.

이렇게 먹기를 얼마나 했을까. 배가 고팠다가 음식들을 먹으니 몸이 노곤해지며 잠이 스르르 몰려왔다. 그리고 다시 정신이 들었을 때는, 나는 이미 어느 호텔 침대에 누워 있었다.

이상한 일이었다. 내가 언제, 어떻게 그 호텔 안으로 들어갔는지 도무지 기억이 나지 않았다. 나와 함께 음식을 먹던 사람은 온데간데없었고, 내가 누워 있는 호텔은 이 세상에 이렇게 멋진 곳이 또 있을까 싶을 정도로 호화로운 방이었다.

아늑한 침대며 침실 분위기와 가구 하나하나까지 마치 금방이라도 "여봐라" 하고 부르면 누군가 나와서 "예, 부르셨습니까?" 하고 시중이라도 들어줄 것 같은 지상 최고의 시설이었다. 정신을 차리기 위해 사워를 하려고 욕실 안으로 들어가 보니 화장실이며 욕실도 으리으리했다.

잠시 후 내가 잠에서 깬 것을 알고는 호텔 웨이터가 필요한 것이 있는지 물어왔다. 정신이 들고 보니 어제 음식점들을 다니면서 이 음식 저 음식 먹던 것이 생각났다. 또 누군가 나와 함께했다는 것도 생각이 나서 웨이터에게 물었다.

"내가 어떻게 이곳에 오게 되었지요?"

"당신은 이미 이곳에서 사흘 밤낮을 자고 있었으며 당신을 데리고 온 사람이 비용을 다 지불하고 어제 먼저 떠났습니다."

나는 옷을 주섬주섬 갈아입고 호텔을 나왔다. 그런데 호텔에서 나오자 눈앞에 어마어마하게 큰 쇼핑센터가 보였다. 내가 왜 그곳에 서 있는지, 어디서 와서 어디로 가야 할지 생각이 나지 않았다. 그러나 벌써 내 발걸음은 눈앞에 휘황찬란하게 비추는 큰 쇼핑센터 안으로 향하고 있었다.

그곳은 마치 지상 최고의 쇼핑센터라도 되는 듯 온갖 호화로운 상품들을 파는 상가들로 즐비했다.

어느 의류 상점 앞에서 내 발걸음이 멈춰졌다. 수많은 옷들 가운데 내 눈을 사로잡는 아름다운 옷 하나에 마음을 빼앗기고 있는 중이었다. 상점 안에서는 수많은 사람들이 자신에게 맞는 옷들을 고르고 있었는데 상점 앞에서 예쁜 드레스 같은 아름다운 옷에 마음을 빼앗기고 있는 나를 알아본 직원이 내게로 다가오더니 상냥한 말투로 말을 걸었다.

"손님, 이 옷을 사고 싶으신가요? 이 옷은 마치 손님을 위해 준비된 옷 같네요. 이 드레스를 입으시면 금방이라도 백마 탄 왕자님을 만나실 것 같군요. 세상에서 제일 아름다운 공주님 같으세요."

나는 그 옷을 사려고 주머니 속을 뒤져보았다. 그때 거울에 비친 내 옷을 보는 순간 그만 그 자리에 주저앉고 싶을 정도로 내 옷이 초라하다는 것을 알게 되었다. 상점 직원도 내가 돈을 지불할 능력이 없음을 알아채고는 얼른 다른 손님에게로 갔다.

나는 발걸음을 옮겨 다른 상점 앞으로 향했다. 그곳에서 보석을 고르고 있는 사람들은 이 세상에서 내로라 할 만큼 많은 돈을 가지고 있는 유명한 부자들 같았다. 그리고 보석을 파는 직원들은 일반 상점 직원과는 다르게 점잖고 근사한, 마치 영화배우라고 해도 믿을 만큼의 멋진 젊은 남성들이었다.

그들은 손님의 마음을 이미 알고 있다는 듯 각 사람에 맞추어 보석을 권하고 있었다. 그중에는 어느 귀부인으로 보이는 한 중년 여인도 있었는데, 그녀에게는 진열장에 있는 다이아몬드 보석 목걸이를 권하고 있었다.

"사모님! 오늘 참 잘 오셨습니다. 이 목걸이는 어제 신상품으로 들어온 건데, 세계에서 유일한 보석입니다. 다이애나 왕비도 못 가지고 있을 만큼의 값진 보석이죠."

그들의 이야기를 들으며 '나도 저 목걸이를 목에 걸어봤으면 좋겠다'는 생각이 문득 들었다. 내 목을 만져봤지만 나에게는 아무 목걸이도 걸려 있지 않았다. 갑자기 나는 지금 어디론가 가고 있는 사람이라는 생각이 어렴풋이 스쳤다.

그 순간, 어디선가 신나는 음악소리가 들려왔다. 그 음악 소리는 금방이라도 내 마음을 빼앗아버릴 것 같았다. 나도 모르게 음악 소리가 나는 곳으로 발걸음을 옮기며 그쪽을 향해 가고 있는데, 멀리서 수많은 사람들이 한데 어우러져 춤추고 있는 게 보였다.

그곳에는 휘황찬란한 샹들리에가 오색찬란한 불빛을 띠며 돌고 있었고, 그 아래에는 수많은 남녀들이 서로 부둥켜안고 춤을 추고 있었다. 음악 소리가 얼마나 사람들의 마음을 유혹하는지 앞을 지나던 사람들이 모두 다 그 안으로 들어가 음악에 맞추어 춤을 추었다. 사람들은 시간 가는 줄도 모르고 마냥 즐기며 좋아하고 있었다. 순간 나도 그 안으로 들어가 멋진 남자와 같이 춤을 추고 싶다는 생각이 들었다. 그때 어디선가 또 나를 부르는 소리가 들려왔다.

"주은 기자님, 주은 기자님! 어디 계세요?"

내 마음에는 두 가지 생각이 들었다. 조금만 더 이곳저곳 돌아다니며 구경하자는 생각과, 그곳에서 빨리 빠져나와 내가 왔던 곳으로 돌아가야 한다는 생각이었다. 그때 어떤 여인이 내 곁으로 오더니 "손님, 어디를 찾으시나요?"라고 물었다.

"예. 저는 지금 제가 왜 이곳에 와 있는지 잘 모르겠어요. 그리고 어디론가 제가 갈 곳이 있었던 것 같은데, 그것도 희미해져서 제가 어디에서 와서 어디로 가고 있는지를 잘 모르겠어요." 나는 거의 울상이 된 얼굴로 말했다.

"예, 그럼 제가 손님에게 이곳저곳을 구경시켜 드릴게요." 그는 나의 팔을 잡아끌었다.

"아니에요. 몇 군데를 구경하고 다니다 보니 시간이 이렇게 가는 줄 몰랐어요. 이제 빨리 왔던 곳으로 돌아가야 할 것 같아요."

이렇게 말하고 그곳을 되돌아 나오려고 하는 나에게 그 사람은 "주은 기자님, 기왕 여기까지 오셨으니 이곳에 기가 막히게 멋진 곳이 있어요. 거기 한군데만 더 들렀다 가세요" 라며 나의 손을 낚아채듯이 끌고 어디론가 달려갔다.

* * *

그의 손에 이끌려서 가게 된 곳은 말로만 듣던 라스베이거스 카지노 클럽 같은 곳이었다. 그 건물 역시 굉장히 크고 웅장할 뿐 아니라 화려하고 멋졌다. 건물 안에는 마치 비단처럼 고급스러운 카펫이 깔려져 있었고, 통로 양쪽으로 카지노 게임기들이 즐비하게 있었다. 사람들은 시간 가는 줄도, 그 옆을 누가 지나가는 줄도 모르고 오직 게임에만 정신이 팔려 있었다.

조금 더 지나다 보니 한가운데 중앙에는 도박을 하러 온 사람들에게 돈을 칩으로 바꾸어주는 곳도 보였다. 그리고 곳곳에는 마치 그림에서나 볼 법한 아름다운 아가씨들이 큰 원탁에서 도박을 도와주며 카드를 돌리고 있었다. 지금까지 말로만 듣던 카지노 도박장이 바로 이런 곳인가 싶은 생각이 들었다.

그는 나에게 다른 곳도 같이 가보자며 손을 잡아끌었다. 통로를 지나다 보니 그곳에는 어린아이들이 노는 게임장도 있었다. 어린아이들만 있는 것이 아니라 청소년들도 보였고, 젊은 청년들도 보였다. 남녀노소를 막론하고 모두 도박에 빠져 정신을 잃고 있었다. 한마디로 도박에 중독된 사람들의 세계였다.

알고 보니 나를 그곳으로 이끌었던 그 사람 역시 도박에 많은 재산을 탕진하고, 돈이 다 떨어지자 그곳에서 노숙자처럼 살고 있는 사람이었다. 쇼핑객을 도박장으로 데려가서는 고객들이 가지고 온 돈을 카지노 도박으로 다 쏟아 붓도록 유도하고, 도박장에서 조금씩 돈을 얻어서 사는 그런 사람이었다. 나를 처음 만났을 때 그렇게 반갑게 아는 척 하더니 실상은 나를 아는 사람이 아닌 나를 도박장으로 이끌기 위해 그렇게 반가운 척, 아는 척 한 사람이었다는 것을 나중에서야 알게 되었다. 그는 내가 순례자로서 도박을 할 만큼의 돈이 없다는 것을 알고는 언제 내 곁을 떠났는지도 모르게 내 곁을 떠나 다른 사람에게로 가고 있었다.

그제야 나는 정신이 들었다. 어떻게든 빨리 그곳을 빠져나와 내가 처음 왔던 곳으로 가기 위해 들어온 문을 찾아야겠다는 생각이 들었다. 그러나 도박장으로 들어갈 수 있는 문은 많지만 누군가의 도움 없이 도박장을 빠져나가는 문은 찾을 수가 없었다.

그렇게 한참을 이리저리 찾아다니다 겨우 밖으로 나가는 문을 발견했는데 그 문은 내가 왔던 곳이 아닌 또 다른 곳으로 들어가는 이상한 문이었다. 그 앞에 서니 문이 저절로 스르륵 열렸다.

나는 놀랍기도 하고 두렵기도 해 빨리 그 문을 통해 밖으로 나가야겠다고 생각됐다. 그렇게 서둘러 밖으로 나와 양쪽으로 넓게 펼쳐진 푸른 잔디밭을 지나서 조금 더 걸었더니 이번에는 또 다른 건물이 나왔다.

나는 그곳도 카지노 같은 도박장이면 어쩌나 하는 걱정스러운 마음이 있었지만 그렇다고 다른 길이 있는 것도 아니어서 하는 수 없이 그 문으로 들어갔다. 그 문 역시 내가 열지 않고 앞으로 다가서기만 했는데도 스르륵 열렸다.

문 안으로 들어서자 놀이동산 같은 곳이 보였다. 그곳 매표소 앞에는 수많은 인파들이 표를 사기 위해 줄지어 서 있었다. 가족 단위로 놀러와 줄 서 있는 사람들도 있고, 이미 표를 구한 사람들은 놀이기구를 타기 위해 어디론가 몰려가고 있었다. 그곳은 도박장 같은 곳은 아니었지만 수많은 어린이들, 청소년들, 젊은 청년들이 온갖 즐거움에 빠져 시간가는 줄 모르고 있었다. 그리고 그 모습을 보며 나는 이런 생각이 들었다.

'이곳은 이렇게 많은 사람들에게 즐거움을 주는구나! 그러니 사람들이 세상 즐거움에 빠져서 세월 가는 줄 모르고 살아가고 있는 것 아닌가!'

전도자와의 만남

그때 어디선가 낯익은 음악소리가 들려왔다.

“내 주를 가까이 하려 함은 십자가 짐 같은 고생이나 내 일생 소원은 늘 찬송하면서 주께서 더 나가기 원합니다.”

분명히 찬송가 소리였다. 그것도 내가 늘 즐겨 부르던 찬송이었다. 나는 소리가 들리는 곳으로 향했다.

“여러분, 예수님 믿으세요. 예수님 믿고 천국 가세요. 우리는 이 세상의 나그네입니다. 세상의 즐거움에 빠져서 천국 가는 길을 놓쳐서는 안 됩니다. 빨리 천국 가는 열차를 타지 않으면 여러분들의 인생이 끝날 때 지옥 문 앞에서 내리게 됩니다. 예수님을 믿으면 천국 갑니다. 우리는 천국을 가야 합니다. 예수님을 믿으세요.”

어떤 중년의 남자가 목이 터져라 전도를 하고 있었다. 그리고 그 옆에는 그의 아내로 보이는 아름다운 여인이 조금 전 내가 들었던 찬송을 온 마음을 다해 부르고 있었다.

그 찬송을 들으며 어떤 사람은 눈물을 흘리고, 또 어떤 사람은 그 자리에서 무릎을 꿇고 회개하는 모습이었다. 간혹은 “왜 여기까지 와서 시끄럽게 하느냐”며 삿대질하기도 했다. 그러나 대부분의 사람들은 아예 관심이 없는 듯 보였다. 그저 이 세상의 즐거움만을 누리겠노라는 마음이 그들의 발걸음 속에서 보였다.

그들의 전도 소리가 내 심장을 찌르는 듯했다. ‘주은 기자, 너는 지금 이곳에서 무엇을 하고 있니? 너는 지금 천국 가고 있는 사람이 아니더냐. 너는 지금 어디에 있는 거니' 라는 마음의 소리에 금방이라도 눈물이 폭포수처럼 쏟아질 것만 같았다.

'맞아, 나는 천국을 가던 중이었지. 내가 왜 지금 이곳에 와 있는 걸까?'

나는 전도자들을 통해 내가 누구인지를 바로 알게 된 것 같았다. 전도자들에게 나를 깨우쳐주어 감사하다는 인사를 하고 무작정 달려 그곳을 빠져나왔다. 그때 놀이동산 입구의 안내소에 걸린 문구가 눈에 들어왔다.

〈무엇을 도와 드릴까요?〉

안내소로 들어가 나는 자초지종을 털어놨다. 그랬더니 안내소의 상냥한 아가씨는 의자를 내주면서 친절한 말투로 "잠시만 기다리라"고 했다.

그러고는 어디론가 전화를 걸더니 "이제 곧 당신을 도와줄 분이 올 것"이라고 말해주었다.

얼마나 지났을까. 누군가가 승용차를 타고는 나를 데리러 왔다. 친절한 아가씨는 그가 나를 도와줄 것이라고 안내했다. 그는 점잖고 친절했다. 내 이야기를 다 듣고는 안심하라며 목적지까지 나를 안전하게 데려다주겠다고 했다.

그의 도움으로 나는 전에 내렸던 천국 가는 에스컬레이터의 휴게소 앞까지 다다를 수 있었다. 나는 얼마나 반가웠던지 얼른 그 휴게소 문 안으로 들어가 다시 천국으로 향하는 에스컬레이터를 타려고 했다. 그런데 그때 그곳의 안내원이 나를 가로막으며 이렇게 말하는 것이었다.

"당신이 세상 즐거움에 취해 있는 동안 함께 에스컬레이터를 타고 있던 사람들은 천국 문 앞으로 가까이 갔습니다. 당신은 그동안 세상 즐거움에 빠져 있었으므로 천국에 대한 믿음도, 천국에 대한 소망도 많이 흐려져 있는 상태입니다. 오던 길보다 몇 배는 더 먼 곳에서 다시 시작해 이곳까지 오셔야 합니다."

안내원은 내가 타야 할 에스컬레이터가 있는 쪽을 손으로 가리켰다.

"저쪽 문으로 들어가십시오. 그러나 이제 다시는 열차에서 내리지 마시고 가던 길을 가십시오. 오직 천국에 대한 생각과 마음으로만 이곳까지 다시 오십시오. 당신이 다시 타게 될 에스컬레이터는 오직 주님 나라만 바라보며 달려가도록 창문이 없는 돔으로 만들어진 것입니다."

나는 그제야 전에 금방 돌아오겠다는 생각으로 휴게소에서 내렸던 게 얼마나 어리석고 무지한 생각이었는지를 깨달았다. 그리고 잠시라고 생각했던 시간이 잠시가 아닌, 세상에서의 시간으로 보면 벌써 몇 년의 시간이 지났다는 것을 깨달았다. 얼마나 안타까운지 할 수 있다면 시간을 되돌려놓고 싶은 심정이었다. 그러나 한번 지나간 시간은 누구도 어찌할 수 없다는 것을 나는 알고 있었다. 그나마 이제라도 천국 가는 열차에 다시 오를 수 있다는 게 얼마나 다행인지 안도의 숨이 내쉬어졌다.

안내원이 가리킨 쪽을 향해 달려가다 보니 휴게소 입구 같은 곳이 보였다. 잘 살펴보니 전의 나처럼 천국 가는 열차를 타고 가다가 잠시 내린 사람들이 그곳으로 줄을 서서 들어가고 있었다. 줄을 선 사람들 중에는 내가 이전에 알고 지내던 사람들도 많이 보였다.

순간 세상 것에 취해 있었다는 부끄러움과 지금이라도 다시 천국 가는 열차를 탈 수 있어 다행이라는 안도감이 교차했다. 다시는 열차에서 내리지 않겠노라 결심하며, 나는 그 자리에서 예수님 앞에 감사 기도를 드렸다.

* * *

다시 에스컬레이터에 오르기 위해 줄을 서서 기다리는데, 갑자기 하늘에서 비가 쏟아졌다. 나는 갑작스런 비를 피하기 위해 어느 길인지도 모른 채 어디론가 달려가고 있었다. 얼마나 많은 비가 쏟아지던지 앞도 안 보이고, 내 앞에 누가 가는지도 알 수 없었다.

한참을 정신없이 달리다 보니 내 몸은 비에 흠뻑 젖어 있었다. 그리고 눈앞에는 높은 언덕길이 보였다. 또 얼마간의 시간이 지나자 소낙비도 그치고 맑은 하늘이 활짝 웃으며 나를 향해 인사하는 것 같았다.

내가 걷는 길은 나무 한 그루, 풀 한 포기 없는 아주 좁은 언덕길이었다. 그런데 이상한 것은 분명히 나 혼자 그 언덕길을 가고 있음에도 전혀 무섭다거나 외롭게 느껴지지가 않았다. 입에서는 찬양이 흥얼흥얼 흘러나왔고, 내가 걷고 있는 길이 곧 천국 가는 길이라는 확신에 혼자서라도 꼭 가야만 한다는 생각이 들었다.

그렇게 얼마 동안을 걷다 보니 마을이 나타났다. 마을 입구에는 커다란 무지갯빛으로 둘러싼 아치형 구조물이 보였다. 일곱 색깔 빛이 찬란한 무지개 구조물은 마치 누구든지 들어와도 좋다고 말하는 것 같았다. 나를 향해 어서 오라고 손짓이라도 하는 듯 바라보는 것만으로도 편안함과 설렘을 안겨주었다. 뿐만 아니라 그 무지갯빛 아치형 구조물에서는 포근하고 따사로운 빛이 비쳐 비에 젖어 추위에 떨던 나의 몸을 금방 녹여주었다.

조심스럽게 한 발 한 발 아치형의 입구를 지나 마을 안으로 들어서자 이번에는 안쪽으로 커다란 냇가가 흐르고 있었다. 냇가에도 역시 아치형의 구름다리가 놓여 있었는데 그 구름다리도 무지개 일곱 빛깔을 비추고 있었다.

나는 마을 안으로 들어가는 것이 신비롭기도 했지만 무엇보다 그곳에서 어떤 일들이 일어날지 모르기 때문에 약간 두려운 마음도 들었다. 조심스럽게 한 걸음씩 아치형 무지갯빛 구름다리 위를 밟고 걸어가자 아래로 흐르는 냇물이 보였다. 그 냇물은 너무 맑아서 마치 수정과도 같았다.

양쪽 냇가 옆으로는 지금이 어느 계절인지 모를 정도로 다양한 꽃들이 오색찬란한 빛을 내면서 향기롭게 피어 있었다. 꽃들 위로는 아름다운 나비들이 마치 춤을 추듯이 이 꽃 저 꽃 날아다니면서 꿀을 따 먹고 있었는데 그처럼 큰 나비와 예쁜 꽃은 처음 보는 것 같았다. 그 광경을 바라보고 있자니 나도 한 마리의 나비가 된 듯 두 팔을 벌려 춤을 추고 싶은 마음이 들었다.

그러다가 나는 냇물을 보고 또 한 번 크게 놀랐다. 냇물 속에는 오색찬란한 물고기들이 저마다 헤엄을 치며 즐겁게 노닐고 있었는데 엄지손톱보다 작은 물고기부터 검지 손가락만한 물고기, 또 어느 것은 팔뚝만한 물고기까지 한 데 모여 평화롭게 헤엄을 치며 놀고 있었다. 그 아름답고 평화로운 광경에 잠시 취해 있는 사이, 내 옆으로 열 살 정도 되어 보이는 예쁜 여자 아이가 와 있었다.

"이곳에 오신 것을 환영합니다. 저는 이곳에 온 손님들을 영접하는 기쁨이라고 합니다."

다정하게 인사하며 웃는 아이의 모습은 마치 어린 천사처럼 예쁘고 사랑스러웠다. 아이의 맑은 눈동자와 예쁜 얼굴과 사랑스런 말씨에 너무 감동되어 어떻게 인사를 건네야 할지 모르고 잠시 주춤하는 사이, 아이는 내 마음을 잘 안다는 듯 그 맑은 눈을 깜빡거렸다. 나는 아이에게 내가 어떻게 해서 이곳까지 오게 되었는지를 설명했다.

"나는 비를 피해 길을 가던 중이었어요. 어쩌다 이 마을 입구까지 오게 됐고…… 그렇게 해서 이곳에 잠시 들르게 되었답니다. 내 이름은 주은이라고 합니다."

"예, 저희는 주은 님께서 이곳에 오실 줄 알고 있었습니다. 저희 왕 할아버지께서 주은 님을 모셔오라고 하셔서 제가 이곳까지 마중 나왔습니다."

아이는 나이에 어울리지 않을 만큼 친절하며 공손했다. 나는 금세 궁금해지기 시작했다.

"왕 할아버지라니요? 그리고 제가 이곳에 올 것을 알고 있었다니요?"

"이제 곧 제가 왕 할아버지께 인도해드리겠습니다."

아이는 나보다 몇 발자국 앞서 걸었다. 그 마을은 마치 둥근 원같이 되어 있었는데 그 마을을 중심으로 길 양쪽에는 조그마한 마을들이 여러 군데로 나뉘어 있었다. 아이와 나는 중앙에 나 있는 길을 통해 동네 안으로 들어갔는데 그곳에는 아름다운 무지개 모양의 꽃들이 곳곳에 피어 있었다. 사람들이 여기저기에서 일하는 모습도, 아이들이 뛰노는 모습도 보였다.

그런데 이상한 것은 나를 안내하는 아이를 포함해 그곳 사람들 모두가 두루마기 같은 옷을 걸치고 있다는 것이었다. 길이가 발까지 내려오는, 통으로 짠 듯한 옷이었다. 그 순간, 내가 먼 과거에 와 있다는 것을 알게 되었다.

믿음의 집

아이의 안내를 받으며 도착한 곳은 아주 작은 오두막집 앞이었다. 그 앞에는 어느 할아버지가 앉아 계셨다. 아이는 그에게로 가서 "왕 할아버지, 손님 모셔왔습니다"라고 공손히 인사하고는 어디론가 달려갔다. 그때 왕 할아버지라는 분이 내 쪽을 향해 돌아보았다.

"어서 와요, 주은 양. 기다리고 있었소."

그는 나에게 손을 내밀어 악수를 청했다. 그러면서 말하기를 "앞으로 나를 왕 할아버지라 불러야 합니다"라고 했다.

그는 하얀 백발에 수염은 가슴까지 내려올 정도로 길게 늘어져 있었고, 옷 역시 한눈에 봐도 우리 시대의 옷이 아님을 알 수 있었다. 그런데 이상하게도 이 할아버지를 보는 순간, 어디서 많이 본 것 같다는 느낌이 들었다. 순간, 어린 시절 교회에서 들었던 노아 할아버지 이야기가 생각났다. '아…… 그렇다면 이 할아버지가 노아 할아버지!?'

한참을 머릿속으로 생각하고 있는데 갑자기 그는 껄껄껄 웃으시더니 고개를 끄덕이셨다.

"맞네, 맞아. 내가 노아 할아버지야."

"아니, 제가 어떻게 이곳에 오게 되었나요? 저는 분명히 21세기 2016년에 살고 있는 사람인데요."

"자네를 이곳으로 보내주신 분이 곧 자네가 깨달아 알게 할 걸세."

노아 할아버지의 얼굴은 그다지 밝거나 행복해보이지 않았다. 그 마음 중심에는 단호한 결심과 각오가, 또 한편으로는 슬픔과 억누를 수 없는 아픔이 저며 있음을 느낄 수 있었다.

노아 할아버지는 나를 오두막집 안으로 데려가서는 차를 대접해주셨다. 차는 녹차처럼 식물을 말려 달인 것 같은데 그다지 향기롭거나 단맛이 나지는 않았다. 그런데 맹맹한 것 같은 그 차를 마시자 그동안 비를 맞고 달려오면서 피곤했던 피로감이 싹 사라지고 어디서인지 모르게 새 기운이 솟아나는 것 같았다.

잠시 후 노아 할아버지는 "자, 이제 아이들이 공부해야 할 시간이네. 그리로 가세" 하시면서 나를 어디론가 데리고 가셨다. 노아 할아버지를 따라간 곳은 다름 아닌 어느 배 안이었다.

"아니, 할아버지. 이 배가 우리가 성경에서 보았던 그 노아의 방주인가요?"

내 질문에 할아버지는 대답 대신 고개를 가로저으면서 이렇게 말씀하셨다.

"그 배는 심판과 구원의 상징이기에 사람들은 그 배를 보는 것조차 두려워했다네. 그러므로 그 배는 하나님의 비밀 동산에 있고, 지금 우리는 그곳을 떠나서 다른 지방으로 이사를 했다네. 하지만 사람들에게 하나님의 심판에 대해 계속적으로 복음을 전파해 홍수 때처럼 사람들이 죄를 지어 죽지 않게 하기 위해 끊임없이 지금도 복음을 전하며 아이들에게 하나님의 말씀을 가르치고 있지."

나는 할아버지와 함께 배 안을 천천히 둘러보고 싶었으나 그곳에는 수십 명의 사람들이 하나님의 말씀을 듣기 위해 모여 있었다. 아쉬운 마음을 뒤로 하고 나 또한 할아버지의 말씀을 듣기 위해 그들 가운데 앉았다.

"어찌하여 오늘 예배에는 두발과 메섹과 디라스가 보이지 않느냐? 오늘도 그들은 술에 취해 있다는 말이냐?"

노아 할아버지는 그날 자리에 모인 사람들을 다시 한 번 살펴보시더니 하나님의 말씀을 가르치기 시작하셨다.

"나는 이전에 홍수 후에 포도 농사를 많이 지었다. 그리고 그것으로 포도주를 만들어 날마다 포도주에 취하여 살았지. 하루는 얼마나 많은 포도주를 마셨던지 술에 취해 잠이 들었는데 얼마나 열이 나던지 나는 그만 장막에서 술에 취해 벌거벗은 몸으로 잠이 들었다. 그런데 나의 둘째 아들 함이 내 장막에 들어왔다가 내가 벌거벗은 몸으로 자는 것을 보고는 셈과 야벳에게 가서 그 일을 고함으로 나의 수치를 나의 자손들에게 들춰냈지. 술에서 깨어난 나는 얼마나 수치스럽고 분하던지 나의 아들 함과 그의 아들 가나안까지 저주를 하고 말았다. 이처럼 술은 우리 양심을 무디게 하며 방탕하게 하는 힘을 가지고 있다. 하나님께서는 우리에게 선한 양심과 총명한 지각을 주셨다. 그러므로 우리는 이것들로 선하고 악한 것을 분별하여 사람으로 온전히 하나님을 경외하고 예배하며 살도록 해야 한다. 이것이 술을 멀리해야 하는 이유다."

노아 할아버지가 한참을 말씀하고 있을 때, 갑자기 방주 안으로 어떤 청년 하나가 뛰어 들어왔다. "왕 할아버지, 큰일 났어요. 사람들이 술이 취해 싸움질을 하고 있어요. 지금 몇 명은 크게 다쳐서 피가 나고 곧 죽을 것 같아요!"

그때 술에 취해 서로 싸우던 사람들이 방주 안으로 들어와서는 난동을 부리기 시작했다. 노아 할아버지는 참으로 화가 나면서도 하나님 앞으로 갈 때가 가까웠음을 알기에 그들에게 조금이라도 하나님 말씀을 더 가르치려고 애쓰는 듯 보였다.

"아르박삭, 네가 어서 이 술 취한 사람들을 이곳에서 데리고 나가라. 그리고 싸움질한 사람들을 잘 꾸짖어 다시는 그러하지 못하도록 하라."

이후로도 노아 할아버지는 한참을 말씀하셨다.

* * *

말씀을 다 마치신 후, 나는 잠시 노아 할아버지와 마을 곳곳을 다니며 이야기 나눌 수 있었다. 사실 나는 말씀을 들을 때부터 노아 할아버지의 나이가 궁금했던 터라 먼저 할아버지의 나이를 여쭤보기로 했다. 그런데 내 생각을 미리 알아챈 노아 할아버지께서 먼저 내게 물어보셨다.

"자네는 내 나이가 얼마쯤이나 되어 보이는가?"

"보기로는 팔십 세쯤 되어 보이지만, 홍수 후 얼마를 더 사셨다 하니 최소 600세는 넘어 700세 정도 되지 않으셨을까 생각됩니다."

"지금 내 나이가 900세가 조금 넘었다네. 이제 얼마 후면 하나님께로 갈 때가 가까웠지."

나는 노아 할아버지의 마음에 슬픔이 깊이 어려 있는 것을 느끼고, 이렇게 여쭈어보았다.

"할아버지는 어떻게 120년이라는 긴 기간 동안 방주를 지을 수 있으셨나요? 그것도 그 당시에는 건축 기술이나 좋은 장비도 없었을 텐데요."

그러자 노아 할아버지는 깊은 한숨을 내쉬면서 "내가 그렇게 긴 세월 동안 방주를 지을 수 있었던 것은 하나님의 마음을 알았기 때문이지" 라고 대답하셨다. 나는 노아 할아버지의 뜻밖의 대답에 잠시 멍해졌다.

"하나님의 마음이라니요?"

"후대 사람들은 이렇게 생각하겠지. 어떻게 하나님께서 세상을 물로 심판해서 그 많은 사람들을 다 죽일 수 있었느냐고. 하지만 홍수가 있기 전에 하나님께서 무어라고 말씀하셨던가? 자네는 알겠는가?"

갑작스런 노아 할아버지의 질문 앞에 나는 할 말을 잃고 말았다. 그러자 노아 할아버지는 다시 친절히 말씀해주셨다. 지금도 노아 할아버지는 홍수 전 그때 그 자리에 계신 듯 보였다.

"여호와께서 사람의 죄악이 세상에 가득함과 그의 마음으로 생각하는 모든 계획이 항상 악할 뿐임을 보시고 땅 위에 사람 지으셨음을 한탄하사 마음에 근심하시고" (창 6:5~6)

"하나님께서도 충분히 아파하시고, 근심하시고, 용서하시고, 또 생각하셨다네. 그러다 이제는 더 이상 두고 볼 수 없다는 생각 가운데 할 수 없이 홍수를 내려서 세상 사람뿐 아니라 모든 피조물들을 심판하신 것이지. 그러나 하나님께서는 저들이 모든 죄에서 돌아서서 구원받을 수 있는 기회를 주셨다네. 그것도 백 이십 년이나."

노아 할아버지는 그때 일이 엊그제 일 같으신지 마음에 밀려오는 슬픔과 아픔으로 고통스러워하시는 듯 보였다.

나도 언젠가 '어떻게 하나님께서는 그렇게 많은 사람들을 홍수로 죽게 하셨을까?' 하고 생각했던 것이 기억나서 잠시라도 하나님 아버지의 마음을 헤아리지 못했던 나 자신이 부끄러워졌다. 노아 할아버지는 다시 말씀을 이어 가셨다.

"그리고 나도 백 이십 년이란 시간 동안 만나는 모든 사람들에게 늘 외치고 다녔다네. 하나님의 심판이 오기 전에 모든 죄들을 회개하고 악한 길에서 돌아서 하나님 앞으로 나오라고. 그러면 이제라도 하나님께서는 그들의 죄를 용서하시고 심판을 내리지 아니하실 것이라고 말이지. 그러나 사람들은 내 말을 듣지 않을 뿐더러 나보고 미친 놈이라 하면서 자신들의 죄를 뉘우치기는 고사하고 우리 가족들을 보면 돌을 던지고 심지어는 죽이려고까지 하였다네. 그리고 그들은 내가 방주를 다 지어서 홍수가 내리기까지 세상 쾌락들을 즐기며 술 취함과 음란함과 방탕함으로 더러운 죄들을 일삼았지."

노아 할아버지의 말씀을 듣다 보니 마음이 아파서 견딜 수가 없었다. 그래도 노아 할아버지에게 궁금한 것들을 묻지 않을 수 없었다.

"노아 할아버지, 그런데 그때 할아버지의 가족들은 여덟 식구라고 했는데 어떻게 아들들이랑 며느리들까지 방주 짓는 일을 그 긴 시간 동안 다 같이 할 수 있었을까요?"

내 질문에 노아 할아버지는 금세 얼굴에 웃음기가 돌더니 이렇게 대답하셨다.

"은혜지, 은혜야!"

나는 점점 더 궁금해지기 시작했다.

"은혜라니요?"

노아 할아버지는 내가 조바심 내며 궁금해 하는 것이 약간 재미있으신 듯 보였다.

"전적으로 하나님의 은혜라네. 사실은 홍수 때까지 우리 가족 모두가 하나님을 잘 믿은 것은 아니었거든."

그 말을 들은 나는 전에 창세기에서 노아에 대한 말씀을 읽었던 것이 생각났다.

"할아버지, 노아 할아버지는 당시에 의인이요, 당대에 완전한 자요, 하나님과 동행한 자라고 성경에 기록되었는데요?"

내가 자신 있게 말하자 노아 할아버지의 얼굴이 모처럼 환해지더니 이렇게 말씀하시는 것이었다.

"그러니 하나님의 은혜가 아닌가. 알고 보면 하나님께서 나에게 믿음을 주셨지. 나는 그때 당시에 그렇게 많은 사람들이 죄짓고 사는 것을 보고 하나님의 심판이 올 것이라는 것이 믿어졌다네. 그리고 그것이 너무 두려워 매일 하나님께 기도했지. 이 백성들이 모두 죄를 버리고 회개하고 하나님께 돌아오게 해달라고 말이야. 그러나 죄악에 깊이 빠진 사람들은 회개할 기미가 전혀 보이지 않았지. 그러므로 나는 매일 하나님을 의지하며 하나님을 찾았고 하나님을 바라보며 살았다네. 하나님께서는 이것을 보고 나를 당대에 완전한 자라 하셨고 의인이라 불러주셨지. 그리고 하나님께서는 언제나 나와 함께하기를 기뻐하셨고 내 아들들까지도 나와 마음을 함께해 방주를 지을 수 있도록 도와주셨다네."

노아 할아버지의 말씀을 듣고 보니 참으로 그것은 하나님의 은혜라는 생각이 들었다.

"이렇게 우리 가족을 통해 다시금 이 세상에 많은 사람들을 번성시키시고 여러 세대를 이끌어 가시는 하나님의 사랑에 나는 그저 감사할 뿐이라네."

나는 노아 할아버지와 하나님과의 관계를 생각하며 하나님은 분명히 어느 시대든지 자기를 찾는 자들에게 은혜 베푸신다는 것을 다시금 깨달을 수 있었다.

"하나님께서는 무지개의 약속으로 우리에게 다시금 소망의 은혜를 주셨지. 다시는 물로 심판을 행하지 않겠다는 하나님의 약속 말이야."

그때 나는 마을로 들어오면서 보았던 무지개 모양의 아치와 다리, 그리고 꽃밭이 생각났다.

"할아버지, 무지개 약속이란 무엇인가요?"

"무지개는 하나님과 사람들과의 또 하나의 약속이라네. 하나님께서는 이미 알고 계신다네. 사람들은 이 땅에서 사는 날 동안 결코 죄에서 벗어날 수 없다는 것을. 그래서 하나님께서 직접 준비하신 또 하나의 언약 안으로 이끌어 가시는 것이지. 이 마을에 살고 있는 사람들이나 들어오는 모든 사람들은 이제 또 하나의 약속인 무지개 약속 안에서 하나님과 관계를 맺게 된다네."

노아 할아버지와 함께 마을 곳곳을 돌아다니다 보니 커다란 정자나무 하나가 눈앞에 보였다. 정자나무 아래에는 누가 가져다 놓았는지 의자 두 개가 나란히 놓여 있었다. 할아버지는 나에게 그 의자에 잠시 앉아 있으라고 하시고는 어디론가 조용히 걸어가셨다. 그리고 나는 의자에 앉아 기도하다가 스르르 잠이 들었다.

* * *

얼마나 지났을까. 잠에서 깨어 보니 나는 다시 어디론가 길을 가고 있었다. 그렇게 한참을 가다 보니 커다란 저택이 나왔다. 그 집은 누구나 들어갈 수 있도록 문이 활짝 열려 있었다. 마당에는 파란 잔디밭이 넓게 펼쳐져 있었고 여러 가지 과일 나무들이 자라고 있었다. 나는 집 안으로 한걸음 들어서면서 조심스레 주인을 불러보았다.

"계세요? 주인 계세요?"

잠시 후 현관문이 열리더니 점잖게 생긴 중년 정도로 보이는 남자 한 분이 문을 열고는 나를 맞아주었다.

"어서 와요. 주은 양, 우리가 기다리고 있었소."

그를 따라 현관문 안으로 들어서자 커다란 응접실이 보였다. 그리고 그 응접실 안에는 여러 명이 함께 앉을 수 있는 원탁이 있었는데 그곳에는 이미 네 명의 누군가가 앉아 있었다. 그분들은 나에게 자리를 하나 내주면서 앉으라고 권했다. 나는 어쩐지 그분들을 뵙기가 조심스러워 조심조심 그들이 권한 대로 원탁 중앙에 있는 의자에 앉았는데 신기하게도 그 자리는 마치 나를 위해 준비해놓은 자리 같다는 느낌이 들었다.

잠시 후 그들은 미리 준비한 음식들을 시중 들어주는 사람들을 통해 내오도록 했다. 그 음식들은 전에는 한 번도 먹어보지 못한 생소한 음식들이었는데도 아주 맛있었다. 음식을 배부르게 잘 먹고 나자 그 가운데서도 가장 어른으로 보이는 분이 나에게 먼저 말을 건네주었다.

"우리는 자네가 올 줄을 알고 기다리고 있었다네."

"저는 선생님들을 처음 뵙는데요."

내 대답에 자리에 앉아 있던 분들이 다 같이 함박웃음을 지었다.

"자네가 이곳에 오기 전 우리는 호출을 받았지."

"네? 호출이라니요?"

"조금 전 노아 선생이 그대가 우리를 찾아가고 있으니 너무 고생스럽지 않게 우리더러 먼저 와서 기다리고 있으라고 하더군."

그 말을 들은 나는 더욱 놀라지 않을 수 없었다. 그때 처음 내게 말을 건넸던 어른이 다시 물었다.

"그대는 무엇을 하는 사람인고?"

그의 음성은 인자한 음성이지만 약간은 단호한 기운도 느껴지는 듯했다.

나는 조금 떨리는 듯한 음성으로 대답했다.

"예. 저는 주은 기자입니다. 그런데 제가 호출했다는 말씀은 무슨 뜻이죠?"

"자네가 마음속으로 우리를 찾지 않았나?"

그제야 나는 내가 천로역정의 시대에 와 있다는 것을 깨달았다.

"기자는 무엇을 하는 사람인가?"

"네. 글을 써서 신문이나 뉴스를 통해 세상의 소식들을 알려주는 사람입니다."

내 설명을 듣더니 옆에 있던 한 분이 "그럼 글쟁이구먼"이라고 했다.

그는 "글쟁이, 참으로 아름다운 말이지"라며 잠시 옛날을 회상하는 듯 보였다.

이렇게 그들과 대화를 나누는데 이상한 것은 이 다섯 사람이 전혀 낯설지 않고 자주 만났던 친숙한 선생님들 같다는 것이었다.

"여쭈어보고 싶은 것이 있는데요."

처음 나를 마중 나왔던 분이 무엇이든지 말해보라고 했다.

"아까 노아 할아버지에게 노아 선생이라고 하셨잖아요. 우리에게는 그렇게 까마득한 할아버지인데 어떻게 선생님들께서는 노아 할아버지에게도 노아 선생이라고 말씀하시나요?"

내 질문에 맞은편에 앉아 있던 분이 호탕하게 웃으시더니 약간은 장난스럽게 대답했다.

"여보게, 기자 선생. 세상에서의 연대는 그렇게 긴 차이가 있지만 우리는 지금 하늘에서 살고 있지 않나. 이곳에서는 모두가 하나님의 자녀들이라 같은 시대를 살아가고 있는 거나 다를 바 없다네. 그래서 우리는 모두를 세상의 명칭으로 선생이라 부르지. 여기 있는 우리 모두는 각기 다른 시대를 살았지만 모두가 하나님의 역사적인 일들을 이루고, 지금은 하늘나라에서 마치 친구처럼 살아가고 있다네. 기자 선생도 우리에게로 왔을 때는 친구가 되어 있을 것일세."

"그렇군요."

그제야 나는 그분들의 말씀이 하나하나 이해되기 시작했다.

"자, 그럼 이제부터 각자가 여기 기자 선생과 인터뷰를 해야겠지? 제일 먼저 내가 우리 기자 선생과 이야기를 나누겠네."

이 이야기를 하며 자리에서 일어난 분은 내가 인상에서 약간 단호하게 느꼈던 그분이었다. 내가 그분들을 어떻게 불러야 할지 어정정한 태도를 보이자 조금 전 "글쟁이, 아름다운 말이지"라고 했던 분이 내 마음을 읽은 듯 이렇게 말해주었다.

"자네가 무엇을 궁금해 하는지 우리는 알고 있다네. 그러나 걱정 마시게. 자네가 금방 알게 될 걸세."

그는 마치 언제나 내 옆에 있던 사람처럼 부드럽고 따뜻하게 느껴졌다.

"자, 이제 내 방으로 가겠나?"

그는 눈짓으로 나를 따라오라고 하더니 먼저 두어 발자국 앞서 어떤 방으로 들어갔다. 그를 따라가다 보니 그 집에는 다섯 개의 방이 나란히 둥근 원처럼 되어 있는 것을 알게 되었다.

아브라함의 방

방문을 열고 들어서니 그 방은 일반적인 방이 아닌 다른 세계로 향하는 문이었다. 그리고 나는 아주 오래 전, 고대 시대에 와 있는 듯한 느낌을 받았다. 내 눈에 비치는 광경은 한도 끝도 없이 넓고 넓은 광야 같았다. 자세히 보니 그곳에는 스무 명 정도의 사람들이 있었는데 남자들은 커다란 봇짐을 어깨에 메고 몇 안 되는 여자들은 짐을 머리에 이고 있었다. 그리고 그 옆으로는 여러 마리의 낙타가 등에 많은 짐을 싣고 어디론가 가고 있었다.

그중에는 나이가 많이 들어 보이는 듯한 어른과 30대 정도의 청년도 눈에 띄었다. 이사를 가고 있는 것이라는 생각이 들었다. '누가 이사를 가고 있는 것일까?' 잠시 생각하다가 바로 내 앞에 서 있는 분이 아브라함이라는 것을 알게 되었다. 그때 아브라함은 잠시 쉬었다 가자며 짐을 내려놓았다.

"여기서 조금 쉬었다 가십시다."

마침 그곳에는 지나가는 나그네들이 잠시 쉬어갈 수 있는 작은 오두막집 두 채가 보였고, 더위를 피할 수 있을 만한 정자나무도 서너 그루 보였다. 나는 잠시 이 분들이 봇짐을 내려놓고 쉬기를 기다렸다가 아브라함에게로 다가갔다.

"선생님! 지금 여기 계신 분들은 뭐하시는 건가요?"

아브라함은 정자 밑 나무그늘에서 이마에 흐르는 땀을 옷자락으로 닦으시더니 이렇게 대답했다.

"우리는 보다시피 이사를 가고 있는 중이라네."

"아니! 어디서 오셨는데요?"

"우리는 갈대아 우르에서 왔지."

"그럼 어디로 가시는데요?"

계속되는 나의 질문에 아브라함은 잠시 생각에 잠기는 듯 하더니 또 다시 입을 열어 말해주었다.

"우리는 지금 갈 바를 모른다네. 오직 그분이 우리를 이끌고 가시는 데로 따라갈 뿐이지."

"언제부터 이렇게 떠돌아 다니셨나요?"

"약 두어 달 된 것 같네. 그러나 우리는 지금 시계라는 문명의 이기가 없기 때문에 정확히는 모르지. 다만 밤하늘에 떠 있는 달을 보고 대충 알고 간다네."

"그럼 선생님, 여기에 계신 분들은 다 어떤 분들인가요?"

그제야 아브라함은 무언가 생각난 듯 나를 데리고 이곳저곳 안내해주기 시작했다. 그들 가운데 몇 사람은 하인처럼 보였는데 그중 한 사람이 지시를 받아 몇 사람들과 함께 장막을 만들고 있었다.

* * *

아브라함은 나를 데리고 사라의 장막 앞으로 갔다. 제일 먼저 사라의 장막을 쳤는지 그곳은 벌써 내부까지 갖추어진 듯했다. 아브라함은 사라가 자신의 아내임에도 무척이나 조심스럽게 불렀다.

"사라, 장막 안에 있소? 들어가도 되겠소?"

안에서 사라의 목소리가 들려왔다.

"예, 아브라함. 잠시만 기다려주세요. 제가 금방 나갈게요."

사라의 목소리는 참으로 곱다 못해 아름다웠다. 사라의 목소리를 듣는 순간 나는 거의 숨이 멈추는 듯 가슴이 두근거렸다. 얼굴은 얼마나 더 아름다울까 싶은 생각이 들며 호흡을 가다듬고 있을 때, 천막 문이 걷히며 아름다운 여인이 빙그레 웃으면서 안에서 나왔다.

나는 사라의 모습을 보고는 순간 입이 다물어지지 않았다.

'세상에 이럴 수가! 이렇게 아름다울 수가!'

멍하게 자신을 쳐다보는 나를 사라는 수줍은 듯한 모습으로 환영해주었다.

"어서 오세요. 주은 양! 이렇게 우리를 찾아주어서 너무 고마워요. 여기까지 오느라고 고생 많았죠? 자, 이제 제 장막으로 들어오세요."

그녀는 나를 권하여 장막 안으로 영접해주었다. 나는 사라의 장막으로 들어갈 수 있는 영광을 차지한 사람 중의 하나가 되었다. 사라의 장막은 그다지 호화롭게 꾸며지지는 않았지만 그 안의 내부는 사라의 성품과 미모처럼 단정하고 아담하며 몇 가지 안 되는 살림살이 같았지만 깔끔하고 소박했다. 사라의 침실은 장막 안에서도 아름다운 무늬로 수놓은 비단 같은 휘장으로 가려져 있었기에 볼 수가 없었다.

그때 사라에게 손님이 왔다는 이야기를 들은 사라의 몸종들이 장막 안으로 들어왔다. 젊은 아가씨들 같았는데 이들도 모습이 단아하고 아담하며 교양 있어 보였다. 그들은 "주인님, 곧 차와 식사를 준비하겠습니다"라고 말하며 조용히 자리를 비켜주었다.

나는 아브라함과 사라를 만났다는 기쁨에 너무 벅차서 무엇부터 물어보아야 할지 몰랐다. 아브라함은 나로 하여금 잠시 사라와 대화를 나누게 하고는 장막을 나갔다. 사라는 내가 이곳에 온 목적과 어느 시대에서 왔는지를 이미 다 알고 있는 듯했다.

"사라 님, 이렇게 어디로 갈지 모르면서 이사를 간다는 것이 너무 어렵지 않나요?"

"우리는 주인님을 믿지요. 우리는 주인님의 말씀에 절대 순종한답니다.

주인님에게 하나님께서 말씀하셨답니다. 갈대아 우르를 떠나라고."

이렇게 말하는 사라의 얼굴에서는 전혀 근심이나 걱정스러운 마음이 느껴지지 않았다.

"갈대아 우르는 아브라함 선생님의 고향이며, 그곳은 친척들과 함께 지금까지 살아오신 고향이 아닙니까?"

"그렇지요. 아브라함의 고향이며 우리 모두의 고향이지요."

"그러면 앞으로는 어떻게 될 것 같나요? 어디로 가시며 어떻게 사실 건가요?"

"우리는 다만 아브라함의 말에 순종하며 살아갈 뿐이고, 아브라함은 이제 그분이 이끄시는 대로 살아갈 것이지요."

"그런데 조금 전 어느 노인이 계신 것을 보았는데요. 누구신가요?"

"아, 데라이지요. 아브라함의 아버지 데라."

"그렇군요. 그럼 잠시 후 데라에게도 인사를 드리러 가봐야겠네요."

"예, 그러세요. 요즘 연세가 많으셔서 걱정이에요. 힘든 여행을 어떻게 잘 버티실지."

이렇게 사라와 대화를 하고 있을 때 사라의 몸종들이 음식을 차려 장막 안으로 가지고 왔다. 사라와 여인네들이 만든 빵과 양의 젖을 짜서 발효시켜 만든 치즈, 그리고 양의 고기를 말려서 구운 것 등이었다. 원래는 식사 시간이 되면 아브라함과 사라와 데라가 같이 먹으면서 사라가 데라의 식사 수발을 든다고 했다. 그러나 오늘은 특별히 손님이 와서 오늘 데라의 식사는 아브라함이 혼자 수발들기로 했다고 사라가 일러주었다.

사라와 함께 식사를 하며 여러 이야기를 나누고 있던 중 또 한 명의 몸종이 이번에는 차를 가지고 와서 시중을 들었다. 나는 마음속으로 '혹시 이 여인이 하갈이 아닐까'하는 생각이 들었다. 그런데 그때 마침 사라가 이 여인의 이름을 불렀다.

"하갈, 아브라함의 식사가 끝났는지 좀 알아봐요."

"예, 주인님."

나는 하갈이 나중에 사라를 대신해 이스마엘을 낳을 여인이라는 것을 알고 있기에 그녀를 바라보는 마음이 편치만은 않았다. 왠지 사라의 슬픔이 나에게 그대로 전해오는 것 같았다. 하갈은 젊고 건강하며 하인들 중에서도 아름다운 여인이었다. 하지만 이 여인에게는 어떤 남모르는 욕심이 있을 것 같은 생각도 들었다. 하갈을 부르는 사라에게서도 어딘가 모르게 경계하는 듯한 느낌이 전해졌다.

나는 사라에게 아이가 없다는 것을 알고 있었지만 하나님께서 사라에게 분명히 아들을 주시겠다고 말씀하셨다는 사실이 얼마나 다행이며 감사한 일인가를 생각하며 사라가 아무리 힘들고 어려워도 하나님의 약속을 붙잡고 끝까지 잘 견디어주기를 바라는 마음이 간절해졌다.

그러나 내가 느끼기에는 사라의 마음이 많이 흔들리고 있으며 어쩜 오늘 밤이라도 어떤 결단을 내릴 것 같은 생각이 들어 불안하면서도 사라가 안쓰러워 견딜 수 없었다. 하지만 우리 후대에게 믿음을 물려주는 믿음의 여인이라면, 아니 믿음의 조상이라면 반드시 통과해야 할 시련의 길임을 생각했다.

사라가 자신이 그저 한 명의 여인이 아닌, 믿음의 계보를 물려줄 믿음의 어머니라는 것을 깊이 생각하고 끝까지 하나님을 바라보았다면 얼마나 좋았을까? 신실하신 하나님은 그 약속하신 대로 사라가 90세에 아브라함에게 아들을 주셨고, 이삭이라는 믿음의 족보를 이루며 이 세상에 믿음의 후손들을 세워 나가고 계신다. 그러나 아브라함의 육신의 혈통인 이스마엘의 후손으로 인해 백성들을 괴롭게 하는 그 역사 또한 넘어갈 수 없는 우리 시대의 산인 것 같다.

우리가 식사를 마친 후 잠시 대화를 나누고 있을 때 아브라함이 사라의 장막으로 찾아왔다. 아브라함은 역시 이번에도 장막 앞에서 조용히 사라를 불렀다 .

“사라, 안에 있소? 잠시 들어가도 되겠어요?”

사라는 장막 문 앞으로 나가서는 직접 장막을 걷으며 아브라함을 맞았다.

그 모습을 바라보고 있던 나는 또 한 번 마음속으로 놀라지 않을 수 없었다. 그때 이런 생각을 잠시 해봤다. 이 시대 여인들이 모두 다 이렇게 남편을 주인 섬기듯 했을까? 친절하고 공손한 태도로 남편인 아브라함을 대하는 사라의 모습을 바라보면서 사라는 참으로 남편에게 사랑받을 만한 아름다운 여인이었다는 것을 인정하지 않을 수 없었다.

장막 안으로 들어온 아브라함 역시 아내인 사라를 대하는 태도에 진심과 사랑이 가득 담겨 있음을 알 수 있었다. 사라는 자신이 앉아 있던 자리를 아브라함에게 내어주며 자신은 좀 더 낮은 자리에서 공손히 아브라함에게 차를 대접하며 이런저런 소박한 삶의 이야기를 나누었다.

나는 그들의 소박한 이야기를 듣는 것만으로도 시간 가는 줄 모르게 흥미롭고 좋았지만 후시대를 살고 있던 나는 아브라함에게 물어보고 싶고 궁금한 점이 너무 많아 어쩔 줄을 몰라 했다. 아브라함은 마치 나의 마음을 다 알고 있다는 듯 나를 향해 빙그레 웃어주더니 이제 밖으로 나가서 이곳저곳을 구경하면서 이야기를 나누자고 먼저 말해주었다.

* * *

사라의 장막에서 나와 보니 밖은 벌써 어두워져 있었다. 하늘에서는 밝은 보름달이 아브라함 일행들이 머물러 있는 장막촌 바로 위를, 이스라엘 백성을 광야에서 밤에는 불기둥으로 인도하셨던 것처럼 밝은 은총의 빛으로 비춰주고 있었다. 뿐만 아니라 하늘에서는 헤아릴 수 없는 밝은 별들이 마치

은하수를 깔아놓은 듯 반짝이고 있었다.

그때 조금 전까지 조용하던 장막촌 어디에선가 큰 소리가 나기 시작했다. 데라의 장막에서 나는 소리였다.

"아브람, 아브람, 도대체 언제까지 우리를 이렇게 끌고 다니겠느냐! 이곳에서 내가 곧 죽을 것 같다. 내가 죽더라도 나의 고향에서 묻혀야 하지 않겠느냐. 언제까지 갈 곳도 모르면서 우리를 이렇게 끌고 다니려 하느냐. 이제 나는 더 이상은 이 먼 이사를 갈 수 없다. 그러니 내가 죽거든 이곳에 차라리 나를 묻어라."

그때 한 명의 하인이 아브라함에게 급히 달려왔다.

"주인님, 큰일 났습니다. 어미 양 한 마리가 새끼를 낳다가 또 죽었습니다. 어제도 두 마리나 죽었는데 어찌합니까. 이렇게 긴 여행을 하는 것이 저 양들에게도 큰 무리가 된 것 같습니다. 이렇게 가다가는 얼마 안 있어 모든 짐승들이 모두 다 죽을 것 같습니다. 이제 어떻게 해야 합니까!"

그 말을 들은 아브라함은 임시로 쳐 놓은 양들의 우리 안으로 달려갔다. 그곳에는 어미 양이 새끼를 낳다 죽어 있었다. 아브라함은 신실한 종 아비에셀을 불러 양들을 잘 돌봐줄 것을 부탁하고는 다시 내가 있는 곳으로 걸어왔다. 나는 그곳에서 일어난 일들을 보면서 어쩔 줄 몰라 안타까워하고 있었으나 오히려 아브라함은 이곳까지 오는 동안 수없이 많은 일들을 겪은 탓인지 크게 당황하지 않는 눈치였다.

아브라함은 나를 장막들이 있는 곳에서 조금 떨어진 곳으로 인도했다. 그곳에서는 조금 전보다 더 많은 별들을 볼 수 있었는데 마치 온 하늘의 별들이 그곳에 다 모여 있는 것처럼 느껴질 정도였다. 수많은 별들이 금방이라도 머리 위로 쏟아져 내릴 것 같았다. 아브라함에게 궁금한 것을 물어보려고 하던 찰라, 이번에도 아브라함이 먼저 입을 열었다.

"기자 선생, 저 많은 별들이 얼마나 많은가 헤아릴 수 있겠나?"

"아브라함 선생님, 저는 저렇게 많은 별들을 셀 수 없어요."

"나도 셀 수 없다네. 그런데 어느 날 하나님께서 나를 찾아오시더니 이렇게 말씀하시더군. 저 별들을 세어보라고. 아마 오늘밤처럼 이렇게 많은 별들이 밤하늘에 수를 놓은 듯 빛나고 있던 밤이었지. 나도 역시 저 별들을 셀 수 없다고 했지. 그때 하나님께서 나에게 말씀하시기를 앞으로 내 자손들이 이렇게 많아질 거라고 하시더군. 그때 왠지 하나님께서 하신 말씀이 믿어졌네."

"하나님께서 그 말씀을 하실 때가 언제쯤이었나요?"

"아마 10년 정도 전으로 기억하네. 지금 내 나이는 84세쯤 되었거든."

"그래서 선생님께서는 하나님의 약속을 믿으시고 고향을 떠나서 이곳저곳으로 옮겨 다니신 건가요?"

"이전에 내가 살던 고향에서는 하나님을 제대로 만나지 못했다네. 자네가 알다시피 우리 아버지 데라는 갈데아 우르에서 우상 장사를 했지. 우리 아버지가 만든 우상들을 동네 사람들은 돈을 주고 샀지. 그것이 저들의 신이라 하면서 말이야. 그때 나는 생각했다네. 이것은 신이 아니고 우리 아버지가 만든 수공품이라고. 그러면서 하늘과 땅과 자연 만물들을 보면서 그것들을 만드신 이가 신이시라고 믿었지. 그렇게 나와 하나님과의 관계는 시작

되었다네. 그런데 하나님께서 어느 날 나를 찾아오시더니 '내가 너에게 복을 주어 너로 큰 민족을 이루는 복을 줄 것이고 네 자손을 이렇게 하늘의 별들처럼 많게 해줄 것이다'고 하시면서 고향을 떠나라 하시더군."

그때 나는 사라의 장막에서 사라의 슬픈 마음을 읽고 있었기에 아브라함에게 묻지 않을 수 없었다.

"선생님, 저는 후시대에서 왔기 때문에 선생님의 믿음대로 하나님께서 정말로 하늘의 별들처럼 능히 셀 수 없이 많은 자손들로 족속과 민족과 나라와 세계를 이루어나가고 계시다는 것을 압니다. 하지만 선생님께서는 결국 하갈을 취하여 이스마엘이라는 아들을 낳으셨잖아요."

"그렇지. 자네와 마주앉아 이렇게 그때의 일을 회상하니 참으로 부끄럽고 못할 일을 했다는 것을 새삼 깨닫게 되는구먼. 처음에는 사라의 눈물 때문이었지. 매일 밤 눈물로 호소하는 사라가 안쓰러워 더 이상 견딜 수가 없었다네. 자네도 알다시피 여인들이 아들을 낳아주지 못해 가문을 잇지 못하면 얼마나 힘들어하던가. 그러나 사라의 탓이 결코 아니네. 내 믿음이 약했던 걸세."

"그건 또 무슨 말씀이신가요, 선생님?"

"나도 사실은 하나님의 약속을 받고서 10년을 기다렸네. 그러나 사라가 아들을 낳지 못하자 하나님의 약속을 의심했던 것이지. 그러므로 하갈을 취해 이스마엘을 낳았네. 그러나 그것이 후시대에 그렇게 큰 분쟁과 갈등의 역사가 될 거란 것은 생각지도 못했어."

"그러나 선생님께서는 고향을 떠나신 것 외에도 두 가지나 하나님의 말씀에 순종하셨잖아요. 이삭을 제물로 바치려 했던 것과 하갈과 이스마엘을 집에서 내쫓으신 것 말이에요. 그래도 이스마엘에게는 선생님이 아버지이신데 어떻게 그렇게 하실 수 있으셨나요?"

"내가 참으로 부끄럽지만 이스마엘을 낳고서야 내가 하나님께 큰 악을 저질렀음을 알게 되었지. 하나님은 신실하신 하나님이시네. 아무리 내 생각과 내 뜻이 옳은 듯해도 그분을 끝까지 믿음으로 바라보며 그분이 일하실 때까지 우리는 그저 기다려야 한다는 것을 나중에 이스마엘을 낳고서야 깨달았네. 이것이 우리 선진들이 걸어간 발자취일세. 우리는 이렇게 실패한 것이 있지만, 그것을 거울삼아 후시대 사람들은 우리같이 실패하는 사람들이 없게 하시려고 하나님께서는 우리의 잘못까지도 후시대를 깨우쳐 가르치는 교훈으로 삼으신다네."

"선생님, 믿음도 하나님께서 선물로 주셔야 되는 것 같아요. 우리는 성경을 통해 그렇게 많은 것을 보고 배우면서도 선생님 같은 믿음을 가지고 있지 못하는 것 같아요."

"내가 실수도 많이 했지만 그래도 하나님께서 나를 믿음의 조상이라 한 것은 내가 하나님을 믿음일세. 하나님은 자기를 찾는 자들에게 상 주시는 하나님이신 것과 하나님께 인생을 다 맡기고 그분을 의지하면 살아갈 수 있다는 것을 자네 같은 후시대 사람들이 믿어주었으면 좋겠네."

아브라함과 함께 지난 이야기를 하다 보니 어느새 밤이 깊어 있었다. 아브라함은 참으로 배려와 자비가 넘치는 사람이라 느껴졌다.

"오늘밤은 불편해도 기자 선생을 위한 침실이 준비되어 있으니 그곳에서 편히 쉬게나. 다음에 또 만나세."

이 말을 한 후 내가 쉬어야 할 장막 앞까지 데려다 주고는 짧은 인사를 나눈 후 사라의 장막으로 발걸음을 옮기는 아브라함을 보고 오늘밤은 왠지 빨리 잠이 들지 않을 것 같은 생각이 들었다. 그러나 그것도 잠시, 나를 위해 준비된 장막에서 하나님께 짧은 감사 기도를 드리고는 곧 잠이 들었다.

야곱의 하나님

이른 아침, 참새들의 지저귀는 소리에 잠에서 깼다. 눈을 떠서 주위를 둘러보니 마치 공주님 방 같은 곳에 내가 있었다. 내가 잠자리에서 일어나려는 기척을 듣고 누군가 거실에서 커피를 준비하고 있다는 것을 느낌으로 알 것 같았다. 방 안에는 화장실과 샤워실이 갖춰져 있었으므로 나는 조심스럽게 밖으로 소리가 들리지 않도록 샤워를 하고 옷을 단정하게 갖춰 입고 거실로 나왔다. 거실에는 어제 만났던 선생님들이 먼저 일어나 단정한 모습들로 이야기를 나누고 계셨다.

"안녕히 주무셨어요?"

나는 내게 익숙한 방식으로 선생님들께 아침 인사를 건넸다.

"좀 편히 쉬었소?"

처음 현관문 앞에서 나를 반겨주었던 선생님이 인사를 받아주었다.

"예. 너무 편히 잘 잤어요."

"오늘 아침은 간단히 준비했어요."

그의 말이 끝나기 무섭게 젊은 하인들이 음식을 하나씩 내오기 시작했다. 그들은 간단히 감사기도를 드리고는 맛있게 식사하며 대화를 나눴다. 식사를 다 마친 뒤에는 그분들 중에서 가장 나이가 들어 보이는 듯한 분이 나에게 말을 걸었다.

"자, 이제는 내가 기자 선생에게 인터뷰를 할 차례 같구먼."

그는 자신의 방으로 들어가자며 앞서서 나를 안내했다. 나 또한 그의 뒤를 따라 방으로 들어가려고 문을 열고 안으로 들어서니 또 하나의 세계가 그곳에 펼쳐져 있었다. 그 방은 마치 극장 같았는데 안에는 두 개의 의자가 놓여 있었다. 선생님이 먼저 한 의자에 앉으시더니 남은 의자에 앉으라고 나를 향해 손짓했다.

선생님이 가리키는 의자에 조심스럽게 앉자 갑자기 온 방이 캄캄해졌다. 나는 순간 너무도 놀라 어리둥절했다. 그러자 선생님은 걱정하지 말라는 뜻으로 나의 어깨를 살짝 두드려주었다.

방 앞면에서 커다란 스크린 화면이 내 눈앞에 펼쳐졌다. 처음 와본 듯한 광야였다. 주위는 온통 캄캄한 어둠만이 둘러 있었다. 어둠 속을 가만히 들여다보고 있으니 강렬한 씨름하는 소리가 들렸다. 도대체 누구와 누구의 씨름인지 너무 어두워서 분간하기가 어려웠지만 두 사람이 계속해서 엎치락뒤치락하면서 밤새도록 씨름을 하고 있다는 것은 알 수 있었다. 그 가운데 한 사람은 사생결단을 내려는 듯 씨름에 목숨을 거는 것처럼 보였다.

나는 이때까지도 누가 누구인지 몰라 궁금한 마음이 있었지만 옛날 믿음의 선진들을 만나 뵙는 것만으로도 너무 감사하고 황송해 차마 이들이 누구시냐고 여쭈어볼 생각은 하지도 못했다. 선생님들도 그분들이 누구인지 만나보면서 차차 알게 될 것이라고 하시고는 각자의 성함을 알려주지 않으셨기에 나는 누가 누구인지도 모른 채 방으로 들어와 화면을 보게 된 것이었다. 그런데 갑자기 '아, 이분이시구나!' 하는 생각과 함께 그분이 누구인지 깨달아졌다.

* * *

나는 야곱의 시대로 돌아간 듯 했다. '어떤 질문을 해야 할까' 생각도 했지만 화면 가운데 벌어지고 있는 그 상황이 너무나 절실해 차마 더 다른 말씀을 여쭙지 못할 것 같은 안타까운 마음이 들었다. 내가 이런 생각을 하고 있을 때도 그들의 씨름은 참으로 끈질기게 계속되었다. 그런데 야곱과 씨름하는 분은 뚜렷한 형태는 잘 보이지 않지만 분명 예사롭지 않은 분인 것만은 확실했다.

그때 갑자기 성경에서 야곱이 천사와 씨름하는 장면을 봤던 게 생각났다. 그러한 생각이 들자 천사와 사생결단하듯 씨름하는 야곱이 너무나 안타까운 마음이 들었다. 나도 모르게 눈물이 주르르 흘렀다.

그렇게 밤새워 긴 씨름을 하던 그들에게 짙었던 어둠은 서서히 물러가고 어디선가 희미한 여명이 밝아오려는 듯 무엇인가 어슴푸레 보이는 듯했다. 이때 천사가 더 이상은 시간이 지체될 수 없음을 알았던지 자신을 놓아 달라고 하는 간곳한 소리가 마치 나에게 부탁하는 소리처럼 들려왔다. 그러나 야곱이 "당신이 내게 복을 주지 않으면 나는 놓아줄 수 없다"는 결단을 보이자 그는 "네 이름이 무엇이냐"고 묻는 것 같았다. 야곱은 "내 이름은 야곱"이라 말했고, 그는 "이제 네 이름을 야곱이 아니라 이스라엘이라 하라"며 야곱의 환도뼈를 쳐 부러뜨렸다.

갑자기 그가 야곱의 환도뼈를 쳐 부러뜨리는 장면이 나오자 나도 모르게 '악' 소리를 낼 뻔했다. 그때 어슴푸레하던 날이 완전히 밝아지고 천사는 온

데간데없이 사라졌다. 야곱이 이스라엘(하나님과 겨루어 이긴 자)이라는 그 이름을 부여잡고 일어나려 할 때 환도뼈가 부러진 연고로 바로 일어나 서지 못하고 그 통증으로 고통하는 장면도 보였다.

이렇게 얍복강에서의 야곱의 씨름 장면이 끝나고, 야곱은 절뚝절뚝거리며 가족들이 기다리는 곳을 향해 걸어갔다. 얍복강에서 좀 떨어진 곳으로 먼저 가 있던 야곱의 가족들도 밤새도록 야곱이 오지 않자 많은 걱정을 한 것 같았다.

그새 아침은 환하게 밝고 동쪽에서 붉게 타오르며 떠오르는 아침 햇살과 함께 야곱이 다리를 절뚝절뚝 절면서 가족 품으로 가자 제일 먼저 열한 명의 아들들과 딸 디나가 야곱의 가슴에 안겼다. 야곱은 자신에게 안겨오는 자녀들을 품에 안고는 한없는 눈물을 흘리며 야곱만이 아는 감격에 젖어 있었다. 그때 네 명의 아내들도 간밤에 무슨 일이 있었는지는 몰라도 하나같이 진심으로 야곱을 사랑하는 그 마음으로 그에게 다가갔다.

조금 지나자 말발굽 소리가 가깝게 들려오더니 야곱의 형 에서가 사백 명의 군사를 데리고 오는 것이 보였다. 야곱은 다른 가족들보다 앞서 형 에서에게로 갔다. 진심을 담아 수차례 절하며 자신에게 다가오는 야곱을 본 에서도 마음이 봄눈같이 녹았는지 야곱을 힘 있게 끌어안았다. 두 사람은 누가 먼저랄 것도 없이 큰소리로 그냥 엉엉 울었다. 20년 만에 만나는 기쁨도, 그동안에 쌓였던 원한도 눈물에 모두 씻겨나가는 듯했다.

'아! 피를 나눈 형제의 정이란 이런 것인가?' 할 정도로 두 사람은 그동안 억눌렀던 정들을 억제하지 못하고 그렇게 대성통곡하며 울었다.

이 모습을 지켜보던 나는 한 편의 감동적인 영화를 본 듯 감동에 젖어 같이 눈물을 흘리며 울고 있었다. 이때 먼저 입을 연 것은 야곱이었다.

“기자 선생, 이렇게 해서 나는 할아버지 아브라함과 함께 믿음의 조상이라는 복을 받았네.”

“야곱 선생님, 우리 후시대 사람들은 성경을 통해 선생님에 대한 말씀을 많이 들었고 많이 읽었어요. 그런데 몇 가지 여쭈어 보고 싶은 것들이 있습니다.”

“그런가? 내가 대답해줄 테니 무엇이든지 물어보게나.”

“선생님은 왜 형 에서의 장자권과 아버지의 축복을 빼앗으셨나요? 형의 것이었잖아요.”

“내가 만일 형의 장자권과 축복을 가로채지 않았다면 나는 어떻게 지냈을 것 같은가? 아마 내 인생은 그다지 힘들고 어렵지 않았겠지! 그러나 이것 알고 있나? 나는 부잣집 아들일세. 우리 집에는 종들도 많았고, 우리 아버지 이삭이 농사를 지으면 백배나 소출을 거두는 축복도 받았고 우리 집 종들이 우물을 파면 파는 곳마다 물을 얻는 놀라운 축복도 받았지. 그래서 요즘 세상말로 하면 나는 금수저 물고 세상에 태어난 사람이었다네. 그 유명한 아브라함이 나의 조부 할아버지고, 하나님의 뜻에 죽기까지 순종하려던 그 이삭이 바로 나의 아버지가 아닌가.”

“네. 그렇죠. 야곱 선생님은 참 귀한 분복을 많이 받고 세상에 태어나신 분이시죠. 그런데 무엇이 부족하셔서 형의 장자권을 탐내셨나요? 그리고 형을 속이고 아버지를 속이시면서까지 아버지 축복기도도 받으시고요.”

"기자 선생, 혹시 성경은 이에 대해 뭐라고 말하고 있나? 하나님께서 야곱은 사랑하고 에서는 미워했다고 말하지 않나? 그것도 우리가 세상에 태어나기 전 어머니 배 속에 쌍둥이로 있을 때에 말일세. 이는 하나님의 주권이지만 천국은 누가 간다 했나? 침노하는 자가 빼앗는다 하지 않았나."

"그러면 에서는 세상의 복을 추구하는 사람이고 야곱은 천국을 침노하는 사람이라 해도 되는 건가요?"

"내 형 에서는 할아버지로부터 내려온 하나님을 믿는 믿음에 관해서는 관심이 없었지. 늘 언제나 사람들과 함께 어울려 사냥하고 다니며 그것을 즐기는 사람이었어. 세상의 것을 탐하는 현실적인 사람이었다는 말일세. 그러나 나는 어려서부터 할아버지 아브라함 무릎에서 하나님의 이야기를 즐겨 들으며 그 하나님을 나의 하나님으로 섬기며 그 하나님을 자자손손에게 물려주는 믿음의 조상이 되기를 소원했다네."

"아하! 그렇군요. 이제야 조금 이해가 됩니다."

"내가 그 하나님을 나의 하나님으로 섬기고, 그 믿음의 조상이 되기까지는 참으로 힘든 세월을 살았다네."

"선생님, 그 말씀이 생각나네요. 오랜 세월이 지난 뒤에 선생님께서 요셉의 아들을 통해 애굽 왕 바로 앞에 서셨을 때 바로 왕이 '너의 연세가 얼마뇨?' 하고 묻자 선생님께서 대답하시기를 '내 연세가 130세이나 험악한 나그네 세월을 살았다'고 하셨습니다. 하나님을 섬기시는 가운데서도 선생님은 왜 그렇게 험악한 세월을 사셔야 했나요?"

"기자 선생, 나도 처음엔 그렇게 생각했네. 내가 하나님을 섬기니, 그리고 하나님께서 내게 복을 주신다 했으니 내 인생은 그렇게 힘든 삶이 아닐 거라 생각했지. 그런데 말이야, 내가 사는 세월 속에도 인간들이 당하는 그 괴로움의 삶들이 많이 있더구먼. 그런데 놀라운 것이 있어. 그것은 내가 사는 내 인생 가운데 하나님이 늘 나와 함께하심이야. 창세기 48장 15~16절을 보면 '아브라함과 나의 아버지 이삭이 섬기던 그 하나님이 나의 출생으로부터 지금까지 나를 기르신 하나님, 그리고 나의 모든 환난에서 건지신 하나님'이라 하지 않았나? 나는 바로 그 하나님을 나의 하나님으로 얻기 위해 험악한 세월도 마다하지 않고 그 하나님을 선택한 걸세."

나는 야곱의 말을 듣는 순간 마음이 숙연해졌다. 또 야곱의 믿음과 삶에 대해 한없는 경의를 표하고 싶었다.

"선생님, 그래서 우리 후시대 사람들은 선생님께서 선택하신 그 하나님을 일컬어 아브라함의 하나님, 이삭의 하나님, 야곱의 하나님이라 부릅니다."

"아니지, 그대들이 그렇게 나를 부르기 전에 하나님께서 이렇게 일컬어 주셨지. 나는 아브라함의 하나님이고 이삭의 하나님이고 야곱의 하나님이라고."

"제가 조금 전 아브라함 선생님을 인터뷰했는데요. 그때 아브라함 선생님께서는 하나님께서 하늘의 별과 같이 자손을 많게 해주신다는 말씀이 야곱 선생님의 열두 아들들로 열두 지파를 이루시고 그 후손들로 하늘의 별같이 많은 믿음의 후손들을 이루신다는 말씀이라 하셨어요."

"그래서 그분은 어제나 오늘이나 영원토록 살아계신 동일하신 하나님이시지."

"야곱 선생님, 오늘 인터뷰 너무 감사드리고 다음에 꼭 하늘나라에서 뵙겠습니다."

"나의 믿음의 후손들 중에 기자 선생 같은 귀한 믿음의 딸을 만나게 되어 나도 참 행복하네."

모세를 만나다

이야기를 마치고 야곱의 방에서 문을 열고 나오자 또 하나의 세계가 눈앞에 펼쳐졌다. 높은 산이 보였는데 그 산은 아무나 오를 수 없는, 몇 시간을 올라야 간신히 오를 수 있을 것 같은 아주 험한 산이었다. 나무 한 그루, 풀 한 포기 자라지 못할 정도의 척박한 바위산처럼 보였고 그 산자락 아래쯤에는 어떤 경계의 선 같은 빛이 비추는 것 같았다. 아무도 범접해 들어올 수 없는, 혹은 이 산에 아무나 오르지 말라는 지존하신 이의 엄위한 명령의 선이 아닌가 생각됐다.

하지만 나는 마치 보이지 않는 날개가 내 몸에 있는 듯 그 산 안으로 들어갈 수 있을 것 같았다. 그러나 차마 나의 발걸음으로는 그 산 위를 오를 수 없어 믿음의 눈으로 산 위의 모습을 볼 수 있게 해달라고 산자락 아래에서 간곡한 기도를 드렸다. 그때 하나님께서는 산자락 아래에서 기도하는 나에게 한 장면을 보여주셨는데 그 험하고 높은 산은 바로 시내산이었다. 그곳에서는 모세가 하나님의 임재 앞에 깊이 들어가기 위해 넓적한 바위 앞에 엎드려 있었다.

이미 모세가 산에 오른 지 40여 일이 가까워오고 있었다. 그때까지 모세는 음식도 먹지 못하고 물도 마시지 못한 채 지내고 있는 듯했다. 바위 앞에 엎드려 있는 모세는 금방이라도 숨이 넘어갈 것 같은 모습이었다. 손가락 하나 움직일 기력도 없이 마치 죽은 자 같이 하나님 앞에 엎드려져 있었다.

시내산 아래에서는 이스라엘 백성들이 모세가 산에서 내려오기를 애타게 기다리고 있었다. 그때는 모세가 시내산에 두 번째 올라갔을 때였다. 처음 모세가 40여 일이 다 되도록 시내산에서 내려오지 않았을 때는 이스라엘 백성들은 "모세가 산에서 죽었다", "이제 우리를 인도할 신을 만들라"고 해서 아론이 금송아지를 만들어 숭배하고 뛰놀다가 하나님의 징계로 많은 사람이 죽임 당하는 것을 보았다. 그런 이스라엘 백성이었기에 이제는 오래도록 모세가 내려오지 않고 있어도 시내산 밑에서 조용히 기도하며 모세를 기다리고 있는 것이었다.

하나님 앞에 죽은 자 같은 모습으로 엎드려 있는 모세에게 하나님의 자비하신 손길이 덮였다. 엎드려 있는 모세를 하나님께서 그 손으로 덮어주신 것이었다. 이제 모세는 하나님의 거룩한 임재 가운데 들어가고 한편 여호수아는 바위산 중턱쯤에서 거의 마지막 남은 가죽 부대의 물을 짜마시고 이제는 더 이상 마실 물도 없는 가운데 여호수아 역시 산자락 바위 앞에 엎드려 기도하며 모세를 기다리고 있었다.

나는 영상으로 모세를 바라보는 내내 어찌할 바를 모를 정도로 안타까웠다. 하나님의 능력의 손길이 모세를 덮을 때 그곳에는 세상의 언어로 가히 말할 수 없는 찬란한 영광의 빛이 모세를 둘러 비추었다.

* * *

얼마가 지났을까. 내 앞으로 보이는 또 하나의 영상에 모세가 산에서 내려오고 있었다. 그러나 산에서 내려오고 있는 모세의 얼굴은 조금 전까지의 얼굴이 아니었다. 그 얼굴에서는 가히 말할 수 없는 영광스러운 광채가 나고 있었다. 그리고 모세의 두 손에는 역시 두 개의 큰 돌판이 들려 있었는데 그 돌에 새겨진 십계명의 글이 강한 빛을 내는 것으로 보아 하나님께서 직접 쓰신 것이라는 생각이 들었다.

산중턱까지 내려오는 모세를 나는 조마조마한 마음으로 지켜보았다. 하나님의 깊은 임재 가운데서 하나님을 뵈옵고 내려오는 모세의 얼굴을 차마 바로 바라볼 수가 없기 때문이었다. 그리고 이제 모세의 얼굴은 이전의 얼굴이 아니라 누구도 함부로 가까이 할 수 없을 것 같은 빛이 나는 얼굴이었다.

모세가 산 중턱까지 내려오자 그곳에서 모세를 기다리던 여호수아가 저만치 내려오는 모세를 보고는 너무나 반가운 나머지 "모세!" 하고 부르며 앞으로 나아가려다 모세의 몸과 얼굴에서 풍기는 어떤 강한 빛의 힘 때문에 두어 걸음 물러서고 말았다. 그러자 모세가 여호수아 곁으로 다가왔다. 여호수아는 떨리는 음성으로 말을 건넸다.

"모세! 살아 있었군요. 무사하셨군요! 이제 우리 이스라엘 백성들은 살았습니다. 하나님께서 당신과 함께하셨습니다. 모세 당신은 거룩하신 하나님을 뵈옵고 그 은총 가운데 거하셨군요."

모세는 사십일 동안 시내산 중턱에서 자신을 기다려준 여호수아가 한없이 고마웠지만 이제 산 아래로 내려가서 이스라엘 백성들을 다시 이끌고 가나안 땅을 향해 가야 하기에 그를 향한 사사로운 정을 다 표현할 수가 없었다.

“백성들이 산 아래에서 기다리고 있으니 어서 갑시다.”

모세가 산 아래 백성들 앞에 서자 백성들은 너무 기쁜 나머지 환호성을 지르며 모세를 향해 가까이들 다가왔다. 그러나 모세 곁으로 가까이 다가왔던 이스라엘 백성들은 모세에게서 나오는 영광스런 광채 앞에서 다들 한두 걸음씩 물러나더니 모세 앞에 엎드리며 감히 고개를 들지 못했다.

이때 아론이 모세를 대변해 백성에게 말했다.

“백성들이여, 나의 말을 들어 보십시오. 우리의 지도자 모세가 하나님을 뵈옵고 무사히 우리의 곁으로 오셨습니다. 이제 우리는 모세를 통해 하나님께서 우리에게 말씀하신 그 말씀들을 차차 듣기로 하고 모세가 우리에게 하나님의 말씀을 들려줄 때까지 하나님의 말씀을 들을 준비를 거룩하게 하고 다들 장막으로 돌아가 기다리십시다.”

잠시 백성들을 만났던 모세는 장막으로 돌아와 여호수아와 아론을 불렀다. 여호수아는 장막으로 돌아온 모세를 하나하나 세밀하게 시중들었다. 그때 아론이 조심스럽게 모세에게 말을 건넸다.

“모세, 백성들이 모세의 얼굴을 보고 모세의 얼굴에서 광채가 남으로 두려워하여 모세의 얼굴을 보지 못하는 것 같습니다. 그러니 모세가 백성들을 만날 때는 얼굴에 수건을 쓰시고 저들을 만나시는 것이 어떻겠습니까?”

아론의 조심스러운 제안에 모세 역시 그러는 것이 좋겠다는 반응이었다. 이후로 모세는 백성들이 기다리는 회중 가운데로 갈 때는 수건으로 얼굴을 쌌다.

하나님께서 여기까지 모세의 장면을 내게 보여주셨다. 나는 모세에 대해 궁금한 점이 더욱 많아졌다. 그러나 조금 전 영상에서의 모세를 만나게 된다면 나 역시 모세를 너무 두려워해 모세와 제대로 인터뷰를 못 할 것 같아서 잠시 짧은 시간이지만 하나님께 기도를 드렸다.

“하나님, 제가 지금 모세와 인터뷰를 해야 하는데 저 영상 가운데 있는 모세라면 저도 모세를 뵙기가 너무 두려우니 다른 선생님들처럼 제가 편하게 뵈올 수 있도록 인도해주세요.”

기도를 마치고 눈을 떠 보니 나는 모세와 함께 그 시내산 부근 백성들의 장막 가운데로 들어가 함께 거닐고 있었다.

* * *

나와 함께 길을 걷는 모세는 수천 년 전의 모세가 아닌, 지금의 시대로 건너와 응접실에서 같이 차를 마시던 그 선생님의 모습이었다. 그제야 나는 긴장이 풀리며 마치 지금껏 만났던 선생님들처럼 편하게 질문을 할 수 있을 것 같았다.

모세는 마치 나의 할아버지처럼 편하게 느껴졌다. 모세 역시 나를 손녀딸 대하는 듯 사랑스럽게 여기는 마음이 느껴졌다.

“모세 선생님, 제가 하나님의 특별한 은혜를 입은 것 같습니다. 이렇게 성경 속의 하나님의 사람들을 직접 만나 뵙고 그때 선생님들의 이야기를 들을 수 있으니 말이에요.”

“자네가 특별한 사명으로 후시대 사람들에게 우리 성경 시대 사람들의 삶을 이야기로 전한다기에 우리들은 주님의 부르심으로 그대 곁으로 왔네. 무엇이든지 궁금한 점이 있으면 물어보고 그대들의 시대 사람들에게 전해 주시오."

처음 모세의 인상은 굉장히 두렵게 느껴졌지만 가까이에서 만나보니 너무나 자상하고 친절한 분이셨다. 제일 먼저 무엇을 여쭤볼까 생각하던 중 문득 생각나는 것이 있었다. 맞다. 모세는 이집트의 왕자였다. 그것도 40년 동안이나 이집트의 왕자로서 이집트의 모든 문무를 다 배운 분이 바로 모세 아니었던가. 이런 생각이 들자 모세에 대한 호기심이 내 마음 가운데 더욱 강하게 드러났다.

"선생님, 선생님은 이집트의 왕자님이셨잖아요. 그런데 히브리서 11장 24~26절에 보면 선생님께서는 바로의 공주의 아들이라 칭함 받기를 거절하고 하나님의 백성과 함께 고난 받기를 잠시 죄악의 낙을 누리는 것보다 더 좋아하고, 그리스도를 위해 받은 수모를 애굽의 모든 보화보다 더 큰 재물로 여겼다고 말씀하고 있거든요."

"그랬지, 그랬었지. 지금 나도 그때를 되돌아보니 그렇게 하기를 참 잘했다는 생각이 드는군. 그러나 기자 선생, 히브리서 기자는 그것을 보고 무엇이라 하던가?"

"예. 히브리서 11장은 선진들의 믿음으로 하나님을 따라가는 삶을 그린 믿음장이라 하지요."

"맞다네. 믿음이라네. 하나님을 바라보는 믿음이라네. 내가 미디안 광야에서 사십 년을 양치는 일을 하며 목자로서의 삶을 살았다는 이야기도 기록되어 있지?"

"예, 선생님. 그렇게 성경에 기록되어 있어요. 뿐만 아니라 호렙산에서 하나님을 만났다고도 기록되어 있고요."

"기자 선생, 하나님께서는 나에게 믿음을 주셨지. 하나님이 살아 계시다는 것을 믿을 수 있는 믿음을. 그리고 하나님은 반드시 자기를 찾는 자들에게 상주시는 분이심을 믿는 믿음을 말이야."

"그런데 선생님, 하나님께서 아무에게나 그런 큰 믿음을 주시는 것은 아니잖아요."

"하나님의 역사지. 하나님께서는 자기가 쓰시는 사람들에게 맡겨주신 일들을 행할 수 있는 믿음도 선물로 주시지. 하나님께서는 내게도 그런 믿음을 선물로 주신 거야. 그리고 그 믿음으로 하나님 백성을 광야에서 40년간 이끌 수 있는 더 큰 믿음으로 인도해주셨지. 기자 선생도 알지 않나? 애굽나라에 열 가지 재앙을 내리신 하나님의 역사에 대해. 또 홍해를 가르시며 이스라엘 백성을 애굽 땅에서 출애굽 시키시는 하나님의 역사를 말이야. 하나님께서는 그때도 우리 가운데 함께하시면서 그 큰일들을 친히 하셨다네. 그리고 우리에게는 그 하나님을 믿으라 하셨지."

"참, 선생님! 그런데 이스라엘 백성들은 왜 그렇게 어려울 때마다 하나님을 원망하며 불평들을 했죠?"

"그것이 사람이 아니겠나. 그대 시대의 사람들도 조금 어려우면 하나님을 원망하며 하나님께 불평들을 하고 있지 않나?"

그렇게 수십 년을 이스라엘 백성들을 인도한 모세가 이제는 아예 사람들의 마음을 다 알아버린 것같이 약간 슬픈 얼굴을 하고 하고서는 내게 물었다.

"내가 시내산에서 40일을 머물러 있을 때에 하나님께서 나에게 두 가지를 주셨다네. 기자 선생은 그것이 무엇 무엇인지 아나?"

"하나는 십계명의 돌판 둘이고요. 그리고 또 하나는……."

얼른 생각이 나지 않아 머뭇거리자 모세는 잠시 시간을 주며 나에게 정확한 대답을 듣고 싶어 하는 듯 보였다. 나는 마음속에 성막이라는 단어가 갑자기 떠올랐다.

"선생님 성막이요. 성막의 설계도요."

내가 대답을 하자 모세의 얼굴에도 환히 웃음꽃이 폈다.

"그래 맞았네. 성막일세. 성막의 설계도일세."

"그런데 선생님, 왜 하나님께서는 십계명과 성막의 설계도, 두 가지를 한 번에 주셨을까요?"

"십계명은 법이라네. 이스라엘 백성들이 지켜야 할 하나님의 법이지."

"이스라엘 백성들의 공동체 삶 가운데 법이란 꼭 필요하겠지만 하나님과 법과의 관계에서 법이란 지킬 수도 있고 지키지 못할 수도 있지 않나요?"

"바로 그거라네. 내가 자네에게 보여줄 장면이 있네. 나를 따라오게나."

모세는 나를 어디론가 데리고 갔다. 그곳에는 이스라엘 백성들이 모세 주위에 몰려 있고 모세는 조금 높은 바위 위에 서서 이스라엘 백성들을 향해 무엇인가를 열심히 가르치고 있었다. 자세히 들어보니 그것은 바로 이스라엘 백성들이 지켜야 할 율법이었다. 이스라엘 백성들을 향해 하나님께서 지키라고 명하신 율법을 가르치는 모세에게 이스라엘 백성들은 한 목소리로 "우리가 그 법을 다 지키리이다. 우리가 그 법을 다 지키리이다"라고 자신 있게 대답하고 있었다. 그것이 분명히 나의 귀에까지 확실하게 들려왔다. 그러나 그 가운데서 이스라엘 백성들에게 하나님의 법을 가르치는 모세는 그들이 그 법을 지키겠다고 말하였음에도 불구하고 얼굴이 밝은 것이 아니라 오히려 더욱 성나 보였다.

모세는 이스라엘 청년들에게 "너희는 가서 소를 잡아 오라"고 하고 그 소로 하나님 앞에 번제와 화목제를 드리게 했다. 소의 피를 반은 양푼에 담아 기록한 언약서에 뿌리고, 반은 이스라엘 백성들에게 뿌리며 이렇게 말했다.

"이것은 하나님께서 너희와 맺으시는 언약의 피니라."

이스라엘 백성들은 입술로는 그 율법을 지키겠다고 맹세하고 있었으나 모세는 이스라엘 백성들이 훗날 그 율법을 철저히 어기며 범죄하게 될 것을 너무나 잘 알고 있었던 것이다.

* * *

'언약의 피'란 무슨 의미일까. 한참을 생각하다 보니 무언가 깨달아지는 것이 있었다. 이스라엘 백성들은 분명히 율법을 지켜 구원받는 백성이 아닌, 하나님께서 새롭게 맺어주시는 피로써 맺어지는 구원의 백성이라는 것이 깨달아졌다.

이 말씀이 깨달아지자 하나님의 사랑이 갑자기 가슴속 깊이까지 채워지는 것 같아 가슴이 먹먹해졌다. 뜨거운 하나님의 사랑에 젖어들지 않을 수 없었다.

다음으로 모세는 나를 이스라엘 백성들이 세운 성막 앞으로 데리고 갔다. 내가 성막의 설계도를 주신 하나님의 그 뜻을 깨달아 알기를 원하는 듯했다. 그리고 나는 율법과 성막의 설계도는 나눌 수 없는 짝이라는 것을 생각해낼 수 있었다.

죄 아래 사는 인생들에게는 이 땅에서의 법이 있듯이 하나님의 백성들에게도 하나님 앞에서 지켜야 할 법이 있다는 것을, 그리고 그 법으로 하나님과의 관계가 형성된다는 것을 알 수 있었다. 뿐만 아니라 그 법 아래에 있는 인간은 철저하게 죄인이라는 것과 그런 인간들 앞에는 엄중한 하나님의 약속대로의 심판이 기다리고 있다는 것, 누구도 피해갈 수 없는 하나님의 심판대 앞에 서 있는 죄인들의 모습, 그리고 그 무서운 죄의 형벌들, 이것이 사람으로는 끊어낼 수 없는 초라한 인간들의 냉혹한 현실이었다. 그러나 어찌 전능하신 하나님께서 이 기막힌 당신의 피조물들의 고통을 외면하시랴. '이미'라는 단어로 당신은 준비하셨다는 것을, 어찌 그분의 깊은 심정을 다 헤아리랴.

모세는 내가 성막의 은총을 깨달아 알아가기를 간절히 바랐다. 아브라함이 이삭을 모리아 산에 번제로 바치려 할 때 하나님께서는 이삭을 대신하여 이삭이 바쳐져야 할 그 장소에다 이미 수양을 준비해 놓으셨다. '여호와 이레'라는 이름으로. 그리고 곧 그것이 하나님께서 준비하신 어린양이라는 것을 알게 하셨다. 그것이 하나님의 방법이었던 것이다.

그 후 수천 년의 역사가 지나고 누군가 이렇게 불러주는 한 사람이 있었다. “보라, 세상 죄를 지고 가는 하나님의 어린양이로다.”

하나님은 죄에 젖어 있는 인간들을 어린양의 피로 덮으시기 위해 그 성막의 은혜 안으로 하나님의 백성들을 부르셨다. 그 성막은 문에서부터 그 안의 모든 것들이 장차 어린양으로 오실 하나님의 어린양의 보혈이었다.

그 성막의 설계도와 함께 그분은 모세의 두 손길에 십계명의 돌판을 주셨다. 모세와 함께 있기만 해도 그 하나님의 손길 깊은 곳으로 들어가고 있는 것을 느낄 수 있었다.

지나간 시대야 내가 어찌할 수 없지만 나의 시대로부터 다가오는 시대의 사람들에게 이 사랑을 어떻게 전할 수 있을까? 어깨까지 무겁게 눌려오는 것 같은 막중한 책임감을 느끼지 않을 수 없었다. 그리고 그 하나님의 사랑에 감사하여 감사 기도를 드리지 않을 수 없어 나는 잠시 모세의 곁을 떠나 한적한 곳으로 가서 무릎을 꿇었다.

기도를 마치고 다시 눈을 떠보니 나는 또다시 여러 선생님들이 모여 계신 응접실 안으로 들어와 있었다.

원탁에는 몇 명의 선생님들이 남아 계셨는데 지금까지 내가 만났던 선생님들은 언제 가셨는지 보이지 않고 남은 분들만 나의 차례를 기다리고 계셨다. 그러나 나는 아직도 내 앞에 앉아 계신 두 분이 성경 속 누구인지 알 수 없었다.

두 분 가운데 한 분은 지금까지의 다른 선생님들보다 머리가 약간 짧은 듯 보였다. 그렇다고 우리 시대의 헤어스타일은 아니었지만 전해지는 분위기로 봐서 이 분은 많은 인생의 아픔을 느끼신 분 같았다.

그 역시 나를 데리고 당신의 방으로 가자고 하시며 나보다 먼저 두어 걸음 앞서 갔다. 문 앞에는 그의 이름이 적혀 있었지만 그 이름은 내가 알아볼 수 없는 글자로 적혀 있어서 더욱 궁금한 마음만 들었다. 문을 열자 갑자기 그 안에서 회오리바람 같은 강한 바람이 불어와 눈을 뜰 수가 없었다.

도대체 이 안에서 어떤 일들이 일어나고 있는 것일까. 두려워지는 마음으로 두 눈을 감은 채 발걸음을 옮겼다. 그러자 회오리 같은 강한 바람이 조금 더 불더니 그 바람이 지나가자 잔잔해졌다.

잠시 후 정신을 차리고 보니 내 앞의 그분은 어느 마을에 앉아 계셨다. 그가 있는 집은 생각했던 것과는 달리 조그마한 움막보다 좀 더 큰 정도였다. 그 집 앞에는 여러 마리의 개들이 왔다 갔다 하면서 간혹 이 사람을 혀로 핥고 지나갔다. 그의 머리에는 온갖 티끌이 덮여져 있었고 몸에는 악창이 나서 성한 데가 없었으며 역겨운 냄새가 진동했다. 뿐만 아니라 땅의 흙들과 구더기들까지 뒤범벅이 되어 그의 온몸을 덮고 있었다. 차마 눈 뜨고 보지 못할 광경이었다. 나는 나도 모르게 눈을 감아버렸다.

그때 대문 안쪽에서 한 여인이 나오더니 한심하고 기가 막힌 듯 이 사람을 노려봤다. 여인은 개들도 먹지 못할 것 같은 음식 찌꺼기 같은 것을 개

밥그릇 같은 곳에다 한 주먹 정도 가지고 나와서는 던져주다시피 했다.

"당신이 그래도 하나님을 믿겠소? 차라리 하나님을 원망하고 죽으시오. 당신이 그렇게 하나님을 믿는 대가가 겨우 이것이오? 우리의 열 명의 생떼 같은 자식을 한순간에 잃고서도 그래도 하나님을 믿는다 하겠소?"

여인은 한없이 쏘아붙이며 악을 써댔다. 그러나 이 사람의 입에서는 그 고통 속에서도 분명하고 확실한 한 마디가 나왔다.

"우리가 이렇게 복을 받았으니 이런 화도 받지 않겠소. 그러니 어리석은 여자처럼 그대도 하나님을 향하여 원망하지 마시오."

그제야 나는 이 사람이 바로 욥이란 것을 알 수 있었다.

조금 지나니 어디선가 통곡하는 소리가 들리는가 싶더니 여러 지방으로부터 욥의 소식을 들은 욥의 친구들 몇 명이 몰려왔다. 한동안 말을 못하던 그들이 한 사람씩 말을 하기 시작하더니 계속적으로 욥을 향해 공격을 퍼붓기 시작했다.

그러자 욥도 억울한 자처럼 그 친구들의 말에 반박하기 시작했다. 욥은 아무리 자기를 살펴도 그런 화를 받을 만한 죄가 없다는 생각이었을 것이다. 그러나 친구들은 계속해서 욥을 공격했다.

"죄가 없이 망한 사람이 어디 있느냐?"

"네가 까닭 없이 이런 고난을 당하겠느냐?"

"네 아들들이 하나님께 크게 범죄했기에 죽은 것이 아니겠느냐?"

이렇게 친구들에게까지 공격당하는 욥의 모습을 바라보고 있자니 나는 마음이 너무 아팠다. 욥이 너무 안쓰러워 견딜 수가 없었다. 그때 나에게 보이는 놀라운 광경이 있었다. 그것은 바로 사탄이 욥의 입을 지키고 있는 모습이었다. 사람들의 눈에는 보이지 않았지만 욥의 눈에도 보이지 않았지만 나의 눈에는 사탄이 분명히 보였다. 사탄은 욥의 입에서 하나님을 원망하는 그 한 소리를 들으려고 욥의 입 바로 앞에서 귀를 기울이고 있는 것이었다. 그제야 나는 욥이 하나님의 시험 중에 있다는 것을 깨닫고 욥이 혹시라도 그 고난을 이기지 못해 하나님을 원망하게 될까 심히 걱정되기 시작했다.

* * *

욥이 너무 안쓰러운 마음에 한쪽 귀퉁이에 쭈그리고 앉아 눈물을 흘리고 있을 때 누군가 나의 등을 살짝 두드렸다. 울다가 깜짝 놀라서 고개를 들어보니 바로 내 앞에 그 고난당하던 욥, 조금 전에 나와 같이 이 방으로 들어왔던 욥이 있었다. 욥은 다시 나를 데리고 응접실 원탁으로 향했다.

응접실에 앉아 있던 다른 선생님은 잠시 산책을 다녀오겠다고 하고는 집 밖으로 나가고 나와 욥 선생님만 원탁에 다시 앉았다. 곧 하인들이 차를 가져와 선생님과 내 앞에 공손히 내려놓고는 어디론가 사라졌다 .

"욥 선생님, 어떻게 여기 계세요? 조금 전 선생님께서 고난당하시는 모습을 보고 얼마나 마음이 아팠는지 저도 모르게 선생님이 불쌍해서 한참을 울었어요."

"나도 내가 그렇게 고난당한 것을 생각하면 지금도 마음이 아프다네."

"욥 선생님, 그런데 어떻게 그런 시험을 잘 견디셨나요?"

"믿음이지."

"예? 믿음이라뇨?"

나는 도무지 이해가 되지 않아 다시 선생님께 여쭈어 볼 수밖에 없었다.

"내가 하나님을 믿음일세. 하나님은 신실하신 분이시라네. 내가 까닭 없이 그런 시험을 당하였을 때는 하나님의 어떤 계획이 있으셨지 않겠나?"

"그래도 저는 이해가 되지 않아요. 더군다나 열 명의 자식들을 한꺼번에 잃으셨잖아요. 어떻게 그런 일이 있어요?"

마치 내가 그런 고난을 당한 듯 마음이 격분되며 화가 나 견딜 수가 없었다. 그러자 욥은 나의 마음을 읽은 듯 찬찬히 설명하기 시작했다.

"하나님은 우리가 감당할 시험밖에는 주시지 않으신다네. 내가 그 시험을 잘 감당하리라 하나님께서 나를 믿어주신 것일세."

"참, 아까 선생님 앞에 사탄이 서 있는 것을 봤어요. 혹시 선생님도 사탄이 선생님을 지켜보고 있다는 것을 알고 계셨나요?"

"그럼, 알고 있었지. 내가 받은 그 고난은 하나님께서 주신 것이 아니야. 사탄이 나를 친 거지. 왜냐하면 하나님은 그렇게 까닭 없이 사람들을 괴롭히지 않으신다네."

"왜 사탄이 선생님을 그렇게 쳤을까요? 선생님은 하나님을 잘 믿으셨잖아요."

"내가 사탄의 시험 대상이 되었던 거지."

"욥 선생님, 선생님은 동방에서 제일 부자고, 하나님을 경외하고, 악에서 떠나고, 순전하며, 정직하다고 하나님께서 늘 칭찬하셨잖아요."

나는 아직도 욥의 고난이 이해가 되지 않아 마치 이렇게 따지듯이 질문하고 있었다.

"그렇지, 그때 내가 동방에서 제일 부자였고, 늘 하나님 앞에 정직하고 순전해 악에서 떠나 살려고 애를 썼지."

욥은 마치 그때를 회상이라도 하듯 눈을 지그시 감고는 나지막하게 말하고 있었다.

"그러나 선생님께서는 그 시험을 잘 이기시고 갑절의 복을 받으셨지요."

"기자 선생이 나의 삶을 너무 잘 알고 있구먼. 허허허."

욥은 나의 이야기를 듣고는 호탕하게 웃었다.

"욥 선생님, 우리 시대에도 많은 사람들이 어려운 시험을 당할 때가 많아요. 그럴 때 저희는 욥의 이야기를 생각하지요. 그래서 선생님은 저희 후시대 사람들에게 인내의 사람으로 불려요. 그리고 끝까지 시험을 잘 참고 통과하신 선생님에게 갑절의 복을 하나님께서 다시 주신 것을 알고 저희 후시대 사람들도 선생님처럼 시험을 참으며 잘 이기려고 하지요."

"그랬었던가? 고맙구먼. 내가 당한 고난이 나 한 사람의 고난으로 끝나지 않고 이것이 교훈이 되어 다음 믿음의 후손들에게, 이 시험을 이기는 자에게 믿음의 모델이 되었다고 하니 참으로 기쁨일세. 그래서 하나님은 신실하신 하나님이라네. 내가 당한 모든 시험 중에 하나님의 선한 계획이 있으실 거라 생각했던 게 맞지 않았나."

그는 승리한 자만이 느낄 수 있는 확신에 찬 기쁨을 느끼는 듯 보였다. 그러한 욥을 보며 나는 궁금한 것들이 꼬리를 물며 계속해서 생각났다.

"욥 선생님, 선생님께서 받으신 고난 중에 어떤 시험이 제일 견디기 어려우셨나요?"

"나는 지금도 내가 그렇게 고난을 당하면 다시 이길 수 있을지 모르겠지만 열 명의 자식들을 한꺼번에 잃은 것은 정말 큰 고난이었네."

"맞아요. 저희들도 그 시험을 받으시는 것이 너무나 마음 아팠어요. 선생님은 항상 자녀들의 생일이 되면 자녀들이 혹시라도 하나님께 죄를 범했을까봐 자녀들 하나하나를 위해서도 하나님께 제사를 드리셨잖아요."

"나는 이렇게 믿었었지. 모든 것이 하나님께로부터 왔다, 내가 가지고 있는 재산이나 자녀들 까지 하나님께서 나에게 잠시 맡겨주신 것이다. 그러니 내게 주신 이가 하나님이신 것처럼 다시 거두실 분도 하나님이시라고 말일세. 그러니 주셨던 하나님께서 거두신다면 누가 아니요 하겠는가."

이렇게 말하는 그는 마치 나에게 '아니 그런가' 하는 눈으로 다시 한번 나를 바로 바라보았다.

"욥 선생님, 그렇게 동방에서 제일 부자였던 선생님께서 하루아침에 알거지가 되다시피 하셨잖아요. 모든 재산을 한순간에 다 잃으셨잖아요. 그때도 선생님은 하나님을 원망하지 않으셨고요."

욥은 내 질문의 의도를 이미 꿰뚫은 듯 나를 향해 빙그레 웃으시더니 다시 한 번 확신 있게 말씀하시는 것이었다.

"내가 적신으로 세상에 왔다가 다시 적신으로 갈 것이니 어찌 이러한 재물들을 잃었다고 하나님을 원망하겠나."

"선생님 말씀을 들으니까 선생님께서 어떤 마음으로 그 시험을 잘 이기셨는지 이해가 되네요. 그래도 또 궁금한 것이 있어요. 어떻게 하나님의 아들들의 모임에 사탄도 함께할 수가 있나요?"

"사람들은 거기까지 잘 생각을 못하고 살고들 있지. 사탄의 존재에 대해 말이야. 그러나 사탄도 하나님께서 부리시는 하나의 존재라네. 특별한 경우에 있어서, 예를 들면 나 같은 경우에 말이야. 내가 하나님께 복을 받아 하나님을 잘 믿는 것을 보고 사탄이 배 아프고 시기가 나서 그렇게 하나님 앞에 나를 참소했던 것이지. 더군다나 하나님께서 나를 칭찬하시는 것을 보니 더욱 참을 수 없었던 거야."

"욥 선생님, 그러면 사탄은 어디서 사나요?"

"하하하. 기자 선생은 아직 모르는 것이 있네. 이렇게 성경에 기록되어 있지 않나. 하나님께서 사탄에게 '네가 어디서 왔느냐' 물어보실 때 사탄이 대답하기를 '땅의 이곳저곳 두루 돌아다녀 왔나이다' 했지. 그때 하나님께서는 '동방 사람 중에 내 종 욥을 유의하여 보았느냐' 라고 하셨지."

"그러면 사탄은 언제나 선생님 곁에서 선생님을 지켜보고 있었다는 말이네요?"

"그렇지. 사탄이 어찌 나만 지켜보고 있었겠나. 이 땅의 모든, 심지어는 하나님의 백성들까지도 언제나 지켜보다가 우리가 약한 틈이 있으면 언제나 시험을 하려고 기다리고 있지. 그리고 사탄은 하나님의 아들들의 모임에도 나타날 수가 있고, 땅의 이곳저곳을 언제나 자유롭게 활동하며 돌아다닐 수 있다는 것이네."

"사탄이 있다는 것은 알지만 사탄의 존재에 대해 그렇게 깊게 생각하지 않고 살다가 사탄의 시험에 빠져서 믿음을 떠나는 사람들이 참 많은 것 같아요."

"사탄은 사람들이 생각할 수 없을 만큼의 힘과 능력을 갖고 있지. 그리고 그 힘과 능력으로 사람들을 미혹한다네."

"선생님 말씀을 듣고 보니 사탄의 세계에 대해 좀 더 깊이 알아봐야겠어요."

"그러시게나. 누군가는 정확히 사탄의 정체에 대해 알려줘야 많은 사람들이 사탄의 시험에서 이기고 넘어지지 않겠지."

욥 선생님과 한참을 이야기하다 보니 시간 가는 줄 모르고 있었다. 우리는 잠시 대화를 멈추고 응접실 안에서 보이는 바깥 정원을 바라봤다.

언제 날아왔는지 이름 모를 작은 새 두 마리가 나뭇가지에 앉아서 우리 쪽을 바라보고 지저귀며 노래하고 있었다. 밖은 조금 있으면 어두워지려는 듯, 서산에 해가 걸린 것처럼 창문 밖으로 바라보이는 하늘은 노을이 진 듯 붉게 타오르고 있었다.

"참 선생님! 하나님께서 욥 선생님이 시험을 다 잘 이기시고 나시자 말년에 열 명의 자식들을 다시 주셨잖아요."

"그랬었지. 하나님께서 나에게 다시 열 명의 자식들을 주셨지. 아들 일곱과 딸 셋을 말이야."

"그때 주신 선생님의 딸들이 그렇게 예뻤다면서요?"

"세상에 자기 자식 안 예쁜 부모 있나? 부모 마음 다 똑같지. 내 눈에도 내 자식들이 그렇게 잘나고 예뻤지만 당시의 사람들이 그렇게 말하더구먼.

내 딸들이 그렇게 예쁘다고. 동방에서 제일 예쁘다고 말이야."

욥 선생님은 자녀들을 주신 이가 하나님이시기에 하나님보다 자식들을 자랑할까 봐서인지 그 정도에서 이야기를 멈추시는 듯 보였다.

"욥 선생님, 선생님께서 선생님의 친구들과 강하게 변론하시는 장면도 있잖아요. 그때는 어떤 마음이셨나요?"

"지금 생각하면 나도 그때를 좀 더 부끄럽게 생각한다네. 왜냐하면 난 그때 참으로 억울했다네. 그때는 내가 참으로 의로운 사람인 줄 알았거든. 그런데 그것은 내 의가 아니라 내가 마땅히 그렇게 살아야 하는 것이고 전능하신 하나님 앞에서 다시 내가 서 보니 나는 작은 벌레 같은 존재일 뿐이었지."

"선생님께서 고난 중에 하신 말씀 가운데 너무 감동적인 말씀들이 많아요. 제가 몇 절 암송해볼게요."

> "내 아내도 내 숨결을 싫어하며 내 허리의 자식들도 나를 가련하게 여기는구나 어린 아이들까지도 나를 업신여기고 내가 일어나면 나를 조롱하는구나 나의 가까운 친구들이 나를 미워하며 내가 사랑하는 사람들이 돌이켜 나의 원수가 되었구나 …… 내가 알기에는 나의 대속자가 살아 계시니 마침내 그가 땅 위에 서실 것이라 내 가죽이 벗김을 당한 뒤에도 내가 육체 밖에서 하나님을 보리라" (욥 19:17~26)

이 말씀을 조용히 눈을 감고 암송하는데 나의 눈에서는 눈물이 하염없이 줄줄 흘러 얼굴을 적셨다. 욥 선생님도 그때를 회상하신 듯 하염없이 눈물을 흘리셨다. 욥 선생님과 나는 누가 먼저랄 것도 없이 마음이 숙연해지며 다음 말을 이어가기가 어려웠다. 그럼에도 나는 욥 선생님을 인터뷰해 후시대 사람들에게 좀 더 깊이 있게 욥 선생님의 신앙을 본받게 해주고 싶은 마음에서 또 다음 말로 이어갔다.

"욥 선생님, 또 선생님의 말씀을 다시 제가 암송해보겠습니다."

> "내가 어찌하면 하나님을 발견하고 그의 처소에 나아가랴 어찌하면 그 앞에서 내가 호소하며 변론할 말을 내 입에 채우고 내게 대답하시는 말씀을 내가 알며 내게 이르시는 것을 내가 깨달으랴 …… 그런데 내가 앞으로 가도 그가 아니 계시고 뒤로 가도 보이지 아니하며 그가 왼쪽에서 일하시나 내가 만날 수 없고 그가 오른쪽으로 돌이키시나 뵈올 수 없구나 그러나 내가 가는 길을 그가 아시나니 그가 나를 단련하신 후에는 내가 순금 같이 되어 나오리라" (욥 23:3~10)

"욥 선생님. 이 말씀을 읽으니까 이 말씀이 곧 선생님의 믿음을 온전히 나타내는 것 같아요."

"나는 내가 고난당할 때 다 이해를 못했기에 더욱 힘들었지. 그러나 이제는 하나님의 깊은 섭리를 깨달아 알았다네. 하나님께서는 나를 모델로 삼으셔서 후시대 고난당하는 주의 백성들을 교훈하여 가르치고 싶으셨다는 것을."

"욥 선생님, 선생님께서 그렇게 지키셨던 믿음 중에 제일 잘하신 것이 있다면 어떤 것일까요?"

"아무리 힘들고 어려워도 하나님을 향해 원망하지 않은 것과 나의 자녀들 생일이 되면 하나님 앞에서 그 자녀들을 위해 일일이 그들의 이름으로 속죄 제사를 드렸던 것일세. 나는 늘 나의 자녀들이 혹시라도 하나님 앞에 범죄할까 그것이 두려웠다네."

"욥 선생님. 그러면 고난 이후에 주신 열 명의 자녀들을 위해서도 그렇게 하셨나요?"

"물론이지. 나는 고난 이후에도 140년을 더 살면서 손자들 여러 세대를 보았다네. 하나님께 속죄 제사 드리는 것은 내가 가장 귀하게 여기는 일이었다네. 왜냐하면 나의 손자들도 하나님을 멀리하거나 떠나 살면 안 되기 때문이지. 언제나 나의 자손들이 하나님을 경외하며 하나님의 은혜로 살면서 하나님을 예배하며 살기를 나는 간절히 원했네."

"그랬군요. 제가 다시 한 번 선생님의 말씀을 암송하면서 인터뷰를 마칠게요."

> "내가 주께 대하여 귀로 듣기만 하였사오나 이제는 눈으로 주를 뵈옵나이다" (욥 42:5)

나는 조용히 눈을 감고 이 말씀을 읊조리다 살포시 잠이 들었다.

다윗의 하나님

다시 눈을 떴을 때는 욥 선생님은 어디론가 가고 안 계셨다. 누가 덮어주었는지 포근한 담요가 내 무릎 위로 덮여 있었다. 다시 밝은 아침이 되었고, 어제 산책을 나갔던 선생님은 언제 들어오셨는지 내 앞 의자에 앉아 조용히 책을 읽고 계셨다.

조금 있으니 시중 드는 사람들이 아침 식사를 가져왔다. 행여 잠들어 있던 내가 깨어날까 아주 조심조심 식사를 준비한 듯 보였다. 나는 식사가 차려질 동안 내 방으로 들어가 단정하게 단장을 했다.

이제 남은 사람은 마지막까지 계신 선생님과 나, 이렇게 둘 뿐이었다.

단 둘이 식사하려니 오붓한 느낌이 들었다. 선생님과 나는 일상적인 간단한 대화를 나누며 편하게 식사를 마쳤다. 음식을 내왔던 사람들은 어느새 식사 자리를 깔끔하게 치우고서는 조용히 어디론가 사라졌다.

"이제 마지막으로 나의 차례가 되었군."

선생님은 내가 아직도 자신이 누구인지 알지 못하는 것을 재미있어 하시는 듯 보였다.

"선생님, 오래 기다리셨지요?"

"아닐세. 기자 선생이 여러 믿음의 선배들과 인터뷰하는 모습이 얼마나 귀하게 느껴졌던지 시간 가는 줄을 몰랐다네. 그런데 기자 선생, 내가 누구인지는 알겠는가?"

"이상해요. 선생님. 선생님들과 인터뷰를 시작하기 전까지는 선생님들께서 앞에 계셔도 누구신지 잘 모르겠어요."

"그렇다면 이거 더욱 재미있어지겠는 걸? 자, 그러면 우리는 그 전 내가 살던 시대로 산책을 나가도록 하지. 내가 기자 선생한테 보여주고 싶은 장면들이 많이 있다네."

"선생님, 벌써부터 제 마음이 설레고 기대돼요."

"그러면 우리 같이 밖으로 나가세."

선생님은 이렇게 말씀하시며 몇 걸음 앞장서서 집 밖으로 나가셨다. 나는 선생님 뒤에서 두어 걸음 떨어져 선생님을 따라가기 시작했다. 선생님께서 현관문을 열고 마당을 지나 대문을 열고 밖으로 나가시자 나도 곧 선생님 뒤를 따라 밖으로 나가는데 대문 밖을 나가자 우리 앞에는 또 다른 시대가 열려져 있었다.

* * *

선생님께서 계신 자리는 어느 동굴 안이었다. 그 굴은 안쪽으로는 많은 사람이 들어올 수 있을 것 같은 넓은 공간이었지만 입구가 너무 좁아 간신히 한 사람 정도만 들어갈 수 있을 것 같은, 마치 누구도 찾을 수 없는 은밀한 피난처 같은 곳이었다. 그 속에서 선생님은 얼마나 살았던 것인지 굴 안쪽에는 나뭇가지와 낙엽들을 모아 만든 작은 침상도 있었고, 또 모닥불을 피워서 사냥한 고기를 구워 드신 흔적도 보였다. 그러나 그곳은 아무도 그곳에서 누군가 살 수 있을 거라고는 생각도 못할 것 같은 비밀의 은신처였다. 이곳에서 선생님은 누군가를 피해 숨어 지내시면서 하나님과의 깊고 친밀한 사랑을 나누신 듯했다.

이때 한쪽에서 하나님을 목청껏 찬양하는 선생님의 모습이 보였다.

"하나님이여 내게 은혜를 베푸소서. 하나님이여 내게 은혜를 베푸소서. 내 영광아 깰지어다. 비파야 수금아 깰지어다. 내가 새벽을 깨우리로다. 나의 마음은 정하고 확정되었으니 내가 새벽을 깨우리로다. 하나님이여 주는 하늘 위에 높이 들리시며 주의 영광이 온 세계 위에 높아지기를 원하나이다."

이렇게 찬양하는 선생님을 보자 나는 그제야 내 앞에 계셨던 그분이 바로 다윗이라는 것을 알게 되었다. 나의 심장은 방망이질하는 것처럼 두근거리기 시작했다. 왜냐하면 나는 평소에 성경 인물들 중에서도 다윗을 가장 좋아했기 때문이다. 하나님을 그토록 사랑하는 다윗의 믿음은 정말이지 닮고 싶은 것이었다. 그래서 나는 천국에 가면 제일 먼저 다윗을 만나보고 싶었다. 다윗은 내 신앙의 모델이었다.

선생님의 노래는 어디서 들어본 듯 알 것 같기도, 모르는 곡 같기도 했다. 그 노래는 마치 다윗만이 부를 수 있는 노래 같다는 생각도 들었다. 선생님의 찬양은 하나님의 은혜에 대한 감사를 담고 있었다.

이런 생각을 하고 있는데 다른 한쪽에서는 또 다윗의 부르짖는 간구의 기도소리가 들려왔다. 가만히 들어보니 하나님께서 함께해주시기를 간절히 바라는 간구의 기도였다. 선생님은 음정과 성량이 얼마나 좋은지 마치 성악가 같다는 생각이 들 정도였다. 다윗의 찬양은 그의 영혼 깊은 곳에서부터

우러나오는 깊은 찬양이었다. 나는 그때가 다윗이 사울을 피해 굴에 숨어 있을 때라는 것을 알고 있었기 때문에 그러한 상황에서 하나님을 찬양하며 기도하는 다윗이 너무 안쓰럽게 느껴지기도 했다.

다윗의 찬양 가운데 젖어 있을 때 선생님은 다시 나에게로 돌아오셨다. 그리고 이제 또 다른 곳으로 가자고 하시면서 나를 데리고 가신 곳은 어느 높은 성루였다.

그 성루는 높은 곳에 있어 아래 세상의 모습이 환하게 내려다보였다. 다윗 선생님과 함께 성루에 서서 아래의 모습을 내려다보고 있을 때, 선생님께서는 잠시 옛날 그때의 생각에 잠기신 듯 보였다. 어딘가 모르게 슬픔에 잠긴 모습이었다. 그때 선생님과 나의 눈앞에 보인 장면이 있었다. 그것을 바라보는 나도 너무 고통스러워 차라리 눈을 꼭 감아버리고 싶다는 생각이 들었다.

눈앞에 펼쳐진 장면은 바로 다윗의 딸 다말이 입고 있던 채색 옷을 찢고 티끌을 머리에 덮어쓰고 손을 그의 머리 위에 얹고 크게 울부짖으며 뛰어가는 모습이었다. 선생님도 그 모습은 차마 볼 수가 없었던지 그 자리에 그냥 주저앉으셨다. 그리고 연이어 우리에게 보인 장면은 조금 전 다말이 그의 이복 오라비 암논에게 강간 당하는 모습이었다. 옷이 다 찢겨진 상태로 침상에서 오열하며 우는 모습도 보였다.

그리고 또 다른 장면도 보였는데 그것은 바로 들판에서 양털을 깎는 날에 다윗의 아들 암논이 압살롬의 종들에게 살해당하는 장면이었다. 이뿐만이 아니었다. 압살롬이 왕궁 옥상에 천막을 치고 다윗 선생님의 후궁들을 강간

하는 모습도 보였다. 선생님의 후궁들은 어떻게든 그 상황에서 벗어나보려고 발버둥 쳤지만 힘이 센 군사들의 손에 이끌려 어찌할 수가 없었다. 치욕스러운 몸부림의 소리들만 메아리처럼 들려올 뿐이었다.

또 이어서 보이는 것은 다윗 왕이 압살롬으로부터 쫓겨 도망하는 모습이었다. 그 신하들도 같이 울면서 머리에 티끌을 덮어쓰고 왕궁을 떠나 요단강 쪽으로 가는 모습이 보였다. 나는 차라리 보고 싶지 않다는 생각이 들었다. 그러나 한참을 고통스러워하시던 다윗 선생님은 마음을 가다듬으셨는지 다른 장면들도 끝까지 굳은 얼굴로 바라보고 계셨다.

다음으로는 다윗 선생님과 내가 서 있던 그 성루에서 선생님이 목 놓아 통곡하시며 우는 장면이 나타났다.

"내 아들 압살롬아! 내 아들 압살롬아! 내 아들아, 내 아들아. 압살롬아, 내 아들아. 내가 네 대신 죽었더라면…… 죄다. 다 나의 죄 때문이다. 압살롬아, 압살롬아……."

이렇게 통곡하는 다윗의 모습은 보는 사람들의 애간장까지 녹였다. 그의 처절한 고통과 몸부림을 보고 있자니 같이 지켜보는 나의 마음도 무척 힘들어졌다.

통곡하는 다윗의 모습은 왕의 모습이 아니었다. 아들의 죽음 앞에 뼛속까지 아파하며 고통당하는 한 아들의 아비였으며, 죄인을 심판하시는 준엄하신 하나님의 심판대 앞에 서서 두려워 떨며 어찌할 바 모르는 가련한 한 죄인이었다.

그 장면이 지나갈 무렵 또 다른 아비의 모습이 보였다. 우리아의 아내 밧세바가 다윗과 간통해 잉태했던 그 아이를 하나님께서 치셔서 아이가 죽어 갈 때 그 아이를 살려달라고 식음을 전폐하고 금식하며 엎드려 기도하는 다윗 왕의 모습이었다.

지난 장면들을 나와 함께 바라보던 다윗 선생님은 그때의 일들이 다시 생각나신 듯 한없는 눈물로 옷깃을 적시고 계셨다.

다윗을 인터뷰하기 전까지 나는 그가 이렇게 철저하게 죗값을 치렀는지 알지 못했다. 왜냐하면 하나님께서 일찍이 다윗을 "너는 내 마음에 합당한 사람이다"라고 인정해주셨기 때문이다. 과거의 여행으로 다윗 선생님의 역사를 바라보고 있자니 나는 하나님의 뜻에 대해 조금 이해가 안 가는 부분도 생겼다.

'그래도 그렇지…… 물론 그가 우리아의 아내 밧세바와 간통하고 우리아를 전쟁터에 내보내 죽게 한 것은 왕이라도 하나님께 용서받을 수 없는 죄악이었지만 그에 대한 죗값을 이렇게까지 철저하게 갚으실 수 있을까? 하나님은 사랑의 하나님, 용서의 하나님이라고 하지 않았던가.' 이것이 솔직한 내 심정이었다. 계속해서 마음에 혼란이 일기 시작했다.

'그렇다면 우리 각자의 지은 죄 또한 이렇게 하나님께서 갚으시는 것일까? 그럼 누가 그 하나님의 진노 앞에 설 자가 있겠는가!'

이런 생각이 꼬리를 물기 시작하자 마음이 착잡해졌다. 내 얼굴이 어두워져 있는 걸 발견한 다윗 선생님은 마치 내가 어떠한 생각을 하고 있는지 다 안다는 눈빛을 보내셨다. 그리고 '그럼에도 불구하고 나는 여전히 하나님을 사랑한다'라는 표정을 얼굴 빛 가운데 나타내고 계셨다. 왜 그렇게까지 하나님을 사랑했던 다윗이 무서운 죄의 늪으로 빠져들어 갔는지 나는 궁금해졌다.

“선생님께서 죄의 대가를 치르시는 장면들을 보고 있자니 너무 마음이 아파서 견딜 수가 없어요.”

“조금 전까지 기자 선생이 나의 고통에 같이 아파하는 모습을 보고 나도 그렇게 생각하고 있었다네.”

“다윗 선생님, 선생님께서 한눈에 반하실 정도로 밧세바가 그렇게 아름다웠나요?”

“이제부터 나의 부끄럽고 수치스러운 과거 이야기를 들려줄 테니 잘 들어보게. 죄에 관한 이야기지만 다시 한 번 들춰보도록 하지.”

“저도 선생님의 죄부터 다루어야 된다는 것이 나무 마음 아파요.”

그러나 이미 다윗의 죄는 온 천하에 알려진 바, 그는 오히려 담담한 마음으로 이야기를 이어나갔다.

“내가 하나님의 사랑을 받는 것만큼 하나님께서는 나의 죄 또한 엄중히 다루셨다네. 왜냐하면 그래야 내가 또 다른 죄를 피해갈 수 있기 때문이었지. 인간은 누구든지 죄에 대하여 벗어날 방법이 없지 않은가.”

“하나님 앞에서는 누구도 의인이 될 수 없다는 것을 깨우쳐주신 것이군요.”

“내가 그처럼 무서운 죄를 범했을 때는 내 마음과 생각이 하나님 앞에서 멀어져 있었을 때라는 것을 나중에서야 깨달았지. 그때 나는 이스라엘의 왕이었고, 나의 큰 환난의 시기도 벗어났었고, 나에게 태평스러운 시대가 아니었던가. 그러다 보니 날마다 하나님께 기도하던 시간이 없어졌고 하나님만 의지하던 마음도 사라졌던 것이지. 육체의 쾌락도 나에게는 약간의 즐거움을 주었다네. 그 즐거움으로 나와 하나님과의 영적인 교제가 소홀해지면서부터 나는 육적 만족을 추구하며 살았던 것이지."

"그러나 선생님, 선생님께서는 '내가 탄식함으로 피곤하며 밤마다 눈물로 내 침상을 띄우며 내 요를 적시나이다'라며 철저하게 눈물로 회개하셨잖아요."

"내가 그처럼 죄를 지을 때는 나의 방법으로 그 죄를 덮어보려고 우리아를 죽이기까지 했지. 그러나 죄는 감추려 할수록, 덮어보려 할수록 더욱 더 깊어진다는 것을 알게 되었네. 그러므로 나는 하나님 앞에서는 벌거벗은 것처럼 티끌 같은 나의 죄도 하나님의 눈길 앞에 드러날 수밖에 없다는 것을 깨닫고 그제야 얼마나 나의 죄가 무섭고 추악하고 더러운지 알게 되니 내가 지은 죄로 말미암아 내 마음이 아파서 그렇게 울지 않고는 견딜 수가 없었던 것이지. 그러므로 나는 그 죄를 씻는 방법은 하나님의 긍휼하심 앞에 두 손 들고 나아가는 길밖에는 다른 방법이 없음을 알게 되었다네."

"그래서 그렇게 침상이 뜨기까지 요를 적시기까지 회개하며 우셨군요. 그런데 선생님, 그렇게 회개하고 하나님께 용서의 은혜를 입으시고 그 이후로는 어떤 마음이셨나요?"

"하나님께서는 사랑하시는 자일수록 더욱 엄중히 죄에 대한 책임을 물으신다는 것을 알게 되었지. 그러므로 그 다음부터 나는 항상 두렵고 떨렸다네. 내가 또한 죄를 짓지나 않을까 하는 두려움 때문에 말이야."

"그래서 하나님께서는 나중에 다윗 선생님을 인정해주시기를 다윗은 우리아의 죄 외에는 다른 죄를 범치 않았다고 말씀하셨군요."

"그러나 깨달았지. 나는 항상 죄를 지을 수 있는 인간이라는 것을."

"그러면 선생님은 그 이후로 어떻게 죄를 이기셨나요? 그 방법이 무엇인지 우리에게도 알려주세요."

"기자 선생이 참으로 좋은 질문을 하였네. 맞네. 죄는 이기는 것일세. 죄의 유혹은 그 이후에도 나에게 많이 있었지. 그러나 나는 내 힘으로는 죄를 이길 수 없다는 것을 알고 늘 하나님의 은혜에 힘입어 살려고 노력했다네. 늘 하나님의 성소에 들어가서 그분의 은총을 간구했지."

"그래서 선생님께서는 기도시를 많이 쓰셨나 봐요."

"나는 어려서부터 늘 나와 함께하시는 하나님의 그 은혜 가운데 살고 있었지."

선생님은 대화를 잠시 멈추시더니 과거를 회상하듯 저 아래의 세상을 내려다보았다. 눈앞에 보이는 세상에서는 여전히 많은 사람들이 울고 웃고, 또 태어나고 죽고 있었다.

"저는 선생님께서 어떻게 하나님과 그러한 사랑의 관계를 이루셨는지가 가장 궁금해요."

"나는 하나님을 사랑할 수밖에 없지. 나는 원래 들판에서 양을 치는 목동이었지 않나. 그런 나를 불러다가 이스라엘 왕으로 세워주셨으니 내가 어찌 다 그 은혜를 갚겠나."

"선생님께서는 시를 많이 쓰신 시인이시잖아요."

"그렇지. 하나님께서 나에게는 예술적인 은사를 많이 주신 것 같더군."

"맞아요. 선생님은 시인이시고 음악가시고 용감함 군인이시고 훌륭한 정치가이셨어요. 그래서 후시대 사람들은 선생님을 많이 칭찬해요."

"많은 환난을 당했으므로 하나님만 의지하다 보니 하나님을 찬양할 때는 음악가가 되고, 하나님께 기도할 때는 그 기도가 시가 되어 시인이 되었지. 그리고 수많은 전쟁을 늘 하다 보니 하나님이 주신 힘으로 용감해질 수밖에 없었던 것 아니겠는가. 하나님의 힘을 늘 빌려 쓰니까 말이야."

모처럼 선생님은 호탕하게 웃으셨다. 다윗이 웃자 나도 그제야 마음의 긴장이 풀려 함께 웃을 수 있었다.

"선생님, 선생님께서는 거의 죽음의 문 앞에까지 갔다 왔다고 할 만큼 병에 걸려 고난당하신 적도 있었지요."

"시편 38~41편까지는 내가 병들어 죽음의 문 앞에 간 것 같은 때에 그 고통 가운데서 지은 시였지. 나는 그때 하나님께서 내 중년에 나를 데려가실 줄 알고 이렇게 기도했지. '여호와여 나의 종말과 나의 연한이 언제까지인지 알게 하시고 내가 나의 연약함을 알게 하소서'라고 말이야. 나는 그때 꼭 죽는 줄 알았거든."

"선생님께서는 하나님의 말씀을 묵상하려고 야경이 깊기 전에 잠이 깨며 하루 일곱 번씩 하나님을 찬양한다 하셨잖아요."

"그렇지. 그러나 나는 내가 범죄하고 죄의 보응을 받고 나서야 그것을 깨달았지, 하나님 성소에 들어가서 하나님을 찬양하는 것이 제일 행복이라는 것을 말이야."

"그래서 선생님은 이런 기도를 하셨나봐요. '내가 주의 권능과 영광을 보기 위하여 이와 같이 성소에서 주를 바라보았나이다 이러므로 내 평생에 주를 송축하며 주의 이름으로 말미암아 내 손을 들리이다.'"

"기자 선생이 나의 시를 많이 읽었는가 보군."

"시편에서 다윗 선생님의 시를 읽다 보면 선생님의 하나님을 향한 믿음과 하나님을 사랑하는 그 마음이 너무나 아름답고 귀하게 느껴져요. 그래서 저희 후시대 사람들은 선생님처럼 하나님을 사랑하고자 하는 사람들이 많아요."

"그래서 나는 하나님을 공평하신 하나님이라고 믿고 사랑한다네."

"다윗 선생님, 선생님께서 골리앗과 싸우실 때 골리앗을 향하여 '너는 창과 칼로 내게 나아오지만 나는 만군의 여호와의 이름으로 네게 가노라' 하시면서 골리앗을 물맷돌로 쳐죽인 이야기는 어린이들과 청소년들에게 매우 인기 있는 말씀이에요."

"그런가? 나도 그때가 참 좋았다네. 지금도 그때를 생각하면 너무 스릴 있고 가슴이 벅차진다네."

다윗 선생님은 잠시 그때를 회상하시는지 얼굴에 환한 미소가 스쳤다.

"선생님은 그때 아직 어린 나이인데 어떻게 그런 용기가 나셨나요?"

"하나님은 늘 나의 목자가 되어주셨지. 내가 들판에서 양을 칠 때나 언제나."

"그래서 시편 23편에서 '여호와는 나의 목자시니 내게 부족함이 없으리로다'라는 시를 지으셨군요."

"맞는 말일세. 하나님은 언제나 나와 함께해주셨지. 내가 들판에서 양을 지키기 위해 사자와 곰들과 싸울 때도, 골리앗과 싸울 때도 말이야."

"다윗 선생님, 그 이후 선생님께서는 왕이 되셨을 때 하나님의 성전을 지으려고 많은 금은보화를 준비하셨다 들었어요."

"나는 하나님의 성전을 지어 그 성전에서 주의 백성들이 하나님을 예배하는 모습을 보기 원했지. 그러나 하나님께서 말씀하시기를 '너는 군인이라 피를 많이 흘렸으니 네 아들 시대에 가서 그 성전을 지을 수 있게 하겠다'고 하셨다네. 그 말씀을 듣고 너무 감사했지. 그러므로 나의 아들 솔로몬을 통하여 성전을 지었지 않나."

"다윗 선생님의 시에 '나의 하나님, 나의 하나님, 어찌하여 나를 버리셨나이까'라고 탄식하는 부분도 있잖아요. 시편 22편에 나오는 이 시는 누구를 말씀하시는 것인가요?"

"이 시를 지을 때 나는 성령이 충만하여 주의 영에 이끌리어 이 시를 지었다네. 이 시는 나를 말하는 것이 아니고 장차 하나님께서 준비하신, 하나님께서 세상에 보내실 그분이 하나님께 부르짖는 기도 소리일세."

"다윗 선생님, 하나님께서는 왜 그분을 이처럼 버리셔야 했나요?"

"다음에는 무엇이라고 되어 있나. '땅의 모든 끝이 여호와를 기억하고 돌아오며, 모든 나라와 모든 족속이 주의 앞에 예배하리니'라고 시편 22편 27절에 말씀하고 있지 않나?"

"그렇다면 그 말씀은 장차 메시아께서 오셔서 그처럼 하나님께 버림을 받으시고, 그 대신 땅의 모든 끝과 모든 나라와 모든 족속이 하나님께 돌아와 예배한다는 그 말씀이신가요?"

"그렇다네. 하나님께서는 모든 나라와 모든 족속들을 구원하시기 위하여 장차 당신의 외아들을 버리시고 죽이시고 모든 영혼을 구원하실 계획을 이렇게 약속하여 말씀하신 것이지."

"선생님께서 그처럼 많은 죄의 징계를 받으셨으나 하나님께서는 선생님의 자손을 통하여 메시아를 보내시는 놀라우신 역사를 이루셨잖아요."

"그러니 내가 하나님의 갚을 수 없는 은혜를 입었다 하지 않을 수 없지."

이렇게 말씀하시는 다윗은 참으로 그 은혜에 감격하여 어찌할 바 몰라 하는 모습이었다. 나는 말씀을 조용히 읊조려보았다.

> "이새는 다윗 왕을 낳으니라 다윗은 우리야의 아내에게서 솔로몬을 낳고 솔로몬은 르호보암을 낳고 르호보암은 아비야를 낳고 아비야는 아사를 낳고 아사는 여호사밧을 낳고 여호사밧은 요람을 낳고 요람은 웃시야를 낳고 …… 엘르아살은 맛단을 낳고 맛단은 야곱을 낳고 야곱은 마리아의 남편 요셉을 낳았으니 마리아에게서 그리스도라 칭하는 예수가 나시니라" (마 1:6~16)

당시의 사람들은 예수님을 부를 때 '다윗의 자손 예수여'라고 불렀다. 다윗 왕의 혈통을 통해 이 땅에 메시아가 나신 것은 다윗이 하나님께로 받은 특별하신 하나님의 은혜였다. 그때 나에게 문득 생각나는 하나의 말씀 구절이 있었다.

> "다윗은 당시에 하나님의 뜻을 따라 섬기다가 잠들어 그 조상들과 함께 묻혀 썩음을 당하였으되" (행 13:36)

"선생님, 사도행전 시대에 선생님을 일컬어 '하나님의 뜻을 따라 섬기다가 잠들었다'라고 말하고 있어요. 하나님의 뜻을 위해 사셨다고 한 말씀대로 선생님께서는 하나님의 뜻을 늘 구하며 그 뜻을 위해 사신 것이라 하겠지요."

"나는 하나님의 은혜를 깨달으면 깨달을수록 나의 삶을 통해 하나님의 뜻이 이루어지기를 간절히 원했다네. 그랬더니 나의 후손 혈통을 통해 이 땅에 메시아가 오셔서 인류 구원의 역사를 이루게 된 것이지. 하나님의 그 뜻을 이룬 것이 되었으니 감사한 일이네."

"왜 하나님께서 그토록 선생님의 죄에 대해 엄중한 대가를 지불케 하셨는지 이제야 알 것 같아요. 저희 후손들 시대에서는 하나님의 아들이신 메시아 그리스도 예수님의 십자가 은혜밖에는 죄에서 구원 받을 길이 없으니까요."

"하나님께서는 그처럼 인간의 죄를 미워하시지만 죄인을 구원하실 방법을 친히 준비하신 것이지. 당신의 아들을 버리심으로 인류를 구원하신 것 아닌가."

"이렇게 선생님 인터뷰를 하다 보니 왜 선생님께서 그처럼 하나님을 사랑하셨는지 알 것 같아요. 너무 감사해요. 저도 이전보다 더욱더 하나님을 사랑하고 싶어요. 힘껏 주님의 복음을 전하고 싶어요."

다윗과 함께 그의 역사 가운데 함께하시는 하나님을 만나고 나니 벌써 시간이 꽤 지나 있었다. 문득 나에게는 또 가야 할 길과 만나야 할 분이 있다는 것이 생각났다. 나는 다윗 선생님과 함께 성루에서 내려왔다.

솔로몬의 눈물

성루에서 내려오다 보니 다윗 선생님은 그새 어디론가 가시고 안 계셨다. 언덕길을 좀 더 내려오니 이번에는 깊은 오솔길을 나 혼자 걷고 있었다. 그 길은 마치 아무도 걷지 않은 길처럼 적막하기 그지없었다. 오솔길 양쪽으로는 정글 숲처럼 하늘을 가릴 것 같은 큰 나무들이 빽빽이 늘어서 있었다.

오솔길을 따라 한없이 걷다보니 다리도 아프고 배도 고팠다. 잠시 쉬었다 가고 싶은 마음에 주위를 둘러보다 저만치에 혼자 앉아 있는 누군가를 발견했다. 가까이 다가가 바라보니 그에게서는 내가 감히 바로 뵙지 못할 것 같은 지혜와 총명함과 명철함이 느껴졌다. 그는 앉아 있던 자리에서 옆으로 조금 비켜주며 나에게 앉으라는 손짓을 해보였다.

"여행 중 고단할 터이니 여기 앉아서 잠시 쉬었다 가시오."

"고맙습니다, 선생님. 저는 주은 기자라고 합니다. 저도 마침 조금 쉬어 가고 싶었는데 이렇게 선생님을 만나 뵙게 되어서 정말 감사합니다. 그런데 선생님, 어떻게 이런 호젓한 오솔길, 아무도 없는 곳에 홀로 앉아 계십니까?"

나는 벤치에 앉아 다리가 좀 편안해지자 기자의 본능으로 옆에 앉은 선생님께 질문을 하기 시작했다.

"젊은 기자 선생은 나를 아직 모르겠지만 나는 조금 전부터 이곳에 앉아서 기자 선생이 오기를 기다리고 있었다오."

"제가 오기를 기다리고 계셨다고요?"

"조금 전, 나는 나의 아버지 다윗으로부터 호출을 받았지. 이곳에서 기자 선생을 만나라는."

나는 그제야 이분이 누구인지 알 것 같았다.

"혹시 그러면 선생님께서 그 지혜의 왕 솔로몬 선생님이신가요?"

"그렇다네. 내가 바로 솔로몬이네."

고개를 끄덕이는 그에게서 남모르는 어떤 서글픔이 얼굴에 어려 있는 것을 느꼈다.

"선생님을 이렇게 뵙게 되어 너무나 영광이에요."

"나를 만난 것이 영광이라고만은 할 수가 없다네."

"선생님은 그 당시에 세상에서 가장 뛰어난 지혜를 하나님께 받으신 분이잖아요. 어릴 때에 일천번제를 하나님께 드리시고 하나님께서 선생님에게 '내가 네게 무엇을 줄꼬' 하실 때에 지혜를 달라고 하셨잖아요."

"그랬었지, 그때 그랬었지. 그래서 하나님은 나에게 세상에서 가장 뛰어난 지혜를 주셨지."

"솔로몬 선생님, 선생님께서 그 지혜로 당시에 가장 유명한 왕이 되셨잖아요. 당시 근방의 모든 나라 왕들이 솔로몬 왕의 지혜로운 말씀을 들으려고 온갖 좋은 보화들을 가지고 와서 솔로몬 왕을 만나고 갈 정도로 ……."

그러나 내 앞에서 그때를 회상하는 솔로몬의 마음은 그다지 행복하거나 밝아 보이지가 않았다.

"그때는 그것이 최고인 줄 알았는데, 그것 때문에 내가 하나님께 범죄하는 어리석은 인생을 살았다네."

이렇게 말하는 솔로몬은 자신의 인생을 많이 후회하는 듯 보였다. 죄송스러운 마음도 있었지만 나는 궁금한 마음에 이렇게 묻지 않을 수 없었다.

"솔로몬 선생님, 선생님은 자신의 인생을 후회하시나요?"

"많이 한다네. 아주 많이. 지금 다시 인생을 한 번 더 산다면 이제 절대 그렇게는 살지 않을 것인데 말이야."

솔로몬은 자신의 잘못된 인생을 거울삼아 후시대 사람들은 그렇게 살지 않기를 간절히 바라는 것 같았다. 나는 지금까지 솔로몬의 삶에 대해 구체적으로 많이 들여다보지 않은 것을 생각하면서 이번에 솔로몬의 인생을 자세히 들여다보기로 했다 .

그때 문득 나에게 생각나는 것은 '왜 솔로몬이 이 깊은 숲길에 혼자 앉아 있었을까?'였다. 그래서 정확히 솔로몬에게 묻기로 했다.

"솔로몬 선생님, 선생님은 왜 이렇게 호젓한 곳에서 저를 기다리셨나요?"

"사실은 말이야. 나는 그전에 내가 세상에 살 때도 어느 때인가부터 이렇게 혼자 있기를 좋아 했다네."

그때 문득 생각나는 것이 있었다. 솔로몬은 아내들이 많았다고 들은 기억이 났다.

"선생님은 아내들이 참 많았다 들었습니다."

"그렇다네. 그런데 그것이 문제였지. 나는 아내들을 일천 명이나 두었다네. 그렇게 내가 여자들을 좋아했지. 당시 나는 왕이었기에 내가 좋아하는 모든 여자들을 내 아내로 삼을 수 있었다네. 그 아내들 중에 이방 나라 공주들이 많았지. 당시 내가 다스리는 이스라엘이 부강해지고 내 명성이 크게 높아지고 내 나라가 강하니까 이방 나라 왕들이 자기 딸들을 내게로 와서 바쳤다네. 그러면서 그들과 화친을 맺는 정략결혼을 많이 했지. 그런데 그게 내 발목을 잡을 줄을 누가 알았겠나."

"선생님, 그런데 하나님께서는 분명히 이방 결혼을 하지 말라고 그렇게 말씀하셨잖아요."

나는 그렇게 하나님 앞에 귀한 믿음을 가졌던 솔로몬 왕이 이방 여인들과 이방 혼인으로 많은 아내를 두었다는 말에 의구심이 생겼다.

"그뿐만이 아니었지. 나는 날마다 술에 취하여 사는 날이 많았다네. 나의 아내들이 날마다 잠자리 들 때마다 좋은 술들을 가지고 와서 나로 하여금 마시게 했지. 그러다 보니까 어느 틈에 나의 지혜는 흐려지기 시작했고, 내가 늙었을 때는 이방 왕비들의 말에 따라서 그들의 부탁대로 그들을 위하여 예루살렘 성전 앞산에 그들을 위해 신당들도 세워주었지."

"선생님께서 왜 그토록 후회하시며 탄식하셨는지 이제야 알겠네요. 그뿐인가요?"

"아닐세. 그뿐 아니라 나는 내 나라를 강하게 하기 위해 말을 많이 두었지."

"말이요? 타는 말 말씀이신가요?"

"그렇다네. 나는 말을 많이 얻으려고 애굽에 상인들을 보내어 말들을 떼로 사 모았지. 그때는 병거가 많은 것이 나라의 힘이었으니까."

"선생님, 말을 많이 두어 국방을 튼튼하게 하는 것이 무엇이 잘못되었나요?"

"내가 말을 많이 사 모으면서부터 나는 하나님을 의지하기보다는 우리 힘으로 국방을 튼튼히 하여 나라를 지키어간다는 자만심이 생기기 시작했다네. 하나님을 의지하던 처음 믿음을 저버린 것일세."

"솔로몬 선생님께서 그렇게 하실 때 분명히 하나님께서 책망하셨을 텐데요."

"처음에는 나에게 선지자들을 보내주셨지. 선지자들이 와서 나에게 책망하면 난 기분이 몹시도 상했지만 그래도 하나님의 선지자들이니까 들어주는 척 했지. 그러나 나의 말에 무조건 잘하였다 하면서 아부하는 신하들의 말이 더 듣기 좋아지더군. 나중에는 내가 선지자들의 책망을 듣지 않으니까 하나님께서 꿈으로 직접 말씀하시는 거야."

"하나님께서 직접이요?"

나는 놀라서 솔로몬에게 되물었다.

"그렇지, 그것도 두 번씩이나. 그러나 그때는 내가 하나님과 너무도 많이 멀어져 있었다네. 내 믿음의 힘이 너무 약해 내가 지은 모든 죄에서 돌이켜지지가 않더라고."

"선생님, 저는 지금 듣기만 해도 마음이 이렇게 아파요. 그렇지만 하나님께 예루살렘 성전을 지어 드렸잖아요. 그리고 그 성전 봉헌식 때도 백성 앞에서 하나님께 간절히 기도하셨잖아요."

"나의 시대에는 큰 환난이 없었지. 국가로는 태평성대를 이루는 것 같았지만 나는 나의 아비 다윗 왕처럼 온전히 하나님을 따르거나 사랑하지 못했던 것 같네. 나의 아비 다윗은 참으로 하나님을 사랑한 왕이었지."

"조금 전 다윗 선생님과의 인터뷰를 끝마치고 왔는데요. 다윗 선생님은 참으로 하나님을 끝까지 사랑한 분이셨어요."

"아버지가 여러 아들들 중에서 나를 택해 왕으로 삼으실 때나, 유언을 할 때나 한결같이 나에게 당부하신 말씀은 이런 말씀이었다네."

> "내가 이제 세상 모든 사람이 가는 길로 가게 되었노니 너는 힘써 대장부가 되고 네 하나님 여호와의 명령을 지켜 그 길로 행하여 그 법률과 계명과 율례와 증거를 모세의 율법에 기록된 대로 지키라 그리하면 네가 무엇을 하든지 어디로 가든지 형통할지라 여호와께서 내 일에 대하여 말씀하시기를 만일 네 자손들이 그들의 길을 삼가 마음을 다하고 성품을 다하여 진실히 내 앞에서 행하면 이스라엘 왕위에 오를 사람이 네게서 끊어지지 아니하리라 하신 말씀을 확실히 이루게 하시리라" (왕상 2:2~4)

"다윗 같은 좋은 아버지를 두셨는데도, 다시 말하면 그 좋은 다윗의 아들이신 솔로몬 선생님께서 이렇게 되셨다니 참으로 마음이 아파요."

"나와 같이 부귀를 누린 왕도 없을 만큼 나는 인생 최고의 부귀를 누린 왕이었네. 하지만 그 부귀로도 하나님을 사랑하는 마음은 얻을 수 없다는 것을 나중에 깨달았지."

"참, 이런 말씀도 보았어요. 솔로몬 선생님께서 쓰시는 그릇은 다 금이었다고요."

"그것이 지금 나에게 무슨 의미가 있겠나."

"예수님께서는 이런 말씀도 하셨어요. '솔로몬의 모든 영광으로도 입은 것이 이 꽃 하나만 같지 못하였느니라 오늘 있다가 내일 아궁이에 던지우는 들풀도 하나님이 이렇게 입히시거든 하물며 너희일까보냐' 라는."

"사람들은 많은 부귀와 영화를 누리고 사는 것이 참 행복인 줄로 생각하지. 그러나 나는 나중에서야 참 행복이 무엇인지 깨달았다네. 혹시 내가 이런 글을 썼다는 것을 기자 선생은 알고 있나?"

"어떤 글인데요, 선생님?"

"다투는 여인과 큰 집에서 사는 것보다 움막에서 혼자 사는 것이, 또 다투며 성내는 여인과 함께 사는 것보다 광야에서 사는 것이 낫다는 말씀일세."

"맞아요. 선생님께서는 잠언과 전도서 등에서 많은 좋은 글들을 저희 후시대 사람들에게 남겨주셨잖아요. 선생님께서 남겨주신 그 주옥같은 글들이 저희 후시대를 살아가는 사람들에게 큰 지혜를 주고, 그 지혜로 말미암아 하나님을 경외하는 큰 믿음의 삶을 살아가는 교훈을 얻고 있어요."

"그것이 하나님의 선하신 계획일세. 하나님께서는 언제나 누구를 통해서든지 그의 살아가는 삶이 남은 후손들에게 그림자가 되게 하시지. 나는 하나님께로부터 좋은 부모를 분복으로 받았지. 나의 아버지 다윗 왕, 그리고 그로부터 내가 이스라엘 3대 왕이 되었고 그러므로 나는 지혜와 부귀를 다 하나님께로부터 받은 왕이 되었지. 그러나 그것이 내가 하나님을 사랑하고 경외하는 믿음의 조건은 아니라네. 보다시피 나는 그 좋은 것들을 가지고서도 이렇게 나의 죄로 말미암아 이스라엘 백성들이 많이 하나님을 떠나게 하였고, 더군다나 이스라엘 나라가 분단되는 큰 폐단을 후손들에게 끼치지 않았나."

"비록 선생님께서는 그렇게 하나님을 멀리한 삶으로 말미암아 부끄러운 삶의 흔적을 남기셨지만 그래도 그것조차 후시대에는 교훈이 될 거라는 생각이 듭니다."

"그렇다면 얼마나 좋겠는가."

"선생님은 한때 죄 가운데 사셨지만 나이 드셨을 때 선생님의 입으로부터 나온 고백은 '헛되고 헛되며 헛되고 헛되니 모든 것이 헛되도다'라는 말씀과 '한 시대는 가고 한 세대는 오되 땅은 영원히 있도다'라는 말씀이었잖아요. 이 귀한 말씀으로 하나님을 향한 믿음의 고백을 하셨잖아요."

"그렇지. 나중에서야 돌아보니 내가 이렇게 한 번밖에 살지 못하는 인생을 허비하며 살아왔던 데에는 분명한 이유가 있더라고."

"그 이유가 뭔가요? 이미 선생님께서 분명히 잠언, 전도서, 아가서 등의 여러 말씀으로 선생님의 뜻을 전하셨으나 저희 후시대 사람들은 그 말씀을 읽고서도 깨닫지 못해 선생님의 과오를 다시 범하며 살아가는 사람들이 참 많아요."

"내가 인생을 잘못 살게 된 것은 전도서 2장에 분명히 기록해 두었네. 누구도 나처럼 살지 않기를 바라는 마음에서 나의 부끄러운 고백으로 말이야."

"솔로몬 선생님, 힘드시겠지만 다시 한 번 그 말씀을 요약해서 알려주시면 제가 그것을 기록해 누군가에게 그 인생을 되돌아보아 어리석은 인생으로부터 돌이킬 수 있도록 도울 수 있을 것 같아요."

"나를 위해 살아온 인생이었다네. 무엇이든지 내가 원하는 대로, 내 눈이 원하는 대로, 내 마음이 원하는 대로, 내 육체가 원하는 대로 쾌락을 즐기기 위해 많은 아내들을 두었고, 날마다 술로 내 육신을 즐겁게 하며, 많은 금은 보화를 나를 위해 모아 쌓고, 내 눈이 원하는 대로 나의 사업을 크게 하며, 좋은 집들을 짓고, 포도원을 일구고, 동산을 만들고…… 그렇게 살았던 것일세."

"선생님, 당시 왕들이라면 그들도 거의 이렇게 살지 않았나요? 그러나 선생님께서는 그렇게 살았던 인생을 헛되다고 후회하시고 탄식하신 것만으로도 남다르다는 생각이 듭니다."

"아닐세. 우리는 누구나 다 하나님의 청지기라네. 하나님께서 주신 모든 분복들을 가지고 하나님 나라의 의의 열매를 맺어 하나님 앞에 서야 하고, 그 삶의 그림자를 통해 후시대 사람들에게 하나님의 자녀들의 발자취를 남겨야 하는 사명을 갖고 있다네."

"그렇다면 선생님께서는 실패하신 것 같지만 그것으로 후시대를 교훈하는 교훈이 되었어요. 또 선생님께서 지으신 잠언과 전도서를 가지고 이제 저희 후손들이 선생님의 뜻을 받들어 살기를 바라고 있으니 염려 마세요."

"젊은 기자 선생이 나의 말과 뜻을 잘 이해해주니 참으로 고맙네. 오늘 이렇게 기자 선생과의 좋은 만남을 통해 하나님께서 기뻐하신 뜻이 이루어졌으면 좋겠네."

"벌써 선생님과 헤어져야 할 시간이 다 된 것 같아요. 제가 돌아가 선생님의 뜻을 전하고 이다음 선생님께서 먼저 가 계신 하나님 나라에 가서 선생님을 반갑게 뵙겠습니다."

"내가 마지막으로 기자 선생에게 줄 것이 있으니 이것을 꼭 그대 시대 사람들에게 전해주시게나."

솔로몬은 가슴 옷자락 안에서 무엇인가를 꺼냈다. 그것은 다름 아닌 두루마리였다. 나는 그 두루마리에 담겨진 내용은 차차 읽기로 하고, 솔로몬 선생님과 아쉬운 작별을 나눴다. 선생님은 벤치에서 일어나 오셨던 길을 다시 가시고, 나는 다음 여행을 위해 오솔길을 따라 발걸음을 옮기기 시작했다.

이사야를 만나다

앞으로 나 있는 길을 따라 한참을 더 걸었다. 얼마나 지났을까. 길이 점점 더 험해지더니 골짜기로 향하는 길이 나왔다. 나는 걷는 것을 좋아하기 때문에 웬만한 길은 힘들다고 느끼지 않는데도 이 길은 너무도 험해 걷기가 쉽지 않았다. 나는 이 골짜기 길이 왜 내 앞에 놓여 있는지, 이곳에서는 누가 살고 있는지, 누구를 만나러 가는 길인지도 모른 채 그냥 걷고 또 걸었다. 험한 골짜기를 지나면서는 너무 힘들어 이제 그만 가고 싶다는 생각도 들었다. 그러나 이것이 마땅히 감당해야 할 사명의 길인 것같아 포기할 수가 없었다.

이곳 역시 믿음의 선진들을 만나러 가는 길이라는 것과 이곳에 계신 분들은 이처럼 험한 골짜기 같은 삶으로 그 사명의 길을 가셨을 것이라는 생각이 들자 내가 아무리 힘들어도 견뎌내야겠다는 생각이 들었다.

간신히 한 발자국씩 조심스럽게 걸어가다 보니 언덕 아래에서는 보이지 않던 어느 마을이 나타났다. 그리고 마을 입구에 서자, 어딘가 모르게 섬뜩한 기운이 돌면서 잘못하면 이 마을에서 큰 봉변을 당할 것 같은 생각도 들었다.

마을 입구에는 나무를 깎아 만든 나무장군들이 세워져 있었다. 그뿐아니라 마을 안으로 조금 더 들어가니 커다란 정자나무가 한그루 서 있었다. 그 정자나무는 몇 백 년 정도 된 듯 한쪽은 고목으로 되어 있고, 한쪽에서만 푸르른 가지가 울창하게 퍼져 나무 그늘을 만들어 주고 있었다.

그 나무는 오색 천으로 둘러져 있었고, 나무 바로 옆으로는 제단이 보였다. 제단 위에는 얼마 지나지 않은 듯한 제사 음식들이 가득 차려져 있었다. 내가 동네로 들어간 시간이 많이 어두워진 때여서인지 동네 사람들의 모습은 보이지 않았다.

오늘 밤을 어떻게 이곳에서 보내야 할지 걱정하며 한 걸음씩 조심스럽게 동네 안으로 들어서는데 어디선가 "이방인이다" 하며 외치는 소리가 들려왔다. 그러더니 갑자기 여기저기서 험상궂은 사람들이 한꺼번에 내게로 몰려오는 것이었다. 그들은 금방 내 주위를 둘러싸더니 저희들끼리 키득키득하며 오늘 밤은 그들에게 신나는 축제가 벌어질 것이라면서 좋아 어쩔 줄 몰라 하는 모습이었다. 그들 중에는 남자들도 있었지만 여자들도 있었는데, 그 여인들은 "오늘은 우리가 이 이방인 여자를 욕보이며 성폭행하겠다"면서 내 곁으로 다가오더니 내 몸을 낚아챘다.

잠시 후 온몸에 문신을 한 여자가 내 곁으로 오더니 강한 팔로 나를 끌어안았다. 그러더니 그 여인은 아주 흉측한 얼굴로 나를 바라보더니 입에서 긴 혀를 내밀어 나의 온 얼굴을 핥으려고 날름거렸다. 그곳에는 여러 명의 어린아이들도 있었는데 그 아이들조차도 "좋은 구경거리가 생겼다"며 서로들 손뼉 치며 좋아하고 있었다.

나는 얼마나 무섭고 두렵던지 정신을 차릴 수가 없을 정도였다. 그렇게 그들 손아귀에 붙잡혀 봉변을 당하려 할 때, 어디선가 한 중년의 남자가 나타나더니 그들을 향해 꾸짖었다.

"이게 무슨 못된 짓이냐!"

그러나 그들은 그 꾸지람을 들으려 하지 않을 뿐 아니라, 그에게도 욕을 보여야 한다며 그를 폭행하려 했다.

그때 이 남자가 하늘을 향해 손을 번쩍 들자 갑자기 내 주위로 몰려와 나를 폭행하려던 사람들이 눈이 어두워져 더듬거리며 서로들 부딪치며 아우성치고 있었다. 그때 이 사람이 나의 손을 잡아끌더니 이렇게 이야기하는 것이었다.

"빨리 이곳에서 달아납시다. 조금 지나면 저들의 눈이 다시 밝아져 우리를 볼 터이니 어서 빨리 따라오시오."

그는 내 손을 낚아채 어디론가 달려가기 시작했다. 잠시 후 그들의 눈이 다시 밝아지더니 그들 무리가 또 다시 우리를 따라오며 소리치기 시작했다. 한참을 내 손을 잡고 어디론가 달려가던 이 사람은 어느 곳에선가 이르러 겨우 한숨을 내쉬더니 나를 안심시켰다.

"이제는 두려워하지 마시오. 이곳은 저들이 알지 못하는 비밀스런 곳이니 안심해도 될 것이오."

* * *

그가 나를 데리고 간 곳은 조그마한 움막이었다. 그 움막은 동네 한쪽 귀퉁이에 있으므로 많은 사람이 알지 못하는 것 같았다. 움막에는 조그만 호롱불이 하나 켜져 있었고, 그 안에는 사람이 누워 쉴 수 있는 침대나 의자 같은 것은 없고 흙바닥 위에 작은 나뭇잎으로 만든 돗자리 하나가 있을 뿐이었다. 그리고 한쪽으로는 내가 온다고 특별히 준비해놓은 듯 남루한 겉옷 한 벌과 작은 쟁반에 주먹밥 하나와 물 한 잔이 준비되어 있었다.

지금까지 선생님들을 만났을 때는 이렇게까지 험한 생활이 아니었기에 조금은 긴장이 됐다. 그러면서 '이곳에서 어떤 일들이 일어날까', 그리고 '누구를 만나게 될까', '이 힘든 상황을 어떻게 내가 버틸 수 있을까' 하는 생각들이 들었다. 그곳으로 나를 인도한 분은 내 복잡한 심정을 눈치챈 듯 나를 위로했다.

"오늘 밤은 늦었으니 누추하겠지만 그래도 이곳에서 좀 쉬어보도록 하시오. 내가 그대가 안전하도록 사람을 시켜 이곳을 지키게 할 것이니 오늘 밤은 어려운 일이 없을 것이오."

나는 그에게 누구인지 여쭤볼 엄두조차 내지 못해 감사하다는 인사도 하지 못했다. 그는 나에게 안심하라는 표정으로 고개를 끄덕이더니 움막에서 나갔다.

나는 '하나님께서 왜 나를 이곳으로 인도하셨을까'라는 생각을 하면서 분명히 이곳에서 하나님께서 만나야 할 사람들과 하실 일이 있으실 거라는 믿음으로 모든 환경에 감사하며 담대하게 받아들이기로 했다.

이렇게 마음먹고 나니 두렵게만 느껴졌던 주변 환경에 적응할 수 있을 것만 같았다. 우선 나는 작은 거적 같은 돗자리 위에 살며시 앉아 보았다. 그리고 허름한 쟁반 위에 놓여 있던 주먹밥을 순식간에 먹어치웠다. 너무 배고프다는 생각 때문인지 무슨 맛인지는 느낄 수 없었다. 사발의 물도 한순간에 들이켰다.

음식을 먹고 나니 그간의 긴장이 풀리며 피곤이 몰려왔다. 아직도 한편으로는 두려운 마음이 있었지만 앞서 만났던 분이 "누구도 해치지 못할 것"이라고 해주었던 말을 생각하며 잠을 청했다.

내가 잠에서 깨었을 때는 지난 밤의 어둠은 온데간데없고 환한 아침이 되어 있었다. 비록 누더기같은 겉옷이었지만 나는 간밤에 그 겉옷 덕분에 추위를 느끼지 않고 편히 잘 수 있었다는 생각이 들었다. 이러한 생각 때문인지 어느새 내 마음의 두려움은 사라지고 이곳에서 만날 분들과 일어날 일들에 대한 기대로 설레기까지 했다.

밖에서는 지난밤 만났던 분이 내가 나오기를 기다리는 것 같았다. 나는 그를 보기 위해 움막 밖으로 나갔다가 깜짝 놀랐다. 지난 밤에는 몰랐는데 밝은 아침에 이분을 보니 거의 옷을 입지 않은 듯 속옷 같은 차림이었다. 뿐만 아니라 발도 벗은 발이었다.

'벗은 몸, 벗은 발.' 나는 너무 깜짝 놀라 머리가 하얘지며 그가 누구인지 몹시 궁금해졌다. 분명히 성경 가운데 나오는 하나님의 사람이라는 것은 알겠는데 아무리 생각해도 알 수가 없었다. 나는 천천히 머릿속으로 성경의 사람들을 찾아내기 시작했다. 답답한 마음에 잠시 눈을 감고 하나님께 기도했다.

"주님, 지금 제 앞에 계신 분이 누구신지요?"

그때 내 머리에 번개 같이 스치는 한 말씀이 있었다.

"이사야, 이사야 선지자."

나는 언젠가 목사님 설교를 통해 이사야 선지자가 하나님의 말씀에 따라

벗은 몸, 벗은 발로 3년을 다니며 이스라엘 백성들에게 하나님의 말씀을 전했다는 말씀을 들은 기억이 났다. 그렇다. 그분은 바로 그 유명한 이사야 선지자였다. 나는 그 자리에 주저앉아버리고 싶을 정도로 감사한 마음이 들었다. 이사야 선지자는 그제야 나를 향해 호탕하게 웃어주셨다.

"이사야 선지자님, 너무 놀라서 말이 잘 안 나옵니다."

"나를 선지자라 부르지 말고 이전 다른 분들을 만났던 것처럼 선생이라 불러주면 고맙겠소. 지금까지 기자 선생이 만났던 선생들은 그 다음 차례를 나에게 맡기고 지금은 다들 그분들의 자리로 올라가셨소."

"어젯밤 제가 너무 늦은 시각에 이곳에 오게 되어 여기가 어떤 곳인지 모르겠어요."

"걱정 말게. 이제 내가 기자 선생이 만나야 할 분들과 이곳저곳을 잘 안내해줄 거요."

"그런데 이곳으로 오는 길은 왜 이렇게 험한 골짜기로 되어 있는지……."

"이곳은 선지자의 골짜기라네. 이곳으로 오는 길이 험했던 것처럼 우리 선지자들이 하나님의 사명을 감당하는 길은 험하고 어려운 길이었지."

"예, 제가 감히 뵈옵기도 두려운 이사야 선지자님을 선생님이라 부르려니 너무 죄송스러운데 그래도 선생님이라 부르겠어요."

"누군가 안 가르쳐 주었소? 우리 모두는 각자의 시대에 따라, 각자의 사명에 따라 하나님의 주신 사명을 감당하고 지금은 하늘에서 친구처럼 지내며 다들 선생이라 부르고 있다고."

"저는 후시대에서 온 주은 기자라고 합니다."

"기자가 어떤 직업이며 지금 어떤 일로 우리를 부르고 있는지는 다 잘 알고 있소."

"제가 여러 분의 선지자님들과 만날 것까지 다 알고 계셨다고요?"

"암 알고 있지, 다들 그때 당시 사명의 자리에서 기자 선생을 기다리고 있으니 자, 우리 그리로 갑시다. 그런데 이제 기자 선생, 마음을 단단히 먹어야 할 것이오. 왜냐하면 우리 선지자들의 삶은 고통과 죄와 악과 싸우는 치열한 전쟁이니까."

"성경을 통해 선지자님들의 시대를 바라볼 때 너무나 마음이 아팠어요. 그래서 저희들도 믿음의 삶이 어려울 때마다 그래도 선지자님들의 시대보다는 낫다는 마음으로 믿음을 지켜나가고 있어요."

"우리도 하늘에서 후손들이 믿음으로 승리하도록 주님과 함께 기도하며 응원하고 있지."

"언젠가 목사님의 설교 말씀을 통해, 그리고 성경을 통해 이런 말씀을 읽어본 기억이 나요."

> "이러므로 우리에게 구름 같이 둘러싼 허다한 증인들이 있으니 모든 무거운 것과 얽매이기 쉬운 죄를 벗어 버리고 인내로써 우리 앞에 당한 경주를 하며" (히 12:1)

* * *

우리는 함께 이야기를 하면서 움막을 나와 어디론가 한없이 걸어가고 있었다. 그러나 우리가 가는 길이 얼마나 험했는지 밝은 아침인데도 그 길이 너무 험해 곧 미끄러질 것 같았다.

"이사야 선생님, 왜 이렇게 길이 험한가요?"

"이 길이 바로 선지자의 길이라네."

한참을 걷다 보니 또 다른 동네가 나오는데 이곳은 옛날 유대 나라 어느 마을이었다. 그곳 사람들은 남녀노소 할 것 없이 혈기와 분노로 가득 차 있는 듯 보였다. 그들의 손에는 자그마한 돌들이 들려 있었으며 몇 명의 장정들이 어느 한 사람을 끌고 오는데 이 사람은 목에 나무로 만든 큰 칼을 차고 있었다. 이 모습을 보고 나는 그가 예레미야 선지자라는 것을 짐작할 수 있었다. 장정들은 예레미야를 질질 끌고 와서는 백성들 앞에 세웠다. 그러고는 그 가운데 한 사람이 목청을 다해 크게 외쳤다.

"여러분, 이놈이 하는 말을 좀 들어 보십시오. 우리에게 바벨론에 항복하라는 겁니다. 바벨론에 항복해야 산다는 것입니다. 이렇게 백성들에게 외치고 다니니 이놈이 바로 우리 유대 나라를 바벨론에 팔아먹는 매국노가 아닙니까? 이것이 말이 되는 소리입니까? 그러니 이놈이 다시는 이런 말을 하지 못하도록 이놈을 죽입시다."

모인 사람들 가운데 또 한 사람이 말을 이어나갔다.

"그 말이 맞소, 당신의 말대로 그놈을 죽입시다. 우리가 그렇지 않아도 힘이 없어서 바벨론에 침략을 당해 죽을 판인데 이놈이 선지자랍시고 우리 마음을 그런 말로 약하게 해 아예 싸울 마음까지도 못 가지게 하니 그런 놈은 살려두어서는 안 되는 놈입니다."

"자, 죽입시다. 우리가 돌로 쳐서 죽입시다."

그러나 예레미야 선지자는 조금도 위축되지 않은 똑똑한 목소리로 분노한 백성들을 저지했다.

"여러분, 진정들하시오. 내 말을 잘 들어보시오. 하나님은 우리를 버리지 않습니다. 우리가 바벨론에 가서 하나님을 찾으면 반드시 우리를 다시 구원해주실 것입니다. 그러니 여러분, 다시는 더 하나님 앞에 죄를 짓지 마시고 이제라도 회개하고 하나님 앞으로 돌아오십시오."

"여러분들, 이놈이 하는 말을 다들 똑똑히 들으셨지요? 이제 우리에게는 하나님은 없소. 하나님이 계시면 어찌 우리를 이렇게 괴롭힌단 말이오. 그런 하나님이라면 우리는 이제 찾지 않을 것이오."

예레미야는 자기를 죽이려고 하는 사람들에게 있는 힘을 다해 외쳤다.

"여러분들! 아직 늦지 않았소. 빨리 하나님 앞에 회개하고 바벨론에 항복하시오. 바벨론에 항복하는 사람은 살지만 항복하지 않는 사람은 다 죽는다고 하나님께서 말씀하셨소."

가만히 예레미야의 모습을 바라보고 있자니 너무 안타까워 달려가 구해주고 싶다는 생각마저 들었다. 내가 이렇게 예레미야의 고난을 보고 안절부절못하는 모습을 옆에서 지켜보던 이사야 선지자는 나의 팔을 잡아끌었다. 그랬다. 예레미야가 아무리 고난을 당해도 그 시대를 뛰어넘어 예레미야를 구하러 갈 수는 없는 일이었다.

이때 어느 여인의 목소리가 들려왔다. 유대 여인이었다.

"우리를 괴롭히는 이놈을 돌로 쳐 죽이는 것보다 깊은 우물에 빠트려서 저절로 고통스럽게 죽어가게 합시다."

"맞소! 그렇게 합시다. 그놈을 우물에 빠트려서 굶어 죽어가며 실컷 하나님이나 찾아보라 합시다. 저놈이 믿는 그 하나님이 저놈을 살려주시나 보십시다."

나는 하도 가기 막혀 말이 안 나올 지경이었다. 예레미야 선지자가 이런 고통 가운데서 하나님을 전파한 선지자였다고 생각하니 마음이 아파왔다.

"이사야 선생님, 선생님께서도 저렇게 고난을 당하시면서 하나님 말씀을 전하셨나요?"

"나와 예레미야는 시대적인 차이가 좀 있다네. 예레미야는 유대 나라가 바벨론에 함락되기 바로 전이었고 나는 유다의 웃시야 왕이 죽고 나서였지. 그러므로 예레미야와 같은 고난을 당하지는 않았네. 그러나 지금 내 모습을 보고 조금 전 기자 선생도 깜짝 놀라지 않았던가. 내가 이렇게 벗은 몸, 벗은 발로 다니며 하나님의 말씀을 전하고 다닌 지가 벌써 3년이라네."

"아, 그러셨군요. 그래도 하나님의 말씀을 외치시는 선지자님이신데 어떻게 이렇게 벗은 몸, 벗은 발로 다니실 수가 있나요. 그것이 하나님의 명령이었나요?"

"이것은 표식이라네. 내가 이렇게 벗은 몸, 벗은 발로 다니는 것처럼 유대 백성들도 적들에게 끌려갈 때에 이와 같이 왕이나 높은 자나 낮은 자가 다 같이 끌려갈 것이라는 하나님의 표식이지."

"그러면 선생님께서 이와 같이 행하시는 모습을 저 백성들이 보고 저들이 그런 날이 오기 전에 하나님께 회개하고 하나님을 찾으면 그러한 화가 오지 않도록 하시겠다는 뜻이네요?”

“그렇다네, 하나님의 그 마음이시지.”

“그렇다면 이사야 선생님의 이런 모습을 보고 백성들이 회개하던가요?”

“기자 선생이 참 좋은 질문을 했네. 저 백성들은 눈이 멀고 귀가 둔해 아예 하나님의 말씀을 들으려고도 하지 않았지.”

“그렇다면 선생님의 고생은 헛고생 아닙니까. 아무리 이렇게 보여주고 들려줘도 깨닫지 못하는 저 백성들인데 이렇게까지 하셔야 합니까?”

“그러나 깨닫는 날이 온다네. 저 백성들이 깨닫는 날이.”

“그때가 어느 때인데요?”

“저들이 정말로 환난을 당해 괴로울 때에 우리 선지자들이 외치며 증거했던 말씀들을 하나하나 기억하고 회개하며 하나님께로 돌아오지. 그제야 그들 중에 선지자가 있었던 것을 기억하고 말이야. 하나님께서는 바로 그때를 기다리시면서 오늘도 이렇게 하나님의 사랑을 전하고 계신 것이지.”

나는 하나님의 마음을 다 헤아리기가 어렵다고 생각됐다. 그러나 선지자들은 이미 그 마음에 하나님의 마음을 품고 있는 듯 보였다.

이사야 선지자와 함께 하나님의 마음에 대한 이야기를 나누다 보니 조금 전 사람들의 손에 끌려가던 예레미야 선지자는 어떻게 되었는지 궁금해졌다. 다시 예레미야 선지자를 찾아보고 싶었다. 이사야 선생님은 이런 나의 마음을 아셨는지 예레미야를 찾아보자고 하시고 나를 어디론가 데리고 가셨다.

잠시 후 도착한 그곳은 조금 전 그 마을도, 유대 나라도 아닌 새로운 곳이었다. 사람들의 머리는 거의 빡빡 깎여 있었고 머리 정수리에만 조금 남은 머리를 길게 땋아 다니고 있었다. 뿐만 아니라 이 사람들은 옷차림까지도 유대인들처럼 긴 옷을 입고 머리에 두건을 쓴 것이 아니라 짧은 치마바지 같은 옷을 입고, 귀에는 주렁주렁 커다란 귀걸이를 달고 있었다. 얼굴에는 이상한 문신들을 해서 남자인지 여자인지조차 분간하기가 어려웠다. 그러나 언뜻 보기에도 이 사람들이 이방인들이라는 것은 느낄 수 있었다. 그들은 키가 아주 컸으며 힘도 세 보였다. 그들은 손에 채찍 같은 것을 가지고 다녔는데 전혀 하나님을 알지 못하는 사람이라는 것을 금방 느낄 수 있었다.

"이사야 선생님, 우리는 지금 어디에 와 있는 건가요?"

내가 놀란 마음으로 이사야 선생님에게 여쭤보자 선생님은 나에게서 그런 질문이 나올 것을 알았다는 듯이 자세하게 설명해주셨다.

"기자 선생이 이 험한 선지자의 골짜기로 들어왔으니 이제 이곳저곳 우리 선지자들이 살았던 시대로 들어가면서 선지자들을 만나봐야 할 걸세. 우리는 지금 시공간을 초월해 여러 선지자들을 만나러 왔다는 것을 기억하게."

에스골의 골짜기

"지금 선생님과 제가 다니는 이곳은 어디인가요?"

"여기가 바로 바벨론이라는 나라요."

"바벨론이요? 유대 나라를 침략해 유대 사람들을 포로로 잡아간 강대국 바벨론이라는 말씀인가요?"

"그렇소. 이곳에서 기자 선생이 만나봐야 할 선지자가 있기에 이곳으로 기자 선생을 데리고 왔소."

"바벨론에도 하나님의 선지자가 있다는 말씀인가요?"

"유대 백성들이 이곳에 바벨론 포로로 잡혀왔을 때 하나님께서 미리 이곳으로 선지자들을 보내어 이곳에서도 하나님의 복음을 전하는 선지자가 있게 하셨지."

"바벨론에 포로로 잡혀온 다니엘 선지자의 말씀은 많이 들어서 알고 있는데 제가 직접 이곳에서 그 선지자님들을 만나게 된다니 너무 감격스러워 무슨 말을 해야 할지 모르겠어요."

"기자 선생이 지금 만나러 가는 선지자는 잘 모르고 있나보군. 그러나 그 선지자들을 만나보면 또 다시 기자 선생의 마음이 많이 아플 테니 강하고 담대한 마음을 가지시오."

이렇게 말씀하시며 이사야 선생님은 계속해서 걷고 또 걸어 어느 도시로 들어가고 계셨다. 그곳은 마을이 아니었다. 제법 큰 도시였다. 그리고 그 도시에는 큰 건물들이 많이 있었으며 사람들은 당시 바벨론의 문화에 젖어 있는 듯 옷차림이나 장신구로 멋을 내고 있었다. 어딘가 문명의 혜택을 누리고 있는 사람들 같아 보였다. 길 양쪽으로는 큰 시장 같은 거리가 있었으며 드문드문 얼굴을 가린 여인들도 지나다녔다. 마을에는 제법 큰 돌로 지어진 집들도 눈에 띄었다. 나를 이곳으로 데려온 이사야 선지자도 이런 문명을 처음 대하는 듯 약간은 어리둥절해 보였다.

'하나님께서는 이곳으로 누구를 보내셨을까?' 생각하며 길을 가고 있을 때 내 옆을 지나가는 사람들이 하는 이야기가 들려왔다. 이상한 것은 분명 나는 21세기를 사는 사람인데도 고대 사람들의 말을 알아들을 수 있다는 것이었다.

어느 곳에 이르자 나를 이곳으로 안내하던 이사야 선지자가 갑자기 발걸음을 멈췄다. 그곳에는 또한 사람들이 웅성웅성 모여 있었다.

"미친 놈이야, 미친 놈, 완전 미친 놈이야."

"저 놈이 저렇게 미치지 않고서는 저런 행동을 할 수가 없지."

"저 놈이 선지자라고…… 저 미친 놈이."

"우리가 이곳에까지 와서도 저 미친 놈의 말을 들어야 하니 참 기가 막히기도 하지. 우리 유대 나라가 어찌하다 이렇게까지 됐는지……."

저들이 하는 말을 듣다 보니 더욱 그 사람을 빨리 만나보고 싶었다. 나는 웅성거리며 모여 있는 사람들을 헤치고 그 가운데 있는 사람을 보기 위해 앞으로 나아갔다. 그런데 나는 그때 그만 '악' 하고 소리를 지를 뻔했다. 왜냐하면 내 앞에서 소리를 지르다가 이상한 행동을 하고 있는 사람을 나도 분명히 보았기 때문이다. 그는 머리가 빡빡 깎여 있을 뿐만 아니라 이미 수

염까지도 다 깎여 있었다. 옷차림은 유대인의 옷차림으로 보였는데 그 옷자락에다 무엇인가를 싸서 가지고 있더니 갑자기 그 옷자락에 싸고 있던 무엇인가를 삼분의 일 정도 꺼내어 바람에 날리기 시작했다. 지금까지 나는 이 도시로 들어오면서 바람이 분다는 느낌을 받지 못했는데 이 사람이 무엇인가를 바람에 날리는 시늉을 하자 어디선가 갑자기 바람이 불어오더니 이 사람이 날리는 것을 훨훨 날아가게 하는 것이었다. 나는 그것이 무엇인지 자세히 바라보다 다름 아닌 그의 머리카락임을 알 수 있었다.

자신의 머리카락을 깎아 옷자락에 싸가지고 다니다 그것을 바람에 날리는 사나이, 참으로 이상한 일이 아닐 수 없었다. 그러더니 잠시 후 이 사람은 더 이상한 행동을 하는 것이었다. 조금 전에는 머리카락을 바람에 날리더니 이번에는 또 삼분의 일 정도 되는 머리카락을 한 움큼씩 위로 뿌리더니 그것들을 칼로 치는 것이었다. 이 모습은 누가 봐도 정상이 아니었다. 그 모습이 어찌나 괴상한지 사람들은 키득키득 웃으며 그를 보고 있었다.

그는 머리카락을 칼로 치는 행동을 한동안 하더니 나머지 삼분의 일 가운데 얼마만큼만 남기고 그 남은 것을 가지고 이번에는 불사르는 것이었다. 그런데 이상한 것은 이 사람의 이런 행동을 둘러서서 지켜보는 사람들이 다름 아닌 유대인들 같았다.

나는 이사야 선생님이 나를 그곳으로 데리고 온 것으로 보아 괴이한 그 사람도 선지자가 아닐까 생각됐다. 그가 어느 선지자인지 생각이 나지 않아 계속 마음으로 생각하고 있을 때 문득 얼마 전 예레미야 선지자를 만나고 왔던 것이 생각나며 이분이 바로 에스겔 선지자라는 것이 깨달아졌다. 그러나 나는 에스겔 선지자를 만났다는 기쁨보다는 선지자가 이렇게 고난 가운데서 하나님의 말씀을 전했다는 것, 그리고 이렇게까지 타락하고 범죄하며 하나님을 떠나는 자기 백성들을 향해 포기하지 않으시고 그 백성을 놓지 못하시는 하나님의 마음이 깨달아지자 갑자기 그대로 주저앉았다. 그때 옆에서 그 모습을 묵묵히 같이 바라보던 이사야 선지자도 함께 울고 계셨다.

우리는 에스겔 선지자의 행동을 통해 하나님의 음성을 들어야 하기에 간신히 정신을 가다듬고 그의 모습에 집중하려 노력했다. 그런데 갑자기 조금 전까지 이상한 행동을 하던 에스겔 선지자의 호령 같은 소리가 쩌렁쩌렁 들려왔다.

"너희 유대인들아, 지금 너희는 나의 행동을 똑똑히 보았느냐. 너희들은 지금 나를 보고 미친 놈이라 하였다. 옳다, 나는 지금 미친 놈 같은 행동이라도 하지 않고는 견딜 수가 없다. 이는 이제 너희들이 당할 환난 때문에 이렇게 너희가 당할 고난 때문에 나는 이렇게 너희들에게 하나님의 말씀을 전하고 있는 것이다."

에스겔 선지자의 이야기에 유대 사람들은 흥분한 듯 아우성쳤다.

"우리가 저 놈의 미친 말을 왜 들어야 합니까?"

"우리가 지금 바벨론의 포로로 잡혀 와서 이렇게 기가 막힌 삶을 살아가고 있는데 저 놈마저 우리를 절망케 만드니……."

"하나님께서 우리를 버리셨는데 우리가 이곳에서까지 저 미친 놈을 통해 하나님 말씀을 들어야 합니까?"

그러나 그들 중에는 에스겔 선지자의 이야기를 들으려는 자도 섞여 있었다.

"그래도 이제라도 우리가 저 선지자를 통하여 하나님의 말씀을 들어봅시다. 우리가 이렇게 이곳 바벨론까지 잡혀온 것은 우리가 하나님을 버린 죄가 아닙니까? 에스겔 선지자님, 계속하여 당신이 행동한 그 뜻이 무엇인지 가르쳐주시오. 이제라도 나는 하나님을 떠난 것을 회개하고 하나님께 돌아가겠소."

"맞소. 하나님께서 이렇게 하신 것은 이곳에서라도 여러 유대인들이 하나님을 찾으며 하나님께 돌아오라는 말씀이오. 여러분들이 하나님께 회개하고 돌아오면 하나님께서는 여러분들을 버리지 않으실 거요. 그리고 이곳에서도 하나님께서는 우리 유대인들과 함께하실 것이오."

"에스겔 선지자님, 아까 당신이 한 행동은 무엇을 의미하는 것입니까?"

"여러분, 잘 들으시오. 우리 가운데 삼분의 일은 전염병으로 죽으며 기근으로 멸망할 것이요, 삼분의 일은 사방에서 칼로 쳐서 엎드러질 것이며, 삼분의 일은 하나님께서 사방으로 흩어버린다 하셨소."

"도대체 하나님께서 우리에게 이렇게까지 징계하시는 것이 무슨 까닭이요?"

"여러분, 우리 유대인들이 지은 죄는 여러분들이 잘 아는 죄입니다. 우리가 이방인들보다 더욱 하나님께 죄를 지었소. 이는 우리가 하나님의 법을 버리고 하나님의 율법을 행하지 않았기 때문이오. 이방인들은 그들의 신을 섬기고 그들의 신을 그들의 방법대로 따르지만 우리는 온 천지에 살아계신 하나님의 백성들임에도 하나님의 규례를 준행하지 않았을 뿐만 아니라 이방 나라들 앞에서 하나님을 멸시하지 않았소."

"우리가 언제 하나님을 멸시했다는 말이오?"

"여러분들은 하나님 앞에 가증한 삶을 살았습니다. 겉으로는 하나님을 섬긴다 하였으나 마음속에는 하나님을 향한 신실한 믿음이 없었습니다. 거룩하게 구별된 하나님의 백성들임에도 불구하고 하나님을 함부로 여기며 그 하나님의 말씀을 업신여겼소."

"그럼 우리가 이제 어떻게 해야 합니까?"

"이제 하나님께서 유대 민족이 지은 죗값을 우리에게 치르게 하사 하나님의 엄중한 징계가 내릴 때에야 당신들이 그동안 멸시했던 그 하나님이 참 하나님이신 줄을 알게 될 것이오. 자, 여러분들은 보았습니다. 여러분들이 보는 데서 내가 어떻게 행동했습니까?"

"그럼 당신이 행동한 그 행동들이 이제 우리가 당할 하나님의 징계의 행동이었단 말이오?"

"그렇소. 나는 하나님의 명령으로 여러분들이 보고 깨달으라고, 깨닫고 돌이키라고 예루살렘 같은 성읍을 세우고 그것을 에워싸도록 사다리를 세우고, 흙으로 언덕을 쌓고, 공성퇴를 둘러 세우고, 철벽을 쌓고, 성을 포위한 것처럼 에워쌓소. 그리고 나는 왼쪽으로 누워 이스라엘 족속의 죄악을 짊어지며 삼백 구십 일을 지냈소. 그리고 다시 오른쪽으로 누워 유다 족속의 죄악을 짊어지고 사십 일을 지냈소. 이것은 하나님께서 장차 이스라엘 족속과 유다 족속이 치를 징계 날수들이오. 하루가 일 년으로 환산되어 그 날수대로 우리가 이방에서 다시 하나님을 찾기까지 이스라엘과 유다가 당할 환난의 날들이오. 그리할 때에야 이 백성들이 하나님이 참 하나님이신 줄을 알게 될 것이오."

하나님의 말씀을 전하는 에스겔 선지자의 말씀을 듣다 보니 나 역시 두려운 마음이 들기 시작했다. 그러면서 동시에 하나님께서는 아직도 이스라엘과 유대 족속을 포기하지 않고 계시다는 것을 더욱 잘 느낄 수 있었다.

그때 내 옆에서 지금까지 에스겔 선지자의 말씀을 같이 듣던 이사야 선지자가 나에게 따라오라고 하더니 다른 곳으로 나를 데리고 갔다.

* * *

그곳에는 손목에 부적을 꿰어 메고 머리에는 수건을 쓴 여자들이 보였다. 그들은 자칭 하나님의 예언자라고 하면서 사람들에게 예언을 하려고 하는 것 같았는데 그 예언자들 앞으로 많은 사람들이 줄을 서서 자기 차례를 기다리고 있었다. 이스라엘 백성들을 달콤한 말로 위로하며 하나님의 말씀을 전한다고 하는 그들은 거짓 선지자였다. 우리는 조금 옆으로 비켜서서 이들 가운데 어떤 일들이 일어나나 보려고 하고 있는데 그때 마침 그곳으로 에스겔 선지자가 걸어오고 계셨다.

에스겔과 이사야 선지자는 한참 떨어진 시대의 사람들이었으나 마치 어제까지 함께했던 친구들처럼 편해 보였다. 먼저 말을 건넨 건 이사야 선지자였다.

"오늘 이곳에서 에스겔 선생을 다시 만나뵈니 더욱 은혜가 새롭습니다."

"예, 하나님의 은혜입니다."

이들은 언제나 하나님의 은혜라는 것을 늘 잊지 않고 그 은혜에 감사하는 마음이 충만하다는 걸 알 수 있었다. 또 이사야 선생님이 나를 에스겔 선생님께 소개하려 하자 에스겔 선생님은 아까부터 나를 다 보고 있었으며, 어떤 일로 이곳에 와 있는지도 알고 있다고 했다. 뿐만 아니라 지금까지 내가 믿음의 언덕에서 만났던 여러 믿음의 선생님들과도 인터뷰했다는 사실까지 이미 알고 계셨다. 나는 에스겔 선생님을 향해 조심스럽게 말문을 열었다.

"에스겔 선생님, 이렇게 선생님을 만나 뵈어 너무 감사하지만 조금 전 선생님께서 하나님의 말씀을 엄중하게 전파하신 모습을 보고 저도 너무 두려워졌어요."

"이렇게 후시대 기자 선생이 여기까지 찾아와서 우리 시대를 인터뷰하다니 참 귀하다는 생각이 드는구먼. 하지만 지금은 기자 선생이 이곳에서 꼭 봐야 할 것들이 많이 있으니 우선 그것들을 먼저 보고 대화는 나중에 하는 것이 어떻겠소."

에스겔 선생님은 조심스럽게 내 의견을 물어보셨다.

"저는 선지자 선생님들을 통해 하나님의 사랑을 더욱 깨닫게 되니 너무 감동이 되어서 선생님들을 뵈올 수 있는 것만으로도 영광이라 생각합니다."

이사야는 나에게 다른 선지자 선생님들까지도 같이 만나게 될 거라 미리 말씀해주셨다. 그리고 우리는 에스겔 선생님의 안내로 다른 곳으로 자리를 옮겼다.

그곳에는 갖가지 형태를 달리한 수없이 많은 우상들이 세워져 있었다. 그런데 많은 이스라엘 백성들이 그 우상 앞에 서더니 그 우상들을 자기들의 마음에다 받아들이는 것이었다. 그들은 이제 자신들의 신은 하나님이 아닌 눈앞에 보이고 손에 잡히는 화려하고 웅장하게 생긴 바로 그것이라며 그 우상이 복을 주고 화를 면하게 해줄 것이라고 떠들었다.

우상 앞에 절하고 경배하는 이스라엘 백성들의 모습을 바라보면서 우리는 누가 먼저랄 것도 없이 가슴을 치며 탄식하지 않을 수 없었다. 그런데 이상한 것은 에스겔 선지자는 이렇게 하나님을 버리는 이스라엘 백성들을 포기하지 않는 것 같았다. 나는 에스겔 선지자께 여쭙지 않을 수 없었다.

"에스겔 선생님, 저렇게 하나님을 버리며 하나님을 떠나는 이스라엘 백성을 어찌하여 선생님은 포기하지 않으셨나요?" "내가 포기하지 않은 것이 아니고 하나님께서 포기하지 않으신 것이라네."

가만히 이야기를 듣던 이사야 선지자가 갑자기 말을 거드셨다.

"나도 그전에 하나님께서 이렇게 말씀하시는 것을 듣고, 백성들에게 이런 말씀을 전한 적이 있다네."

"어떤 말씀인가요? 저도 얼른 듣고 싶어요."

> "오직 시온이 이르기를 여호와께서 나를 버리시며 주께서 나를 잊으셨다 하였거니와 여인이 어찌 그 젖 먹는 자식을 잊겠으며 자기 태에서 난 아들을 긍휼히 여기지 않겠느냐 그들은 혹시 잊을지라도 나는 너를 잊지 아니할 것이라 내가 너를 내 손바닥에 새겼고 너의 성벽이 항상 내 앞에 있나니" (사 49:14~16)

이렇게 말씀을 암송하는 이사야 선생님을 바라보고 있으니 선생님 마음 가운데 하나님께서 들어와 계신 것을 느낄 수 있었다. 또 이렇게 자기 백성을 찾으시며 사랑하시는 하나님의 마음을 선생님들을 통해 느끼면서 선지자의 삶이 그토록 힘들어도 그 마음에 부어주신 하나님의 마음 때문에 선지자의 험한 골짜기를 걸으실 수 있겠다는 생각도 들었다. 에스겔 선지자는 또 우리에게 보여줄 것이 있다 하시면서 어디론가 데리고 가셨다.

* * *

에스겔 선생님이 앞장서서 가는 길인데도 얼마나 험하던지 나는 골짜기 아래로 내려가다가 수없이 넘어질 뻔했다. 나만 그런 것이 아니고 이사야 선생님도 에스겔 선생님도 이 골짜기를 내려가는 것은 아주 힘든 듯 보였다. 한참을 골짜기 아래로 내려가다 보니 바로 이곳이 에스골 골짜기라는 생각이 들었다. 나는 선생님께 여쭤보았다.

"에스겔 선생님, 이곳이 혹시 성경에 나오는 에스골 골짜기인가요?"

"맞아요. 이곳이 바로 에스골의 골짜기라오. 기자 선생이 험한 이곳까지 우리를 따라왔으니 하나님의 많은 은혜가 더욱 함께하기를 축복해요."

"이렇게 이곳까지 오게 되었는지…… 저는 지금 가슴이 마구 뛰어요."

"우리 기자 선생이 이곳까지 오느라 고생하였으니 이곳에서 하셨던 하나님의 말씀을 우리 기자 선생에게 얼른 들려주겠소."

에스겔 선생님께서는 잠시 눈을 감으시고는 그 옛날 하나님의 환상을 다시 보기 원한다는 내용의 기도를 하나님께 드렸다. 그리고 잠시 후 우리 세 사람의 눈과 영혼에 정확히 그때의 환상이 다시 열려졌다. 우리는 에스겔 선지자의 시대로 들어간 것이었다.

우리가 바라본 그 골짜기에는 참으로 헤아릴 수 없을 만큼의 수많은 뼈들이 그 골짜기 전체 가득하게 모여 있었다. 그 뼈들은 아주 말랐고 각기 흩어져서 머리뼈 팔뼈 등뼈 할 것 없이 마치 바람에 흩어졌던 것처럼 이곳저곳에서 형태를 찾아볼 수 없을 정도로 뒹굴어 다닌 것 같았다.

이는 누가 봐도 죽은 지 오래된 사람들의 백골이었다. 그 뼈들을 바라보고 있을 때 갑자기 하늘에서 천둥소리 같은 음성이 들렸다.

"이 뼈들이 능히 살겠느냐."

그때 우리가 바라본 그 뼈들은 능히 살 수 없었음에도 불구하고 그 천둥소리 같은 하나님의 음성을 듣는 순간 우리 모두의 입에서는 "주여, 주께서 아시나이다" 라는 대답이 나왔다. 그때 또 하나님의 음성이 들렸다.

이번에는 조금 전처럼 천둥소리 같은 음성이 아닌 마치 친구에게 말하는 듯한 음성이었다.

"에스겔아, 너는 이 뼈들에게 대언하기를 너희 마른 뼈들아 여호와의 말씀을 들을지어다. 여호와의 말씀에 너희 마른 뼈들에게 생기가 들어가서 너희가 살아나리라 하셨다 하라."

그 말씀을 들은 에스겔 선지자는 이 뼈들이 어떻게 다시 살아날까 하는 조금의 의심도 없이 지존하신 하나님의 말씀을 들은 것이므로 그 뼈들을 향해 이렇게 외쳤다.

"너희 마른 뼈들아, 너희는 여호와의 말씀을 들을지어다. 여호와의 말씀에 너희는 마른 뼈들이라도 너희에게 생기가 들어가서 다시 살리라 하셨다"

에스겔의 외침이 있자 갑자기 그 골짜기에 아주 강한 바람이 불어오더니 그 뼈들이 움직이기 시작했다. '우그럭 우그럭'소리를 내더니 놀라운 것은 그 뼈들이 마치 퍼즐을 맞추듯 서로 들어맞아 한 사람씩의 골격을 이루어가는 것이었다. 우리는 그 뼈들에게 여호와의 말씀을 외친 것밖에는 없는데 참으로 신기한 광경이었다.

골격을 이룬 뼈들은 또 어떠한 명령을 기다리는 듯했다. 그때 에스겔 선지자가 또 다시 그 뼈들에게 명령하기를 "너희 마른 뼈들아, 여호와의 말씀을 들을지어다. 여호와의 말씀에 너희에게 힘줄이 생기고, 살이 오르고, 가죽이 덮이라고 말씀하셨느니라"고 했다.

그러자 이번에도 강한 바람이 어디선가 불어오더니 그 뼈들 위에 힘줄이 생기고 살이 오르고 그 위에 가죽이 덥히는 것이었다. 그러나 그 뼈들 가운데 아직 생기가 없어 움직일 수는 없었다. 그때 하늘에서 또 다시 에스겔에게 명령이 내려왔고 에스겔은 대언했다.

"주 여호와께서 이같이 말씀하시기를 생기야 사방에서부터 와서, 이 죽임을 당한 자에게 불어서 살아나게 하셨다 하라."

에스겔은 하나님의 명하심대로 큰 소리로 사방의 생기에게 여호와의 말씀을 대언했다.

"너희 생기들아, 사방에서 불어와서 이 죽임을 당한 마른 뼈들에게 들어가서 이 뼈들로 하여금 살게 하라."

이와 같이 에스겔 선지자가 큰 소리로 사방의 생기에게 외치자 또 강하고 급한 바람 같은 것이 불더니, 생기들이 사방에서 불어와 그 뼈들에게 들어가는 것을 우리는 다 같이 보게 되었다. 그리고 잠시 후 그 뼈들에게 생기가 들어가자, 그들이 살아 일어나 서는데 극히 큰 군대를 이뤘다.

우리는 너무나 놀라 가만히 서 있는데 그때 하나님의 음성이 다시 들려왔다.

> "인자야 이 뼈들은 이스라엘 온 족속이라 그들이 이르기를 우리의 뼈들이 말랐고 우리의 소망이 없어졌으니 우리는 다 멸절되었다 하느니라" (겔 37:11)

그때 또 다시 하나님의 말씀이 에스겔에게 임한 듯, 에스겔은 잠시 눈을 감고 하나님의 말씀을 듣더니 어디에선가 막대기 두 개를 가져왔다. 그리고 한 막대기에는 '유다와 그 짝 이스라엘' 이라고 쓰고, 또 한 막대기에는 '에브라임과 요셉' 이라고 쓰는 것이었다. 에스겔은 그 두 막대기를 묶어 하나로 만들었는데 그것은 다름 아닌 십자가였다. 두 막대기가 에스겔의 손에서 하나 되어 십자가를 이루고 있었다.

우리는 서로의 얼굴을 마주보며 이것이 무엇일까 생각했다. 그때 깨달아지는 것이 '십자가의 구원'이라는 것이었다. 그렇다. 하나님께서 바로 이것을 계획하신 것이었다. 장차 하나님의 아들을 세상에 보내신다는 하나님의 말씀이었던 것이다. 죄로 말미암아 죽어가는 이스라엘 백성 같은 세상의 인간들을 십자가의 은혜로 구원하실 것이라는 하나님의 뜻이 깨달아지자 나의 눈에서는 뜨거운 눈물이 흘러내렸다. 그때 또 다시 에스겔 선지자에게 하나님의 말씀이 임했다.

"내가 이스라엘 자손을 잡혀 간 여러 나라에서 인도하며 그 사방에서 모아서 그 고국 땅으로 돌아가게 하고 그 땅 이스라엘 모든 산에서 그들이 한 나라를 이루어서 한 임금이 모두 다스리게 하리니 그들이 다시는 두 민족이 되지 아니 하며 두 나라로 나누이지 아니할지라 그들이 그 우상들과 가증한 물건과 그 모든 죄악으로 더 이상 자신들을 더럽히지 아니하리라 내가 그들을 그 범죄한 모든 처소에서 구원하여 정결하게 한즉 그들은 내 백성이 되고 나는 그들의 하나님이 되리라 …… 나는 그들의 하나님이 되고 그들은 내 백성이 되리라 내 성소가 영원토록 그들 가운데에 있으리니 내가 이스라엘을 거룩하게 하는 여호와인 줄을 열국이 알리라 하셨다 하라" (겔 37:21~28)

이와 같은 하나님의 말씀을 듣는 에스겔 선지자의 눈에서는 한없는 감사의 눈물이 흐르기 시작했다. 뿐만 아니라 이 하나님의 사랑을 같이 느끼는 이사야 선지자의 얼굴에서도 빗줄기 같은 눈물이 뺨을 타고 흘러내리고 있었다. 나 또한 선지자들과 함께 하나님의 깊은 마음과 하나님의 사랑을 알고 나니 더욱 힘이 새롭게 넘치는 것 같았다.

그때 문득 예레미야 선지자가 생각나며 빨리 달려가서 이 놀라운 하나님의 말씀을 예레미야 선지자에게도 알려드리고 싶다는 생각이 간절해졌다. 이사야 선지자도 나의 마음을 알아챈 듯 말문을 열었다.

"기자 선생, 기자 선생이 지금 누구를 찾는지 알겠으니 우리 같이 거기로 가도록 하지."

"저도 이렇게 하나님의 뜻을 알았으니 편한 마음으로 거기로 함께 가겠습니다."

이사야 선지자의 말에 에스겔 선지자도 동의하며 함께 동행해줄 것을 약속해주었다. 나는 그저 감사한 마음에 느낀 것에 대해 말했다.

“선생님들, 이렇게 어느 시대나 하나님은 자기 백성들을 너무나 짝사랑하시는 것 같아요.”

“맞소. 그분의 짝사랑이오. 그분은 아비이시기에, 자기 자녀들을 사랑하시는 아비이기 때문에…….”

이렇게 이야기를 나누며 우리는 다시 그 골짜기, 즉 에스골 골짜기에서 올라오기 시작했다. 그 골짜기는 여전히 험한 길이었는데도 우리의 발걸음은 왠지 모르게 설레는 듯 내려갈 때 보다는 한결 쉽다고 느껴졌다. 아마도 에스겔 골짜기를 올라오는 우리의 가슴에 변치 않으실 하나님의 신실한 언약을 품었기 때문이 아닐까 생각했다.

에스겔 골짜기를 다 올라온 우리에게 보이는 곳은 다름 아닌 얼마 전 예레미야 선지자가 유대 백성들에게 고난당하던 곳이었다. 선생님들과 나는 바로 예레미야 선지자부터 찾기 시작했다. 설마, 그 포악한 유대 사람들이 선생님을 죽이지는 않았을까 하는 걱정된 마음으로 이곳저곳을 찾아다니며 안절부절못하는 나의 마음을 이미 알고 계신 듯 이사야 선생님은 나를 향해 이렇게 말씀하셨다.

“기자 선생, 하나님의 종들이 하나님의 사명을 다 완수하기까지는 하나님께서 그들을 지켜 주시며 보호하시니 너무 걱정하지 마시오.”

이사야 선생님이 이렇게 말씀하시자 에스겔 선생님도 그 말에 동의하며 나를 안정시켜주기 위해 노력했다.

“맞습니다. 하나님께서 우리를 지켜주시지 않으면 우리는 언제 어디에서 누구에게 죽임을 당할지 모르는 선지자들이니까요.”

“그러나 하나님의 계획하심으로 어느 선지자들은 하나님의 말씀을 전하다가 죽게도 하시지요.”

“그럼에도 하나님의 선지자들은 하나님의 마음을 이미 알기에 죽음도 두려워하지 않고 저들에게 하나님의 말씀을 전하지요.”

“그런데 이사야 선생님, 저희들이 알기로는 많은 거짓 선지자들도 있다고 들었어요. 예를 들면, 이스라엘 아합 왕 시대에 미가야 참 선지자 말고는 거짓 선지자들이 사백 명이나 있다고 들었거든요.”

내 질문에 이사야 선지자는 친절하게 답해주었다.

“어느 시대나 하나님의 말씀을 바로 전하는 것은 완악한 백성들이 심히 미워하는 것이지요. 저들은 듣기에 달콤하고 좋은 말들만을 들려주기 원하니까 참 하나님의 선지자들은 이렇게 많은 고난을 당하다가 죽기도 하지요.”

통곡하는 사나이

예레미야 선지자를 찾기 위해 이곳저곳 돌아다니는 우리 앞에 어떤 한 사람이 나타나 보였다. 그는 어느 한적한 곳 길바닥에 주저앉아 꺽꺽 울고 있었다. 나는 도대체 어떤 사람이, 왜, 무엇 때문에 길바닥에 주저앉아 저리도 슬피 울고 있는 것일까 궁금해 다가가 보았다. 곁으로 다가가서 보니 이 남자는 얼마나 울었던지 눈이 통통 부어 있었고 목은 콱 잠길 정도로 쉬어 있었다. 그때 내 곁으로 다가오신 이사야 선생님께서 그 사람에게 말을 붙이셨다.

"그렇게 울만 하지요. 그렇게 울지 않을 수 없지요."

이렇게 말씀하시는 이사야 선지자의 얼굴을 보니 그 또한 길바닥의 남자처럼 울고 싶은 표정이었다. 뿐만 아니라 에스겔 선지자까지도 그 둘을 바라보고는 고개를 끄덕이며 슬픈 표정을 지어보였다. 그리고 그때 나는 그분이 바로 우리가 찾는 예레미야 선지자라는 것을 알게 되었다.

그가 살아 있다는 사실에 안도하기도 전에 저렇게 울고 계신 선지자를 바라보다가 '어쩜 저 눈물은 아마도 하나님께서 흘리시는 눈물이 아닐까?' 라는 생각까지도 하게 되었다. 그래서인지 예레미야를 바라보며 나도 같은 마음으로 울고 싶어졌다.

우리가 옆에서 자신을 바라보고 있었다는 것을 한참이 지나서야 알게 된 예레미야 선지자는 그래도 울음을 그칠 수 없는 듯 꺽꺽 한동안을 더 우셨다.

서로 말은 안 했어도 선지자들은 벌써 서로가 누구라는 것을 알고 있는 듯 보였다. 그리고 어떤 일로 그곳에 오게 되었는지까지 알고 있었기에 서로들 눈빛으로 마음으로 통하는 것 같았다.

한참을 우시던 예레미야 선지자는 길바닥에서 일어나시며 흙 범벅이 된 옷자락을 털털 털었다. 그러더니 내게로 다가와 손을 내밀어 악수를 청해주었다. 나는 참으로 죄송한 마음이지만 궁금한 것을 여쭙지 않을 수 없었다.

"예레미야 선지자님, 어찌하여 무슨 사정으로 그렇게 우셨습니까?"

"기자 선생, 이곳까지 찾아와줘 정말 고맙소. 나는 지금 유대 나라가 망할 것을 바라보고 이렇게 울고 있다오."

"유대 나라가 왜 망해야 합니까? 하나님의 특별한 은혜를 입은 하나님의 선민 된 백성이 아닙니까? 그리고 이 나라는 아브라함과 이삭과 야곱의 후손 된 백성들이 아닙니까?"

"이 백성들은 스스로 아브라함의 후손들이라 하면서 하나님 앞에 패역하고 범죄하며 그 하나님의 율법을 버리고 하나님을 버리고 우상을 숭배하며 포악하고 교만하며 하나님을 등진 완악한 백성들입니다."

"그러면 조금 전 우리가 만났던 바벨론에 포로로 잡혀간 그 백성들입니까?"

옆에서 예레미야 선생님과 나와의 대화를 듣고 있던 에스겔 선생님이 대신해 대답해주셨다.

"맞지요. 그 백성들입니다. 하나님께서는 그 백성들을 그렇게 바벨론에 넘겨버리시기 전에 그 백성들이 하나님 앞에 회개하고 바로 돌아오라고 이렇게 예레미야 선지자님 같은 분들을 보내어 하나님의 말씀을 선포하셨지요."

그 말을 듣자 나는 생각나는 것이 있었다. 얼마 전 에스겔 선지자를 만나러 가기 전에 이곳에 잠시 들렀을 때였다. 예레미야 선지자가 유대 백성들에게 바벨론에 항복하라고 외칠 때 유대 사람들은 예레미야를 향해 매국노라 하면서 돌로 쳐서 죽이려 했던 것이 생각났다. 그렇게 우리가 이야기를 나누고 있을 때 유대 나라의 군병들이 여럿이 몰려와 예레미야를 포박하여 잡아갔다. 예레미야 선생님은 당연히 올 것이 왔다는 듯 우리에게 눈짓을 하고는 그의 길을 가셨다.

나는 이사야 선지자와 에스겔 선지자와 함께 어쩔 수 없이 예레미야 선지자가 가는 모습을 바라볼 수밖에 없었다. 내 옆에 있는 두 선지자는 마땅히 선지자들이 당해야 하는 고난이라는 듯이 묵묵히 하나님께 기도하며 잠잠히 계셨다.

* * *

예레미야 선지자가 잡혀가 어떻게 될지 걱정되는 마음에 발을 동동 구르자 내 옆에 계신 선생님들이 같이 가자며 나의 손을 잡아끌었다. 그리고 잠시 후 예레미야 선지자가 끌려간 곳으로 와서 보니 그곳은 아주 깊은 우물 앞이었다.

우물에는 다행히 물은 말라 없었지만 그 안은 수렁 같은 진창이었다. 그리고 이미 예레미야 선생님은 그 우물 안으로 던져져 우물 안 진창 가운데서 허우적거리며 발버둥치고 계셨다. 선생님을 우물 안으로 던진 사람들은 어디로 갔는지 주위에는 아무도 보이지 않았다.

그때 우물에서 조금 떨어진 곳에서 어떤 사람이 지금 이 모습을 먼 발치에서 바라보고 있음을 알 수 있었다. 그 사람이 급히 어디론가 달려가는 것을 보며 나는 마음속으로 제발 저 사람이 예레미야를 이 우물 안 구덩이에서 건져주기를 기도하며 상황을 지켜보고 있었다. 내 옆의 선생님들은 하나님 앞에 간절히 기도하고 계신 것 같았다. 그때 내 마음에 들려오는 하나님의 말씀 한 구절이 생각났다.

> "내가 너로 이 백성 앞에 견고한 놋 성벽이 되게 하리니 그들이 너를 칠지라도 이기지 못할 것은 내가 너와 함께 하여 너를 구하여 건짐이라 여호와의 말씀이니라 내가 너를 악한 자의 손에서 건지며 무서운 자의 손에서 구원하리라" (렘 15:20~21)

나는 언젠가 읽었던 이 말씀을 마음속으로 계속 암송하며 하나님의 구원의 손길이 예레미야에게 임하기를 간절히 기도했다. 그때 조금 전 먼발치에서 이 광경을 지켜보던 사람이 몇 사람의 장정들을 데리고 오더니 헌 옷자락을 찢어서 그 헝겊으로 줄을 만들어 그 줄을 구덩이 안 예레미야에게로 내려 보내는 것이었다.

잠시 후 예레미야가 그 줄을 잡고 진창 구덩이에서 올라왔는데 옆에서 그 모습을 지켜보니 다행히 목숨은 살아 있는 것 같았으나 조금만 늦었으면 큰일이 났을 거라는 생각이 들어 안타까워졌다. 예레미야는 목숨은 살아 있어도 이미 거의 탈진 된 상태였으므로 일어나지도 못하고 말도 못 하는 것 같았다. 그때 예레미야를 구해준 그 사람이 예레미야에게 귓속말하는 것이 들렸다.

"이미 성중에 양식이 다 떨어져 굶어 죽어갈 수 있으니 시위대 뜰 안 감옥에 갇히시는 것이 낫겠습니다."

그는 예레미야를 데리고 시위대 뜰 안 감옥으로 데리고 갔다. 그리고 그 장면을 바라보던 우리는 예레미야가 어느 곳에 있든지 하나님께서 함께해주시기만을 간절히 기도했다.

* * *

우리는 얼마 후 예레미야가 갇혀 있는 시위대 뜰 안 감옥으로 찾아갔다. 그곳에서도 예레미야는 하나님께 유대 나라를 버리지 말아달라고 간절히 기도하며 지내고 계셨다. 예레미야 선생님은 수종자 바룩이라는 청년이 오자 말씀을 적은 두루마리를 주면서 그 말씀은 꼭 유대 백성뿐만 아니라 후시대 사람들에게까지 전해야 할 하나님의 약속의 말씀이니 잘 간직하라고 당부했다.

두루마리의 말씀이 어떤 말씀인지 궁금하게 생각할 때에 나의 마음을 이미 알고 계신 이사야 선생님께서 바룩에게 다가가 무엇이라 말씀하시니 예레미야의 수종자 바룩이 빙그레 웃으며 나에게 다가와 두루마리를 읽어보라고 건네주었다.

너무 감사한 마음에 어쩔 줄 몰라 하면서 그 두루마리를 펼쳤는데 놀라운 것은 그 두루마리에 기록된 하나님의 말씀이 히브리어로 기록되었는데도 내 눈에 쏙 들어오면서 분명히 한 말씀 한 말씀 읽혀질 뿐 아니라 그 뜻 또한 깨달아진다는 것이었다. 나는 너무 감사해 그 말씀을 바로 내 마음 판에 기록하듯이 새기며 외어 암송한 후 그 두루마리는 조심스럽게 바룩에게 다시 돌려주었다.

선생님들은 그곳을 떠나 또 다른 선지자들을 만나야 한다며 다른 곳으로 나를 데리고 가셨다. 그에 앞서 나는 다른 곳으로 가기 전에 예레미야에게 주신 하나님의 말씀을 기록해두려고 그동안 매고 다녔던 배낭을 잠시 내려놓고 배낭 안에서 메모지를 꺼내어 그 말씀을 기록했다.

> "바벨론에서 칠십 년이 차면 내가 너희를 돌보고 나의 선한 말을 너희에게 성취하여 너희를 이곳으로 돌아오게 하리라 여호와의 말씀이니라 너희를 향한 나의 생각을 내가 아나니 평안이요 재앙이 아니니라 너희에게 미래와 희망을 주는 것이니라 너희가 내게 부르짖으며 내게 와서 기도하면 내가 너희들의 기도를 들을 것이요 너희가 온 마음으로 나를 구하면 나를 찾을 것이요 나를 만나리라 이것은 여호와의 말씀이니라 나는 너희들을 만날 것이며 너희를 포로된 중에서 다시 돌아오게 하되 내가 쫓아 보내었던 나라들과 모든 곳에서 모아 사로잡혀 떠났던 그곳으로 돌아오게 하리라 이것은 여호와의 말씀이니라 …… 예레미야가 아직 시위대 뜰에 갇혀 있을 때에 여호와의 말씀이 그에게 두 번째로 임하니라 이르시되 일을 행하시는 여호와, 그것을 만들며 성취하시는 여호와, 그의 이름을 여호와라 하는 이가 이와 같이 이르시도다 너는 내게 부르짖으라 내가 네게 응답하겠고 네가 알지 못하는 크고 은밀한 일을 네게 보이리라" (렘 29:10~14; 33:1~3)

호세아와 고멜

나는 두 선생님들과 함께 다시 어느 도시에 도착했다. 그곳에서도 여러 사람들이 웅성웅성 모여서 무엇인가를 구경하고 있었다. 그리고 그곳의 모습이 재미있는 듯 어떤 사람들은 킥킥킥 웃으며 놀려대고 있었다.

우리는 그곳에 또 어떤 일들이 일어나는가를 보려고 가까이 다가가서 그 웅성거리며 모여 구경하는 사람들을 제치고 보니 놀라운 광경이 펼쳐지고 있었다.

아주 험악하게 생긴 사람이 모여 있는 사람들에게 소리소리 지르며 외치기를 "여러분, 여러분들 누구든지 이놈을 사시오. 이놈을 은 열 개만 주고 사시오" 라고 하는 것이었다. 그 우악스런 손으로 머리카락을 움켜쥐고 있는 사람은 다름 아닌 어린 남자 아이였다. 이제 갓 열 살 정도나 되어 보이는 남자 아이를 팔려고 하고 있었다.

"이놈을 사면 이제부터 이놈이 죽을 때까지 마음껏 부려먹을 수 있소. 이놈은 평생 노예가 되어 당신들에게 돈을 벌어줄 것이오."

인신매매하는 사람들의 외침을 듣고 그 구경하던 사람들 중에 어떤 남자가 앞으로 나오더니 아이의 몸값을 물었다.

"그 놈 몸값이 얼마요?"

그러더니 그는 앞으로 나와 남자 아이를 이곳저곳 훑어보기 시작했다. 남자 아이의 두 눈은 겁에 질려 있었고 몸은 발발 떨고 있었다. 아이의 누더기 같은 옷은 간신히 하체만 가려주고 있을 뿐이었다.

“이놈을 은 열 냥만 주고 사가시오.”

그때 아이를 여기저기 둘러보던 한 상인은 말하기를 “이놈은 아직 어려서 부려먹으려면 한참을 더 키워야 하니 은 다섯 냥에 파시오” 라고 했다.

그러자 인신매매범은 “다섯 냥으로는 안 된다”며 일곱 냥에 어린 아이를 넘겨준다고 했다.

무서움과 두려움으로 발발 떠는 그 어린아이를 그들은 짐짝 던지듯 상인에게 던지고 일곱 냥의 돈을 받는 모습이었다. 그러고는 또다시 이렇게 외치기 시작했다.

“자, 이제 또 기가 막히게 좋은 물건 하나가 있습니다. 누구든지 이 물건을 사시오.”

그 옆으로 한 여인이 어느 남자 손에 잡혀 질질 끌려오고 있었다.

“잘 보시오, 이 여자는 다름 아닌 고멜이오.”

인신매매범이 그녀의 이름을 말하자 이곳저곳에서 웅성거리기 시작했다.

“저 여자가 고멜이래.”

“그 유명한 창녀 고멜이라고?”

“저 더러운 년이 어떻게 여기에 팔리러 왔어?”

“저 년이 자기 남편을 버리고 또 창기 짓을 하려고 도망 나왔다가 이곳에 팔려왔댔잖아.”

“저년은 하도 창기 짓을 많이 해서 더러워 누가 사지도 않을 텐데…….”

그 모습을 선생님들과 함께 바라보고 있자니 하도 기가 막혀 아무런 말도 할 수가 없었다. 그때 갑자기 어떤 사람이 헐레벌떡 달려오더니 사람들을 헤치고 그 안으로 들어와 사람들 손에 잡혀 있는 그 창기 여인을 향해 손을 내밀었다. 그는 바로 호세아 선지자였다.

"내가 이 여인을 사겠소. 내가 이 여인의 몸값을 지불할 테니 나에게 넘기시오."

그제야 여인은 꼭 감았던 눈을 뜨더니 자기 남편 호세아 선지자가 자기 앞에 서 있는 것을 보며 눈에서 눈물을 줄줄 흘렸다.

"이 년의 몸값은 은 열다섯 냥이오."

"좋소. 내가 그 돈을 다 주겠소."

호세아는 이 여자가 다른 사람에게 팔리지 않은 것을 다행으로 여기는 듯 가슴속 옷자락 안에서 돈 주머니를 꺼내더니 은 열다섯 냥을 건네는 것이었다. 그러고는 더러워진 옷에 머리카락까지 헝클어져 산발이 된 고멜의 손을 잡았다.

"자, 집으로 갑시다."

고멜은 그때까지도 두려움에 발발 떠는 음성으로 입을 열었다.

"내가 여기로 팔려온 것을 어떻게 알았나요?"

"하나님께서 가르쳐주시고 가서 당신을 데려오라고 하셨소."

"당신은 내가 당신에게서 도망 나와 또 얼마나 창기 짓을 많이 했는지 알고 있나요?"

"알고 있소. 그리고 그러한 이유로 나도 솔직히 당신을 찾아오기가 정말 싫었소. 하지만, 나는 하나님의 말씀을 거역할 수가 없다오."

"그렇게 내가 비웃고 조롱하는 그 하나님이 왜 나 같은 여자를 버리지 않으시고……."

"그것은 바로 하나님께서는 자기 백성들을 버리지 못하시고 사랑하시는 하나님이시기 때문이오."

"우리 아이들은 어떻게 되었나요?"

"내가 당신이 없는 그때에도 아이들을 잘 돌보았으니 아이들 걱정은 하지 말고 어서 집으로 갑시다."

이렇게 호세아가 아내 고멜을 은돈 열다섯 냥을 주고 인신매매범으로 부터 찾아 집으로 데려가려고 할 때 많은 사람들이 호세아의 앞을 가로막고는 너도나도 한 마디씩 던졌다.

"여보시오, 호세아! 당신은 선지자가 아니오. 하나님의 말씀을 전한다는 거룩하다는 선지자가 어떻게 저리도 더러운 창기 여자를 아내로 맞이할 수가 있단 말이오?"

"당신도 저 더러운 창기 년처럼 더러운 사람이오. 그러니 우리에게 하나님의 말씀을 전한다는 말은 이제 하지 마시오."

"우리는 이제 당신을 통해서 하나님의 말씀을 듣지 않겠소."

"당신이 우리에게 이런 일을 통해서 가르치는 것이 무엇이오?"

그러자 호세아는 자신을 향해 비웃고 조롱하는 유대 사람들을 향해 이렇게 말했다.

"옳소, 맞소. 그러나 생각해보시오. 우리는 이 더러운 고멜과 마찬가지로 하나님 앞에 더러워진 유다 백성들이오. 고멜이 나를 버리고 다른 남자를 찾아다니며 더러운 음행을 행한 것처럼 여러분들도 우리의 남편 같은 하나님을 버리고 다른 이방 신들을 찾아다니며 더러운 우상들을 섬기며 행음들을 하였소. 우상의 죄악으로 더러워진 사람들은 창기라고 여겨야 마땅하오. 그러나 하나님께서는 당신들을 버리지 못하셔서 나에게 고멜을 사오라고 하신 것처럼 여러분들 앞에 가시로 길을 만들어 다시는 여러분들이 하나님을 버리고 다른 것들을 찾아가지 못하게 막을 것이오."

"그러면 하나님께서 우리 앞에 가시밭길 같은 고난들을 주어서 우리가 그 고난 때문에 하나님 앞에 다시 돌아가게 하신단 말이오?"

"그렇소, 당신들이 이렇게 음란한 내 아내 고멜처럼 하나님을 버리고 떠나는 것이나 내 아내가 나를 떠나 음행을 하는 것이나 무엇이 다를 바 있겠소. 그러니 지금이라도 그 음행 같은 우상들을 버리고 여러분의 남편 되시는 하나님께로 돌아오시오."

"우리가 그런다고 당신의 하나님께로 돌아갈 것 같소?"

"그렇다면 여러분들은 아골 골짜기 같은 길로 살아가게 될 것이오. 그때 여러분들의 삶에는 양식이 끊어지고 포도주가 없어지며 여러분들이 좋아하는 양털도 없어지고 여러분들이 수고하여 얻을 삼도 없어질 것이오. 여러분들이 수고하여 농사를 지어도 그 수고가 헛되이 돌아가고 여러분들이 의지하였던 양식이 끊어질 때, 기근과 고난이 막심하여 아골 골짜기 같은 고난의 삶을 살 때 그때에는 여러분들이 하나님을 찾을 것이오. 그리고 그때에는 여러분들이 다른 신들을 찾지 않을 것이오. 그때가 되어서야 여러분들은 하나님께서 우리에게 복을 주시고 은혜를 주셔야 산다는 것을 느끼며 하나님을 찾을 것이오."

"그래도 우리는 이제부터 하나님을 찾지 않으며 이방인들처럼 하나님 없는 삶을 살아보겠소."

"그렇다면 이제 하나님께서는 우리 유대를 떠나 다른 곳으로 가 계실 것이오. 그리고 우리 유대 사람들이 간절히 하나님을 찾기를 기다리고 계실 것이오."

"우리가 언제 하나님을 찾나 보시오. 아마도 그런 날은 없을 것이오."

"귀가 있는 자는 들으시오. 오늘 내가 전하는 하나님의 말씀은 분명히 하늘도 듣고 땅도 듣고 여러분들도 다 들었소. 자, 귀를 기울여 들으시오. 하나님의 말씀에 이 백성이 하나님의 말씀을 듣지 않으므로 하나님을 아는 지식이 없어서 망한다고 하였소. 제사장들도 들으시오. 이스라엘 족속들도 듣고 깨달으시오. 그리고 왕족들도 귀를 기울여 들으시오."

호세아 선지자는 이후로도 한참을 말씀을 전했다.

"에브라임은 내가 알고 이스라엘은 내게 숨기지 못하나니 에브라임아 이제 네가 음행하였고 이스라엘이 더러워졌느니라 그들의 행위가 그들로 자기 하나님에게 돌아가지 못하게 하나니 이는 음란한 마음이 그 속에 있어 여호와를 알지 못하는 까닭이라 …… 그들이 양 떼와 소 떼를 끌고 여호와를 찾으러 갈지라도 만나지 못할 것은 이미 그들에게서 떠나셨음이라…… 에브라임이 자기의 병을 깨달으며 유다가 자기의 상처를 깨달았고 에브라임은 앗수르로 가서 야렙 왕에게 사람을 보내었으나 그가 능히 너희를 고치지 못하겠고 너희 상처를 낫게 하지 못하리라…… 오라 우리가 여호와께로 돌아가자 여호와께서 우리를 찢으셨으나 도로 낫게 하실 것이요 우리를 치셨으나 싸매어 주실 것임이라 여호와께서 이틀 후에 우리를 살리시며 셋째 날에 우리를 일으키시리니 우리가 그의 앞에서 살리라 그러므로 우리가 여호와를 알자 힘써 여호와를 알자 그의 나타나심은 새벽 빛 같이 어김없나니 비와 같이 땅을 적시는 늦은 비와 같이 우리에게 임하시리라 하니라 에브라임아 내가 네게 어떻게 하랴 유다야 내가 네게 어떻게 하랴 너희의 인애가 아침 구름이나 쉬 없어지는 이슬 같도다 그러므로 내가 선지자들로 그들을 치고 내 입의 말로 그들을 죽였노니 내 심판은 빛처럼 나오느니라 나는 인애를 원하고 제사를 원하지 아니하며 번제보다 하나님을 아는 것을 원하노라" (호 5:1~6:6)

"도대체 하나님은 어떤 분이시기에, 우리 유다와 이스라엘을 그렇게 기다리신단 말이오."

모여 있던 사람 가운데 한 명이 호세아의 말씀에 질문을 했다.

"내가 내 아내 고멜이 음란으로 더러워진 여인이지만 버릴 수 없는 것처럼 하나님께서는 자기 백성을 버릴 수 없는 그 사랑으로 사랑하시는 분이시오. 그 하나님이시기에 그렇소."

이 말을 마치고 호세아는 고멜의 손을 끌고 어디론가 가버렸다. 그리고 그런 호세아의 모습을 바라보던 나는 아무런 할 말을 생각할 수 없었다. 이렇게 하나님의 선지자와 하나님의 백성들이 강력하게 대항하는 모습은 처음이었다. 어쩜 지금까지의 내 모습과도 같다는 생각에 깊은 한숨이 저절로 나왔다.

나는 호세아 선지자에 대한 궁금증이 많이 생겨 그를 따라 그분이 가는 곳으로 가려고 했다. 그러자 이사야 선생님이 나를 말렸다.

"내가 얼마 후에 다시 선지자들을 한 곳으로 모을 것이니 그때 가서 호세아 선지자를 만나보고 지금은 우리가 또 다시 가야 할 곳이 있으니 그곳으로 빨리 갑시다."

이사야 선생님의 말씀에서 무언가 지금 긴급한 일이 일어나고 있을지도 모른다는 생각이 들었다. 아니나 다를까. 이사야 선생님은 "좀 일이 급하게 되었으니 하나님께서 함께 역사하시도록 우리가 먼저 기도하고 그곳으로 갑시다" 라고 말씀했다.

"이사야 선생님, 지금 어떤 급한 일이 생긴 건가요?"

"우리 저곳으로 가서 합심하여 기도부터 합시다."

예레미야 선생님이 조금 떨어진 작은 언덕을 손으로 가리키셨다. 그리고 그곳으로 올라가신 선생님들은 누가 먼저랄 것도 없이 각기 한적한 곳에 자리를 잡더니 하나님 앞에 간절하게 기도하셨다. 나도 그곳에서 하나님 앞에 간절하게 기도하고서 잠시 후 눈을 떴더니 놀랍게도 우리가 있는 그곳은 다름 아닌 사자굴 입구였다.

우리가 선 곳은 바로 지하가 보이는 층계 앞이었는데 그곳에는 살벌한 기운이 엄습해 있었다. 얼마 안 있으면 해가 넘어가려는 듯 밖은 서서히 어두워져가고 있었고 한쪽에서는 칼을 찬 군인들이 왔다 갔다 하는 모습들이 보였다. 그들의 모습은 이스라엘이나 유대인 같지가 않았다. 그리고 얼마 전에 보았던 바벨론 사람들 같지도 않았다.

지하층 아래에서는 사자들의 으르렁대는 소리가 그 옆에만 있어도 금방 잡아 삼킬 것 같았다. 그제야 나는 왜 옆에 있던 선지자들께서 그처럼 간절히 기도하며 급히 이곳으로 오자고 하셨는지를 깨달았다. 우리 안의 사자들을 정확히 들여다볼 수는 없었지만 으르렁대는 소리만 들어도 10여 마리 이상 되는 사자들이 굶주린 채 먹이가 사자 굴로 떨어지는 것을 기다리고 있음을 알 것 같았다.

그때 이사야 선생님이 우리에게 보여줄 것이 있다면서 먼저 우리를 데리고 어디론가 가시는데 그곳은 어느 집 문 앞이었다. 그 집에는 다락방이 보였는데 창문이 활짝 열려 있었다. 그리고 그 안에서는 중년으로 보이는 젊잖게 생긴 어른 한 분이 손을 모으고 열린 창문 밖으로 먼발치를 바라보시며 하나님께 간절히 소리 내어 기도하는 것을 볼 수 있었다. 그 모습을 보며 나는 우리가 지금 다니엘 선지자에게로 왔다는 것을 깨달았다. 다니엘 선지자가 열린 창으로 유대 나라 쪽을 바라보시며 위하여 기도하시다가 다니엘을 모함하는 사람들에게 붙잡혀 조금 전 보았던 그 사자 굴에 던져지는 장면이었다.

다니엘의 기도 소리는 우리들에게도 진실하고 간절한 마음으로 전해져왔다. 얼마 후 다니엘이 바사 나라 군사들에게 단단히 결박된 채로 잡혀가는 모습까지를 보고 우리 모두는 다같이 손을 모으고 하나님의 신실한 구원의 역사가 있기를 간구했다. 눈을 떠 보니 어느새 우리는 또 사자굴 입구에 와 있었다.

밖은 어둠이 짙어 깊은 밤으로 가려던 그때, 갑자기 사자굴 입구 쪽으로 사람들이 몰려오더니 조금 전 우리가 보았던 다니엘이 많은 군사들에게 단단히 결박당한 채로 사자굴 앞으로 끌려오고 있었다. 몇 명의 군사들은 사자굴 입구 문을 열고서 지하 같은 사자굴 아래로 다니엘을 던져버렸다.

나는 그 광경을 지켜보다 내가 먼저 기절할 것만 같았다. 그러나 다니엘 선지자는 조금 전 다락방에서 기도하시던 그 모습 그대로 조금의 흐트러짐 없이 담담한 모습으로 사자 굴에 던져지셨다. 그리고 그 사자굴 입구는 큰 돌로 막아 봉하였는데 누구도 이 봉을 풀지 못하도록 왕의 도장과 귀족들의 도장으로 인 치는 것을 우리는 다 같이 옆에서 지켜보았다.

나는 이미 성경을 통해 사자굴 속에서도 하나님께서 천사들을 보내어 다니엘을 지켜주신 것과 다니엘을 모함하던 사람들이 오히려 그의 가족들과 함께 사자 굴에 던져져서 사자의 밥이 되었다는 말씀을 읽고 들어보아 알고 있었지만 막상 다니엘의 사자굴 앞에까지 와서 지켜보고 있자니 두렵고 떨리는 마음을 어떻게 할 수가 없었다.

그렇게 두렵고 떨리는 마음으로 우리는 새벽 무렵까지 사자굴 입구에 서 하나님의 구원의 손길을 기다리며 기도하고 있을 수밖에 없었다.

내 앞에 계신 이사야 선지자도, 깊은 우물 속 진창 가운데 빠지셨던 예레미야 선지자도, 이스라엘 백성의 패역함을 그렇게 꾸짖었던 에스겔 선지자도, 모두가 할 말을 잃은 채 하나님의 선한 역사가 일어나기만을 바랄 뿐이었다.

* * *

얼마나 지났을까. 칠흑같이 어두웠던 깊은 밤은 지나가고 어디선가 여명이 밝아올 무렵, 한 무리의 사람들이 우리가 기다리고 있는 사자 굴 앞으로 달려왔다. 이 새벽녘 잠들지 못하고 달려온 사람은 다름 아닌 메대 왕조의 다리오 왕이었다.

다리오 왕은 사자 굴 앞으로 오더니 슬픈 목소리로 소리쳤다.

“사시는 하나님의 종 다니엘아! 네가 항상 섬기는 너의 하나님이 너를 사자 입에서 구원하시기에 능하셨느냐!”

나는 사자 굴 앞으로 달려와 슬피 부르짖는 다리오 왕의 모습을 옆에서 지켜보며 다니엘의 믿음이 얼마나 신실했기에 또 그 나라와 백성 앞에 얼마나 성실하고 정직했으면 다리오 왕이 다니엘을 그토록 귀하게 여기는지 궁금해졌다.

이렇게 외치는 다리오 왕은 다니엘이 섬기는 그 하나님께서 사자 입에서까지 다니엘을 구원하시리라 굳게 믿는 것 같아 보였다. 혹시라도 그 하나님께서 다니엘을 구원하지 않았을지라도 조금도 두려움 없이 그가 섬기는 하나님 앞에 목숨을 다해 섬기는 다니엘의 그 믿음이 다리오 왕의 마음에는 놀라운 충격과 믿음으로 다가온 듯 보였다.

다리오 왕의 슬피 부르짖음 앞에 그곳에 모인 사람들이 숨을 죽이고 기다리고 있을 그때, 깊은 새벽 적막을 깨고 그 불안과 초조의 침묵을 깨고 사자굴 안에서의 강하고 힘찬 또랑또랑한 다니엘의 목소리가 들렸다. 그 소리는 사람의 소리와 같지 않고 뇌성벽력과도 같은 하나님의 소리처럼 사자굴 입구에 울려 퍼졌다.

"왕이시여! 만수무강 하옵소서. 나의 하나님이 이미 그의 천사를 보내어 사자들의 입을 봉하셨으므로 사자들이 나를 상해하지 못하였사오니 이는 그 앞에 나의 무죄함이 명백함이오며 또 왕이여 나는 왕에게도 해를 끼치지 아니하였나이다."

사자굴 안에서 들리는 다니엘의 소리로 인하여 다리오 왕은 얼마나 감격했는지 추상같은 호령 소리로 외쳤다.

"여봐라! 어서 속히 다니엘을 건져 올려라. 다니엘을 사자굴에서 건져 올려라."

다리오 왕의 위엄찬 호령 앞에 그 새벽에 왕을 호위하던 신하들과 군사들은 왕의 입에서 채 말이 다 떨어지기도 전에 다니엘을 사자굴에서 건져 올렸다.

다리오 왕은 다니엘이 사자굴에서부터 올려지는 그 순간도 참기 어려웠는지 안절부절 못하며 이리저리 왔다 갔다 하기를 반복했다. 그곳의 신하들과 군사들과 모여 있던 사람들은 그 누구도 제대로 숨을 쉴 수가 없었다.

잠시 후 사자굴 문이 열리며 다니엘이 올라왔다. 그리고 그곳에 모인 사람들은 일제히 소리를 질렀다.

"다니엘이 살았다! 다니엘이 살았다!"

"그 신이 살려주셨다! 다니엘이 믿는 신이 다니엘을 살려주셨다!"

다리오 왕은 다니엘이 사자 굴에서 올라오기도 무섭게 다니엘을 향해 달려가서는 다니엘을 부둥켜안고 엉엉 울었다. 그는 체면도 던져 버리고 마치 죽은 아들이 살아나 만난 것보다 더 감격하여 한동안 넋을 놓고 우는 것 같았다.

"다니엘아! 다니엘아! 하나님을 섬기는 하나님의 종 다니엘아! 너의 신이 참 신이다. 네가 섬기는 네 신이 참 신이다. 다니엘아! 네가 섬기는 그 하나님을 내가 찬양한다. 이제는 내가 너의 하나님을 섬긴다. 너의 하나님이 이제는 나의 하나님이다."

다리오 왕은 마치 아이처럼 큰 소리로 외치며 좋아서 춤을 추듯 기뻐했다. 그는 "다니엘아! 어떻게 네가 이렇게 아무 해도 없이 무사하였느냐" 하면서 행여 조금이라도 다니엘이 사자들로 하여금 상하였을까 싶어 다니엘을 이곳저곳 살펴보았다. 그러나 다니엘은 상함은 고사하고 옷 하나 찢겨지지 않았을 뿐 아니라 머리카락 하나 상하지 않은 모습이었다.

그때 다니엘은 또랑또랑한 목소리로 다리오 왕과 그곳에 모든 사람들을 향해 이렇게 말했다.

"항상 섬기는 나의 하나님을 찬양합니다. 나의 하나님이 내가 사자굴 속에 던져지기도 전에 이미 하늘에서 천사를 보내어 사자들의 입을 봉하셨으므로 사자들이 나를 전혀 상해하지 못하였나이다. 왕이여, 만수무강하시옵소서. 이는 내가 왕에게도 이 백성에게도 아무런 해를 끼치지 아니하였음을 나의 하나님이 증거하여 주셨음이로소이다."

다니엘이 이렇게 말하자 다리오 왕은 기뻐서 어쩔 줄 몰라 하며 그 모인 백성들 앞에서 하나님을 찬양했다.

"나 다리오 왕은 다니엘이 믿는 하나님을 찬양합니다. 다니엘의 하나님은 살아계신 하나님이십니다. 다니엘의 하나님을 내가 높입니다. 온 천하에 어디에 이렇게 살아계시는 신이 또 있겠습니까. 다니엘이 섬기는 그 하나님은 살아계신 하나님이십니다."

이렇게 한참을 찬양하더니 다리오 왕은 다시 지엄한 추상같은 명령을 내렸다.

"여봐라, 다니엘을 모함하던 그 신하들을 다 결박하여 끌고 오너라. 아니다, 그놈들만 죽이는 것은 경하다. 그놈들뿐만 아리라 그 처자들까지 끌고 와서 지금 내 눈앞에서 다니엘을 죽이려 하던 저 사자굴 속에 결박하여 던져라. 저놈들의 처자들까지 사자들의 밥이 되게 하라."

이렇게 급하고 엄한 다리오 왕의 명령이 채 입에서 떨어지기도 전에 군사들은 달려가서 다니엘을 모함하던 신하들과 그 처자까지 잡아와서는 사자굴 속에 던져 넣었다.

그들이 다 사자굴 속에 던져지기도 전에 사자들은 얼마나 굶주렸던지 달려들어 그들의 뼈까지도 부숴 먹는 소리가 사자굴 입구까지 들려왔다.

이때 사자굴 앞에 있던 모든 신하들과 군사들과 백성들은 다리오 왕과 다니엘 앞에 전부 다 굴복하여 엎드려 절했다.

“다리오 왕이여, 만수무강 하옵소서.”

“다니엘의 하나님을 찬양합니다. 다니엘과 그 하나님 앞에 엎드려 절합니다.”

그 장면을 함께 바라보던 나와 선생님들도 다니엘의 하나님을 찬양하며 그가 섬기는 하나님을 향한 믿음과 그 은혜를 찬양하지 않을 수 없었다. 그때 다리오 왕은 조서를 내렸다.

“온 땅에 있는 모든 백성과 나라들과 언어가 다른 모든 사람들에게도 조서를 내려 이르되 원하건대 너희에게 큰 평강이 있을지어다. 내 나라 관할 아래 있는 사람들은 다 다니엘의 하나님 앞에 떨며 두려워할지니 그는 살아계시는 하나님이시요, 영원히 변하지 않으실 이시며, 그의 나라는 멸망하지 아니할 것이요, 그의 권세는 무궁할 것이며, 그는 구원도 하시며 건져내기도 하시며, 하늘에서든지 땅에서든지 이적과 기사를 행하시는 이로써 다니엘을 구원하여 사자의 입에서 벗어나게 하셨음이라.”

이런 영광스런 하늘의 소요가 그치자 여러 선지자들이 모여 있는 곳으로 다니엘 선지자도 다가오고 계셨다. 선생님들은 하나같은 마음으로 손을 맞잡고 악수하시며 기뻐하셨다. 그때 바라보니 얼마 전 이곳으로 오기 전 헤어졌던 호세아 선지자께서도 어느새 그곳에 이미 와 계셨다.

* * *

다니엘 선생님은 여러 선지자들께서 자신이 있는 곳까지 와준 것이 너무 감사하다며 우리를 어느 곳으로 인도했다. 그를 따라가서 보니 그곳은 다름 아닌 얼마 전 사자 굴 속에 들어가시기 전에 왕의 조서에 이미 어인이 찍힌 것을 알고서도 하루 세 번씩 유대 나라와 백성들을 위하여 기도하시던 다니엘의 집이었다.

나는 마음속으로 '세상에 어떻게 이런 일이 있을까?' 생각됐다. 성경으로만 만나 뵙던 선지자들을 이렇게 한 자리에서 만난다는 것이 너무도 신기하고 감사해 어떠한 말로 인터뷰를 해야 할까 긴장되며 떨리기까지 했다.

집 안으로 들어서자 다니엘은 열 명 정도 앉을 만한 작은 다락방으로 우릴 인도했다. 다니엘 선지자는 그곳에서 유대와 그 백성들을 위해 하루 세 번씩 기도했던 것이다. 거기에는 다니엘 선지자께서 즐겨 읽으시는 두루마리 성경 외에는 다른 아무것도 없었다. 다니엘 선지자의 요청이 있었는지 한쪽에서는 남자 하인이 우리가 마실 차와 음식들을 정성껏 준비하고 있었다. 그리고 함께 있는 선지자들은 마치 오랜 친구처럼 모두가 다정하게 이야기를 나누고 있었다.

그곳에 모인 선지자들은 내가 무엇을 하고 있으며 왜 그곳에 와 있는지 다 알고 계신 듯 내가 그들과 함께하고 있다는 것을 이상하게 여기지 않는 분위기였다.

나는 문득 다니엘 선생님이 늘 열어놓고 기도하셨다는 그 창문을 통해 무엇이 보이는지가 궁금해졌다. 그때 내 마음을 어떻게 알았는지 선생님들이 나에게 그 창문을 열어보라고 했다. 사실 그때까지 나는 호세아 선생님이 음란한 여인 고멜을 데려오는 것까지밖에 못 보았기에 마음 한 편으로 호세아 선생님의 다음 이야기를 궁금해하고 있던 찰나였다. 그런데 놀랍게도 호세아 선생님께서 옆에 계시며 이렇게 말씀하시는 것이었다.

"다니엘 선생, 지금 우리 앞에 와 있는 후시대 기자 선생이 그 창문을 열어보고 싶어 하는데 선생이 열어놓고 기도하는 그 창문을 열어볼 수 있는 은혜를 우리 기자 선생에게 주면 어떻겠소?"

호세아 선생님의 제안에 다니엘 선생님은 흔쾌히 수락해주었다.

"예, 은혜랄 것까지야 있겠습니까? 기자 선생, 우리가 기자 선생에게도 고맙게 생각하는 것 알지요? 앞으로 우리 후시대 사람들에게 하나님의 사랑에 관해 잘 기록해 전해주시오. 그리고 창문을 열어보시오."

"예, 다니엘 선생님. 고맙습니다. 창문을 열어보고 하나님을 사랑하시는 그 믿음과 유대 나라와 백성들을 사랑하시어 기도하시는 그 믿음을 배우고 닮도록 노력하겠습니다."

나는 벅찬 감동과 함께 그 창문 앞으로 조심스럽게 다가가 다락방의 창문을 열어 보았다. 창문은 아주 쉽게 열렸다. 그리고 창문 밖에서는 아주 시원한 바람이 마치 기다렸다는 듯 온방 가득하게 불어왔다. 그때 방으로 들어오는 그 시원한 바람에 선지자들 이마에 흐르던 땀방울이 시원하게 씻기는 것 같았다.

그런데 그 창문이 열리자 다니엘 선생님의 눈에서는 하염없는 눈물이 볼을 타고 줄줄 흐르는 것을 볼 수 있었다. 순간 곁에 있던 선생님들 눈에서도 누가 먼저랄 것도 없이 다 같은 마음처럼 눈물이 줄줄 흘러 선지자들 모두가 소리 없이 울고들 계셨다. 그중에 지금까지 잠잠히 계시던 예레미야 선지자의 눈에서는 더욱 굵은 빗줄기 같은 눈물이 쏟아져 내렸다. 순간 예레미야 선지자를 유대 땅에서 처음 봤을 때 땅에 주저앉아 껙껙 우시던 장면이 떠올랐다.

나를 이기신 하나님

"예레미야 선생님, 저희 후시대 사람들은 선생님을 눈물의 선지자라고 이야기합니다."

"기자 선생, 잘 말해주었소. 기자 선생이 알고 있는 대로 나는 늘 울고 다녔소. 왜냐하면 우리 유대 나라가 하나님께 범죄해 바벨론에 망할 것을 하나님께서 나에게 알려주시며 유대 백성들이 회개하고 하나님 앞으로 돌아오도록 하라고 나에게 말씀하셨소. 하지만 백성들은 회개하기는 고사하고 하나님의 말씀을 들으려고 하지를 않았소."

"선생님께서 옥에 갇히셨을 때도, 그 전에 사람들에게 붙잡히셔 깊은 우물 진창에 빠져 거반 죽게 되셨을 때도, 선생님께서 당하시는 모든 고난을 저는 이사야 선생님과 함께 옆에서 지켜보았습니다."

"그것은 선지자들이 하나님의 말씀을 전하다 보면 누구나 겪는 일이라오."

"혹시 선생님께서는 하나님께 기도하시기를 '하나님, 나는 저 패역한 백성들에게 하나님의 말씀을 다시는 전하지 않겠습니다'라고 기도하신 적은 없으신지요?"

"있지. 나도 그런 기도를 몇 번은 했다오. 다시는 패역하여 하나님의 말씀을 듣지 않는 완악한 백성에게 하나님 말씀을 전하지 않으리라 다짐하고 일부러 조용히 내 움막에 머물러 밖으로 나가지도 않고 수일을 지내기도 했었지. 그런데 하나님이 나를 강하게 이기시며 때로는 하나님께서 나를 찾아오셔서 권유하시더군. 어떤 때는 강권적으로 권유하시다가 그래도 내가 그 말씀을 외치거나 전하지 않으면 부드럽게 부탁하셨고 그래도 내가 고집하면 어떤 때는 하나님께서 찾아오셔서 나를 바라보시며 말없이 그냥 눈물을 흘리셨지. 뿐만 아니라 이 백성들 때문에 울고 계시는 하나님의 눈물을 나의 눈과 마음과 영혼에 넣어주시더라고. 그 때문에 내가 하나님의 말씀을 외치고 전하지 않으면 이제 내 마음에 불이 붙어 견딜 수 없게 된 것이지. 그때부터 나는 눈물의 선지자가 되었다네."

"그랬군요. 선생님의 말씀을 듣다 보니 저도 눈물이 나서 견딜 수가 없네요."

나는 예레미야 선생님의 말씀은 잠시 후 다시 듣기로 하고 에스겔 선생님에게 궁금한 것들을 질문하기로 했다. 그때 마침 에스겔 선생님이 먼저 나에게 질문을 요청해왔다.

"나에게도 많은 질문을 해보시오. 나도 이렇게 후시대 기자 선생을 만나니 후시대 사람들에게 전해주고 싶은 하나님의 말씀이 참으로 많소."

"에스겔 선생님은 이미 바벨론에 포로로 잡혀온 이스라엘 백성들에게 하나님의 말씀을 전하셨지요?"

"나는 원래 제사장의 아들이었소. 내가 이스라엘에 있었더라면 지금쯤 나는 제사장으로서 하나님의 사명을 감당했겠지. 기자 선생도 알다시피 우리 제사장들은 백성들의 죄를 위해 하나님께 제사 드리는 것이 일이기 때문에 백성들로부터 욕을 먹거나 고난을 당할 필요가 전혀 없소."

"그런데 선생님께서는 왜 그렇게 머리카락까지 빡빡 깎으면서까지 바벨론에 사로잡혀온 이스라엘 백성들에게 고난을 당하셨나요?"

"이스라엘 백성들은 바벨론에 와서까지 하나님께 패역을 저질렀다네. 그러던 어느 날 하나님께서 나에게 찾아오셨지. 하나님께서는 나를 만나주시더니 하나님의 말씀을 전하라고 하시면서 이스라엘 백성들이 이곳에 와서까지 지은 죄들을 보여주셨다네. 그들의 죄악을 보고서 나는 도저히 잠잠히 있을 수가 없더군."

"선생님께서 이곳에서 보신 이스라엘 백성들의 죄악이 무엇인지 구체적으로 알려주실 수 있으신가요?"

"알려주지. 이스라엘 백성들의 큰 죄는 다름 아닌 하나님의 거룩하신 이름을 더럽힌 죄라네. 내가 하나님의 말씀 몇 절을 들려줄 테니 잘 들어보시오."

> "이스라엘 족속아 내가 이렇게 행함은 너희를 위함이 아니요 너희가 들어간 그 여러 나라에서 더럽힌 나의 거룩한 이름을 위함이라 여러 나라 가운데에서 더럽혀진 이름 곧 너희가 그들 가운데에서 더럽힌 나의 큰 이름을 내가 거룩하게 할지라 내가 그들의 눈앞에서 너희로 말미암아 나의 거룩함을 나타내리니 내가 여호와인 줄을 여러 나라 사람이 알리라 주 여호와의 말씀이니라 내가 너희를 여러 나라 가운데에서 인도하여 내고 여러 민족 가운데에서 모아 데리고 고국 땅에 들어가서 맑은 물을 너희에게 뿌려서 너희로 정결하게 하되 곧 너희 모든 더러운 것에서와 모든 우상 숭배에서 너희를 정결하게 할 것이며 또 새 영을 너희 속에 두고 새 마음을 너희에게 주되 너희 육신에서 굳은 마음을 제거하고 부드러운 마음을 줄 것이며 또 내 영을 너희 속에 두어 너희로 내 율례를 행하게 하리니 너희가 내 규례를 지켜 행할지라 내가 너희 조상들에게 준 땅에서 너희가 거주하면서 내 백성이 되고 나는 너희 하나님이 되리라" (겔 36:22~28)

하나님의 말씀을 전하는 에스겔 선생님의 마음에는 이미 하나님의 사랑으로 가득 찬 듯 보였다. 함께 말씀을 듣던 선생님들도 에스겔 선생님을 통해 들은 하나님의 말씀에 가슴이 뭉클해진 듯 보였다. 하나님은 이런 분이신데 어찌하여 사람들은 그 하나님을 모르고 떠나 살까 하는 마음에 인간들을 짝사랑하시는 하나님의 그 사랑 앞에 선지자들은 다 굴복하지 않을 수 없었다.

이렇게 선지자 선생님들과 함께 하나님의 사랑에 대한 말씀들을 나누고 있을 때 다니엘 선생님의 하인들이 음식을 차려 왔다. 여러 선생님들도 마침 많이 시장하신 터라 준비된 음식들을 보시고는 반갑게 맞으셨다.

그런데 이상한 것은 우리는 바벨론, 이제는 메데 파사에 와 있는데도 준비된 음식들은 놀랍게도 이스라엘 사람들의 먹는 음식들과 같다는 것이었다. 기름진 것들은 전혀 없고, 거의 다 채식들이었다. 밀가루로 누룩을 많이 넣지 않은, 겨우 조금만 부풀게 한 전병 같은 빵뿐이었으며, 음료도 포도주나 좋은 술은 전혀 없고 생수 같은 식수뿐이었다.

'아하, 그렇지. 다니엘 선생님은 어려서부터, 바벨론의 느부갓네살 왕 때부터 심지어는 왕이 주는 진미를 거절하고 채식과 물을 마시며 하나님을 섬기던 선지자가 아닌가!'

나는 잠시나마 앞에 차려진 음식들이 입에 맞지 않을 것 같은 생각에 걱정하기도 했으나 여러 선지자 선생님들이 이 음식을 얼마나 맛있게 드시는지 옆에서 지켜보던 나도 금방 식욕이 당겨 맛있게 먹었다.

그러고 보니 언제 음식을 제대로 먹었는지 기억도 나지 않았다. 이상한 것은 음식을 보기까지는 전혀 배고프다는 것을 느끼지 못한 채 선지자 선생님들과 함께하고 있었다는 것이다. 조촐하지만 정성스런 음식들로 식사를 다 마친 선생님들은 다니엘 선생님께 감사한 마음을 표현하셨다.

그리고 감사 인사를 받는 다니엘 선생님은 음식이 조촐하다는 이유로 미안해하는 것 같지 않아보였다. 그들은 이미 하나님 앞에 먹고 마시는 것은 초월했기에 어느 때든지 하나님께서 빵 한 조각 주셔도 그것으로 만족하며 그렇게 살아오신 듯했다.

식사를 마치고, 선생님들은 다니엘 선생님에게 질문을 하셨다. 가장 먼저 이야기를 꺼낸 건 이사야 선생님이셨다.

"다니엘 선생, 선생은 유대 땅에서 어려서 붙잡혀 와서 어린 시절 느부갓네살 왕 앞에서 3년을 수련 받을 그때부터 이렇게 채식과 물로 식사를 했나요?"

"예, 선생님들. 지금까지 이렇게 식사를 하고 있답니다."

다음으로 에스겔 선생님이 질문을 이었다.

"다니엘 선생이 이렇게 식사를 하시는 데는 많은 이유가 있지요?"

다니엘 선생님이 '예'라고 짧게 대답하자 에스겔 선생님은 마치 기다렸다는 듯 다시 말씀을 이어가셨다.

"다니엘 선생이 바벨론에서도 국무총리였고, 지금 메대 나라에서도 총독이지만 이렇게 식사하며 기름진 음식을 드시지 않는 것은 하나님의 백성으로 세상의 즐거움을 제하시고 언제나 신실하고 근신된 삶으로 하나님을 가까이 하시기 위해서라고 저희들은 알고 있답니다. 안타깝게도 많은 선지자들이 세상의 기름지고 배부른 음식들을 탐하다가 탐욕의 늪에 걸려 넘어진 것을 우리는 알고 있지요. 우리 선지자들이 어느 날부터 배가 불러지고, 세상의 단맛을 느끼고, 세상의 미혹된 포도주의 맛을 느끼다 보면 고난의 길로 가기가 싫어지지요. 그럼 그때부터는 하나님의 말씀이 저들에게서 멀어지게 되는 거고요. 하나님의 말씀들이 저들에게 들리지 않게 되면 그때부터는 저들은 사람의 꾀로 백성들을 만나게 되지요. 그것이 우리 선지자들에게는 무서운 죄요, 이 함정으로 인하여 거짓 선지자가 되어 버리지요."

에스겔 선생님의 말씀에 모두가 고개를 끄덕이며 같은 생각이었음을 표현했다. 그러나 나는 그 말씀을 듣는 순간 또 다른 생각이 들기 시작했다.

'나는 어찌하여 한 번도 이들과 같은 생각을 해보지 못했을까' 하는 생각과 함께 내 주변에 있는 많은 하나님의 종들이 떠올랐다. 그들 중에는 하나님의 일을 하면서 많은 물질적인 고난으로 어려운 가운데서도 신실하게 하나님 앞에 살아가는 주의 종들도 있지만 더러는 고생할 때는 선지자 선생님들 같은 영민한 모습으로 있다가 언제부터인가 조금 잘 되고 나면서부터 초심을 잃고 이 세상의 유혹에 넘어지는 것들을 봐왔기 때문이었다.

이러한 생각이 떠오르자 내 얼굴은 순식간에 어두워졌고 나의 마음은 슬픔으로 갑자기 울고 싶어지기 시작했다. 이때 옆에 있던 선생님들도 나의 마음을 알고 함께 아파해주시는 것 같았다. 나는 아직도 여쭤야 할 것들이 많이 있기에 어두워진 마음을 간신히 가다듬으며 선생님들께 질문을 이어나갔다. 먼저 다니엘 선생님께 여쭙고 싶어졌다.

"다니엘 선생님께 여쭈어 보겠습니다. 다니엘 선생님께서는 이렇게 다락방에서 하루에 세 번씩 창문을 열어놓고 기도하시다가 사자 굴에 던져지시는 고난도 통과하셨는데 그만큼 그렇게 간절하게 기도하셔야만 했던 내용이 무엇이었습니까? 혹시 이 땅에서 유대 백성들이 환난을 당할 때 그 고난 중에 하나님께서 지켜달라는 기도를 하신 것입니까?"

다니엘 선생님은 시대적인 면에서도 그곳에 모인 선지자 선생님들 가운데 제일 마지막 선지자이시지만 늘 공손하시며 인자하게 말씀하셨기 때문에 한층 더 편하게 느껴지는 분이셨다.

"제가 이곳에서 창문을 열고 기도하는 가장 큰 이유는 유대와 예루살렘의 회복 때문입니다."

"유대와 예루살렘의 회복이라니요?"

그때 다니엘 선생님께서는 나의 질문에 빙그레 웃으시면서 예레미야 선생님을 바라보셨다.

"예레미야 선생님께서 이미 하나님께 약속을 받아 놓으셨습니다."

그때 다니엘 선생님의 말씀을 들으시던 예레미야 선생님께서는 그 말씀에 매우 흡족하신 듯 금방이라도 껄껄껄 웃으실 것 같은 얼굴로 고개를 끄덕이시면서 대답 대신 고개로 맞장구 쳐 주셨다.

나는 이런 선생님들 앞에서 마치 어린아이가 보채듯 더욱 궁금한 표정을 보이자 다니엘 선생님께서 잠시 앉으셨던 자리에서 일어나시더니 눈을 감으시고 하나님의 약속된 말씀에 의지해 기도를 하셨다. 우리 모두는 다같이 눈을 감고 마음을 같이하여 그 하나님의 말씀에 귀 기울였다.

"내가 금식하며 베옷을 입고 재를 덮어쓰고 주 하나님께 기도하며 간구하기를 결심하고 내 하나님 여호와께 기도하며 자복하여 이르기를 크시고 두려워할 주 하나님, 주를 사랑하고 주의 계명을 지키는 자를 위하여 언약을 지키시고 그에게 인자를 베푸시는 이시여 우리는 이미 범죄하여 패역하며 행악하며 반역하여 주의 법도와 규례를 떠났사오며 우리가 또 주의 종 선지자들이 주의 이름으로 우리의 왕들과 우리의 고관과 조상들과 온 국민에게 말씀한 것을 듣지 아니하였나이다 …… 나의 하나님이여 귀를 기울여 들으시며 눈을 떠서 우리의 황폐한 상황과 주의 이름으로 일컫는 성을 보옵소서 우리가 주 앞에 간구하옵는 것은 우리의 공의를 의지하여 하는 것이 아니요 주의 큰 긍휼을 의지하여 함이니이다 주여 들으소서 주여 용서하소서 주여 귀를 기울이시고 행하소서 지체하지 마옵소서 나의 하나님이여 주 자신을 위하여 하시옵소서 이는 주의 성과 주의 백성이 주의 이름으로 일컫는 바 됨이니이다" (단 9:3~19)

이와 같이 간구하는 다니엘 선지자께서는 또 다시 간절한 기도에 눈물 흘리고 계셨다. 그리고 나는 하나님이 얼마나 신실하신 분이신가를 다시 한 번 깨닫게 되었다. 나는 또 다시 에스겔 선생님께 여쭙고 싶었다.

"에스겔 선생님, 하나님께서 선생님에게는 많은 이상을 보여주셨다는 것을 알고 있습니다."

"하나님은 나에게 찾아오셔서 나를 이스라엘 파수꾼으로 세워주셨다 하셨소. 하나님의 말씀을 내가 듣고, 저들에게 전하지 않아서 저들이 그 말씀을 듣지 못하여 악한 길에서 돌이켜 떠나지 않게 되면, 저들은 그들의 죄악 중에서 죽지만 그들의 핏 값을 내손에서 찾는다 하셨소. 하지만 내가 그들에게 하나님의 말씀을 들려주었는데도 그들이 듣지 않고 죽으면 나는 무사하다 하셨소. 왜냐하면 그들은 하나님의 말씀을 들었음에도 그들이 악한 길에서 돌이켜 떠나지 않았기 때문이오. 내가 하나님의 말씀을 전하였을 때 그들이 그 말씀을 듣고 그들의 악한 길에서 떠나 하나님께로 돌아오면 그들의 영혼이 살 것이며 나는 그들의 영혼을 얻을 것이라 말씀하셨소."

"저는 지금껏 하나님은 사랑의 하나님, 공의의 하나님, 은혜의 하나님이라고만 믿어왔어요. 그런데 이렇게 여러 선생님들과 함께 하나님의 말씀을 듣고 그 말씀을 외치시며 전하시는 선지자 선생님들을 만나 뵈니 제 가슴이 더욱 뜨겁게 불붙는 것 같아요."

"그 불붙는 마음 때문에 '나를 보내소서 나를 보내소서' 외치며 하나님의 말씀을 전하신 선생님이 여기에 계시지 않습니까?"

순간 나와 선생님들은 이사야 선생님을 바라보았다.

그때까지 이사야 선생님은 다른 선생님들의 말씀을 옆에서 조용히 듣고 계실 뿐 별다른 말씀이 없으셨다. 이사야 선생님은 여러 선지자 선생님들 가운데서도 제일 먼저 하나님의 부르심을 받고 선지자의 사역을 감당하신 분이었으나 언제나 깍듯하게 여러 선생님들을 배려하며 챙겨주시는 모습이 마치 하늘나라에서는 먼저 되신 분들이 이렇게 다른 분들을 섬기는 것처럼 보였다. 이때 한참을 다른 선생님들의 이야기를 듣고만 있던 이사야 선생님께서 말씀을 나누어 주셨다.

"나는 웃시야 왕이 죽기 전까지는 그렇게 하나님을 깊이 만나지 못하였소. 어쩌면 선지자라는 직분으로 웃시야 왕의 비유를 맞추며 거짓선지자같이 살았는지도 모르오. 그러던 내가 웃시야 왕이 죽자 여러 가지 두려움으로 인하여 하나님의 성소에 들어가서 기도를 하다가 하나님을 만났소. 하나님을 만나 그분을 뵙고 그분의 빛 앞에서 나를 비춰보니 내가 얼마나 부정한 자요, 입술이 더러운 불의한 자인지 알게 되었소. 나는 심히 두렵고 떨려 하나님 앞에 죽은 자처럼 엎드렸는데 그때 하나님의 거룩한 손길이 나를 어루만지시더니 하나님의 마음을 나에게 주셨소. 그때 하나님께서 하신 말씀이 이 백성들에게 하나님의 말씀을 전하러 누구를 보내어야 하는데 누가 가겠느냐고 물으시는 것이었소. 그런데 그 백성은 하나님의 말씀을 기다리는 백성이 아니요, 귀가 둔하여 하나님의 말씀을 듣기 싫어하고 완악하고 교만하여 하나님의 말씀을 멸시하는 백성들이요, 패역하고 교만한 백성들인데 그들에게 가라는 것이었지."

"이사야 선생님, 하나님의 말씀을 기다리지 않는 사람들에게, 아니 그 하나님 말씀도 듣기를 싫어하고 멸시하는 백성들에게는 정말로 가기 싫으셨겠어요."

"그랬소. 나는 정말로 가기 싫었소. 그런데 그럼에도 그들에게 아니 갈 수 없는 이유는 하나님께서 어느 분을 나에게 보여주셨기 때문이오."

"그분이 누구시던가요?"

"하나님께서는 다 아시고 계셨소. 아무리 하나님께서 백성들에게 자기의 선지자들을 보내어 하나님의 말씀을 전해도 그 죄로 더럽혀지고 타락한 백성들은 하나님 앞에, 그들에게 외치는 그 지존하신 여호와의 말씀 앞에 돌아오지 않는다는 것을."

이렇게 말씀하시는 이사야 선생님의 얼굴이 갑자기 흐려지시더니 금방이라도 울음보를 터트리실 것만 같았다. 나는 이런 선생님들께 계속하여 질문하는 것이 참으로 안타깝지만 그래도 선지자 선생님들을 통해서라도 하나님의 뜻을 듣고 후시대 사람들에게 전하고 싶은 마음에 죄송하지만 여쭙지 않을 수 없었다.

"그러면 이사야 선생님, 하나님께서는 그들이 돌아오지 않을 것을 아시고도 왜 그렇게 선지자들을 보내시어 하나님의 말씀을 외치셨나요?"

"기자 선생, 참으로 좋은 질문을 하였소. 하나님께서는 말씀을 듣지 않고 살아갈 때 얼마나 죄에 깊이 빠져 구원 받을 수 없게 되는지를 깨닫게 하신 것이오."

"구원받을 수 없는 죄인, 맞아요! 선생님, 제가 지금껏 선생님들과 함께 하나님의 역사에 대해 계속해서 듣다 보니 우리 인간에게는 의로움이라는 것이 전혀 없다는 것을 알게 되었어요. 그래서 우리 사람들은 하나님 앞에 탄식하며 울어야 할 것 같아요. 우리의 근본 된 죄의 문제, 패역한 우리의 심정에서 구원받는 하나님의 은혜를 얻도록 말이에요."

그때 이사야 선생님과 나의 이야기를 곁에서 듣던 호세아 선생님이 나의 이야기에 긍정하며 친절하게 설명을 덧붙여주셨다.

"맞아요, 기자 선생! 바로 그거예요. 그래서 그렇게 하나님과 사람들과의 끝없는 씨름이 계속되다 하나님께서 준비하신 그 마지막 비상카드를 쓰신 것이죠."

"비상카드라고요?"

호세아 선생님은 이사야 선생님을 향해 "하나님께서 예비하신 그 비상카드를 기자 선생에게 알려 주시지요"라고 했다.

"예, 하나님께서 친히 자신이 직접 한 마리의 어린양으로서 사람들의 속죄의 제물이 되실 것을 말씀하고 있지요."

이때 옆에서 듣고 있던 에스겔 선생님이 "제가 먼저 하나님의 마음을 말씀으로 전해도 되겠습니까?"하고 묻더니 다음 말씀을 전달해주셨다.

> "주 여호와의 말씀이니라 이스라엘 족속아 내가 너희 각 사람이 행한 대로 심판할지라 너희는 돌이켜 회개하고 모든 죄에서 떠날지어다 그리한즉 그것이 너희에게 죄악의 걸림돌이 되지 아니하리라 너희는 너희가 범한 모든 죄악을 버리고 마음과 영을 새롭게 할지어다 이스라엘 족속아 너희가 어찌하여 죽고자 하느냐

주 여호와의 말씀이니라 죽을 자가 죽는 것도 내가 기뻐하지 아니하노니 너희는 스스로 돌이키고 살지니라" (겔 18:30~32)

하나님의 말씀을 전하시는 에스겔 선생님의 이야기를 듣다 보니 마치 지금 하나님께서 오셔서 씀을 전하시는 것같이 느껴졌다. 하나님의 깊은 마음과 간절함이 에스겔 선생님의 마음에 가득 담겨 있는 것을 알고 있었기에 그 많은 환난과 박해를 받으면서까지 그렇게 하나님의 말씀을 전하셨나 보다 생각됐다.

나는 조금 전 이사야 선생님께서 '비상카드'라고 하신 말씀이 생각나 그 분께 다시 여쭈어 보았다.

"이사야 선생님, 조금 전 선생님께서 하나님께서 준비하신 비상카드라는 말씀을 하셨는데요, 그 말씀을 다시 전해주세요."

하나님의 마음에 대해 알기 원하는 나의 간절한 마음을 알고 계신 이사야 선지자께서는 조금 전 다니엘 선생님처럼 그 자리에서 일어나시더니 하나님의 말씀을 암송해주셨다.

"그는 멸시를 받아 사람들에게 버림받았으며 간고를 많이 겪었으며 질고를 아는 자라 마치 사람들이 그에게서 얼굴을 가리는 것 같이 멸시를 당하였고 우리도 그를 귀히 여기지 아니하였도다 그는 실로 우리의 질고를 지고 우리의 슬픔을 당하였거늘 우리는 생각하기를 그는 징벌을 받아 하나님께 맞으며 고난을 당한다 하였노라 그가 찔림은 우리의 허물 때문이요 그가 상함은 우리의 죄악 때문이라 그가 징계를 받으므로 우리는 평화를 누리고 그가 채찍에 맞으므로 우리는 나음을 받았도다 우리는 다 양 같아서 그릇 행하여 각기 제 길로 갔거늘 여호와께서는 우리 모두의 죄악을 그에게 담당시키셨도다" (사 53:3~6)

나는 조금 전 이사야 선생님께서 말씀하기를 시작하실 때 하나님께서 어느 분을 준비하셨다는 말씀이 생각나서 여쭈어보았다.

"선생님, 조금 전 선생님께서 말씀하실 때 하나님께서 어느 분을 보여 주셨다는 그분이 바로 지금 말씀 가운데 나오는 그 분이신가요?"

"그렇소. 하나님께서 나에게 보여주신 분이 바로 그분이오."

"그럼 하나님께서 그분을 이사야 선생님께 보여주셨을 그때 선생님께서 하나님께 말씀하시기를'내가 가겠나이다, 나를 보내주소서'하셨군요."

"내가 아니라도 누구든지 그분을 만났을 때는 그들도 나와 같이 그렇게 말하였을 것이오. 그리고 그분을 따랐을 것이며 그분을 전하였을 것이오."

"그럼 그분이 바로 하나님이시군요."

"오늘 그분은 지금 우리 가운데서 그분의 사랑을 부어주시며 그분의 눈물을 우리 마음에 넣어주고 계시오."

여러 선지자들과 이야기하다 보니 어느덧 시간이 많이 흘러 있었다. 나는 또 다른 선지자를 만나보고 싶은 마음에 시간을 지체할 수 없었다. 아쉬운 마음을 달래며 마지막으로 선생님들께 한마디씩만 남겨주시기를 부탁드렸다.

"마지막으로 선생님들께서 만난 하나님은 어떤 분이신지 말씀 부탁드려요."

가장 눈물이 많은 예레미야 선지자께서 먼저 말씀해주셨다 .

"내가 만난 하나님, 내 안에 계신 하나님은 '소망의 하나님'이십니다. 비록 우리가 하나님 앞에 범죄하여 하나님의 분노로 징계를 받는다 할지라도 하나님은 인자와 긍휼이 무궁하시므로 우리를 버리지 않으십니다. 하나님은 자기를 바라고 기다리는 자에게 참 소망이 되어주시는 소망의 하나님이십니다. 뿐만 아니라 하나님은 오늘도 자기의 잃어버린 자식을 찾아서 울고 다니시며 자기 자녀를 찾으시는 울보 하나님이십니다."

예레미야 선지자의 '울보 하나님'이라는 말씀 앞에 우리 모두는 한동안 아무런 말도 하지 못한 채 침묵의 시간이 이어졌다. 그때 말씀은 많지 않았어도 하나님의 사랑을 몸소 실천해 보여주셨던 호세아 선생님께서 말씀하셨다.

"음란한 여인 고멜 같은 이스라엘 백성을 끝까지 용서하시고 돌아오기를 기다리시는 하나님은 '짝사랑하시는 하나님'이시오."

그때 내 옆에 계시던 에스겔 선생님께서 말씀하셨다.

"내가 만난 하나님, 내가 전하는 하나님은 '회복의 하나님'이시오. 끝까지 자기 백성을 포기하지 않으시고 징계를 하셨다가도 다시 그 손으로 붙드시며 환난을 만났을 때라도 다시 하나님 앞으로 돌아오게 하시며, 그 은혜의 관계를 다시 회복시켜 주시는 회복의 하나님이십니다."

이번에는 사자굴 앞에서까지도 담대하고 강하셨던 다니엘 선생님께서 말씀해주셨다.

"내가 만난 하나님은 '영광의 하나님'이십니다. 온 천하만국에 살아계신 하나님의 그 능력을 증거해 보이사 온 천하로 그 하나님 영광 앞에 두려워 떨게 하시며, 하나님께서만 살아계신 참 신이신 것을 증거해주신 나의 하나님은 천하만국 앞에 영광을 받으실 영광의 하나님이십니다."

마지막으로 이사야 선생님께서 말씀해주셨다.

"나의 하나님은 '그분의 하나님'이십니다. 친히 속건제의 제물이 되셔서 우리 모두의 죄악을 친히 담당하실 한 마리의 어린양, '세상 죄를 지고 가는 어린 양' 되신 그분, 한 마리의 어린양으로서 이 땅에 다시 오실 그분의 하나님이십니다."

이렇게 선지자 선생님들과 함께 하나님의 사랑과 그 말씀 앞에 울고 웃다가 문득 나의 하나님은 어떤 하나님이실까 생각해봤다. 나는 여러 선생님들 앞에 내가 만난 하나님은 '증거의 하나님'이라고 고백했다.

"저의 하나님은 '증거의 하나님'이십니다. 제가 이렇게 만난 선지자 선생님들과 여기까지 선생님들을 통하여 온 천하에 증거 되신 하나님은 저의 마지막 호흡이 다할 때까지 때를 얻든지 못 얻든지 전하고 또 전해야 할 증거의 하나님이십니다."

선생님들과 하나님의 역사를 나누다 보니 나는 감격에 벅차올랐다. 선지자 선생님들은 삶으로 하나님의 말씀을 외치고 증거하고 계셨다. 나는 선지자 선생님들께 마지막 인사를 해야겠다는 생각이 들었다.

"이제 저도 선지자 선생님들을 본받아 마지막까지 하나님의 말씀을 외치고 전하다가 하늘나라에서 영광스럽게 선생님들을 다시 뵙겠습니다. 하나님께서 저의 손에 들려주신 복음의 바통을 꼭 쥐고 다음 후시대를 향하여 담대하게 달려가겠습니다. 언제나 선생님들과 함께하셨던 그 하나님께서 이제 또 저와 함께 달려갈 길 다 가도록 달려주실 것을 믿으며, 이제 저는 또 한분의 선지자님을 뵈옵기 위하여 이곳에 계신 선생님들과 작별하겠습니다. 선생님들, 다음에 하늘나라에서 다시 뵙겠습니다."

나의 마지막 인사에 이사야 선생님께서는 "우리 기자 선생이 다음 선지자를 만날 수 있도록 그곳으로 안내하겠소"라고 말씀하셨다.

예레미야 선생님께서는 내가 가는 길에 사명을 다하도록 기도해주자고 여러 선생님들에게 제안했다. 나는 너무 감사한 마음에 조용히 앉은 자리에서 무릎을 꿇었다. 다섯 분의 그 은혜와 능력의 손길들이 내 머리에 얹어지자 나는 곧 성령의 감전이라도 된 듯 성령의 감동으로 취하여 들어갔다.

* * *

얼마 후 정신이 들었을 때 나는 또 하나의 호젓한 산길을 걸어가고 있었다. 내 옆에는 지금까지 나를 인도해주셨던 이사야 선생님께서 함께 길을 걷고 계셨다. 나는 이사야 선생님께 누구를 만나러 가는지 말씀드리지 않았음에도 선생님은 내가 지금 누구를 만나 인터뷰하고 싶어 하는지 다 아시는 듯 나보다 앞서 두어 걸음을 걸어가시며 길동무가 되어주고 계셨다.

그런데 신기한 것은 이사야 선생님과 함께 길을 가다 보니 언제부터인지 이사야 선생님의 옷이 달라져 있었다. 먼저는 거의 속살만 가려질 듯한 옷에 신발도 신지 않은 채 벗은 발이셨는데 지금 내 앞에 가시는 선생님은 화려한 옷은 아니라도 단정하신 복장을 하고 계셨다. 발목까지 내려오는 긴 통으로 짠 듯한 옷 속에는 얇은 드레스 같은 옷에다 겉옷은 아름답게 느껴질 정도의 수가 놓아진 두루마기 같은 복장이셨다. 그리고 머리에는 두건 같은 것을 쓰고 계셨는데, 이는 우리가 사극에서 흔히 볼 수 있는 지체 높으신 대감님들 옷 같았다.

나는 이사야 선생님께서 벗은 몸, 벗은 발이셨을 때 너무 놀랐을 뿐만 아니라 하나님의 선지자께서 이렇게까지 하나님의 말씀을 행위 복음으로 전하고 계셨다는 것에 충격 같은 감동을 받았는데 이제 선생님의 복장이 바뀌어져 있는 것을 보고 얼마나 다행스럽게 생각했는지 모른다. 아마 선생님의 복장이 바뀌었던 때가 다니엘이 사자굴 앞에서 다리오 왕을 만날 무렵부터라고 생각됐다.

산 속의 엘리야

어디로 가는지는 알 수 없었지만 나는 호젓한 산길을 걷고 있었다. 몇 시간을 걸었는지 다리도 아프고 목도 말랐다. 하늘에서는 뜨거운 태양이 내리쬐고 있는데 어느 곳 하나 쉴만한 나무 그늘이 보이지 않았다. 나무들은 다 말라 죽어 있었고 풀 한 포기조차 눈에 보이지 않았다. 시냇물도 다 말라 있어 오랫동안 가뭄이 계속됐음을 알 수 있었다. 나는 이사야 선생님께 여쭤보았다.

"이사야 선생님, 우리는 지금 엘리야 선지자님을 찾아가고 있는 것이지요? 그런데 지금 제 느낌으로는 이곳은 이스라엘 땅 같지가 않습니다."

"아합이 이스라엘 방방곡곡에 엘리야를 지명수배 내려놓았기에 하나님께서 엘리야를 지켜주시기 위해 이방 나라 시돈 땅 사르밧으로 보내놓으셨소. 우리는 지금 그곳으로 엘리야를 만나러 가는 길이오."

"그래서 지금 이곳까지 가뭄이 극심한 것인가요?"

"이곳은 이방 나라이지만 이 나라도 우상숭배를 하고 있으니……."

나는 이사야 선생님의 말씀을 듣고 엘리야 선지자를 빨리 만나보고 싶어 더욱 힘을 내어 걸어 보았으나 너무 더운 때라 지쳐서 걸음이 빨라지지가 않았다. 나와 이사야 선생님은 가다가 너무 힘이 들면 길 양쪽의 큰 바위 밑으로 가서 더위를 피하였다가 조금 쉬고 또 걷고를 반복했다. 그러다 드디어 엘리야 선지자가 계신 곳에 도착했다.

* * *

이제 어디서 엘리야 선지자를 찾아야 하나 혼자 속으로 생각하고 걸을 때 이사야 선생님이 나를 데리고 어느 숲속으로 들어가셨다.

"자, 기자 선생, 여기서 잘 들어보시오. 무슨 소리가 들리는가."

아무리 숲속이라 해도 나무 한 그루 제대로 살아 있지 않은 민둥산 같은 곳인데 이곳에서 무슨 소리가 들릴까 싶었지만 선생님의 말씀대로 귀를 기울여 보았다. 그런데 어디에선가 찢어질 듯한 애간장이 녹는 누군가의 외침 소리가 온 산에 메아리쳐왔다.

"하나님이시여, 하나님시여! 이 백성들의 죄를 용서하소서. 용서하소서."

이는 기도 소리가 아니라 울부짖음이며 애간장을 녹이는 몸부림이었다. 이렇게 울부짖는 엘리야의 기도소리를 따라 그곳으로 가보니, 사람의 겉모습이라고는 할 수 없는, 마치 광인 같은 한 사내가 바위 위에서 하늘을 향해 두 손을 들고 부르짖고 있었다.

가까이 가서 보니 그 사내의 모습은 더욱 가관이었다. 수염은 얼마나 길었던지 제멋대로 자란 무성한 수염이 가슴팍까지 내려져 있었고, 머리카락 역시 수년을 한 번도 안 자른 듯 등 뒤에까지 헝클어진 채로 덮여 있었다.

엘리야 선생님은 우리가 가까이 다가가자 이미 우리가 올 것을 다 알고 있었다는 듯 조금도 이상하게 여기지 않고 하던 기도를 멈추고는 바위에서 일어나 우리에게로 다가오셨다.

"이사야 선생! 이 먼 곳까지 찾아와주어 참으로 고맙소. 젊은 기자 선생도 만나게 되어 참으로 반갑소."

손을 내밀어 우리에게 악수를 청하시는데 나는 또 한 번 기절할 뻔했다. 엘리야 선생님의 복장은 옷이라기보다는 짐승의 가죽을 벗겨서 길게 몸에다 두르고, 가죽으로 허리띠를 만들어 띠처럼 묶어 놓은 것이었다. 신발은 가죽으로 샌들처럼 간신히 발에 흙만 안 묻힐 정도로 만들어 신은 것 같았다. 그러나 엘리야 선지자는 그 마음에 불이 붙어 견딜 수 없어 하실 뿐 당신의 외모에는 전혀 신경을 쓰지 않으시는 듯 보였다.

엘리야 선생님은 우리를 숲속의 나지막한 바위로 안내했다. 그 바위는 서너 사람이 앉아 있거나 좀 불편해도 누어 쉴 수도 있을 것 같은 쉼터였는데 선생님은 그곳에 머물러 계시는 듯 보였다. 아마도 엘리야 선생님은 이곳에서 낮에도 밤에도 기도하다가 쉬시는 것 같았다.

엘리야 선생님은 바위로 우리를 안내하시더니 우리의 허기짐을 아셨는지 당신이 드시려고 준비하신 작은 떡 두 개와 작은 물병을 내어주셨다.

이사야 선생님과 나는 너무 시장했던 터라 염치없지만 엘리야 선생님이 내주시는 떡을 얼른 받아먹었다. 그러나 시장기는 여전한 것 같았다.

이사야 선생님은 작은 병에 든 물을 나에게 먼저 권하셨다. 나는 사양할 수 없는 상황인지라 감사히 받아 먼저 조심스럽게 옆에 놓여 있는 작은 컵에다 약간의 물을 따르고 나머지는 이사야 선생님께 다시 드렸다. 이사야 선생님께서도 그 작은 병의 물을 조금 마셔 목을 축이시고는 나머지는 또 엘리야 선생님께 드렸다. 이렇게 목을 축인 뒤 나는 엘리야 선생님께 질문을 하기 시작했다.

"엘리야 선생님, 이렇게 수년 동안 가뭄이 들어 비가 오지 않아 이스라엘과 이방 나라들까지 다 말라 죽어 가는데 이는 엘리야 선생님의 '이 땅에 비를 주지 말아 달라'는 기도 때문이라는 것이 맞나요?"

내 질문에 엘리야 선생님은 한숨을 길게 내쉬더니 이렇게 답해주셨다.

"이 백성들이 하나님께로 돌아오게 하기 위해서입니다. 이렇게 하지 않고는 백성들을 돌이킬 수가 없습니다. 아합 왕이 이세벨을 왕후로 맞은 후 이세벨은 하나님의 선지자들을 다 죽였고 지금은 나만 남았는데 내 생명도 죽이려고 찾고 있답니다. 그러므로 어리석은 이스라엘 백성들은 하나님을 버리고 이 땅에서 바알과 아세라 신들을 섬기고 있으니 이 나라가 이제 우상숭배의 죄악으로 망하게 되었습니다. 어떻게 내가 이 때에 하나님의 선지자로 가만히 있겠습니까? 나는 이 백성들이 하나님께로 돌아오도록 하기 위해 기도하지 않을 수 없었습니다."

옆에서 이야기를 듣던 이사야 선생님은 "우상숭배는 하나님께서 제일 싫어하시는 것인데 우매한 백성들이 우상숭배의 죄악으로 하나님께 범죄하니 나라도 그렇게 기도했을 것입니다"라며 이해하는 눈빛을 보내셨다.

"나는 이제 곧 목숨을 내놓고 이 백성들과 바알 선지자들과 내기를 할 것입니다. 바알과 아세라 선지자들의 목을 한꺼번에 쳐 버리고, 이 백성들로 하여금 다시 하나님께 돌아오게 하는 결단의 역사를 이룰 것입니다. 이를 위하여 이렇게 삼년을 기도하며 기다리고 있습니다."

"엘리야 선지자님, 선지자님에 대해 저희 후시대 사람들도 성경을 통해 많이 듣고 읽어 알고들 있습니다. 그런데 이렇게까지 기도하고 계셨다는 것은 잘 몰랐습니다."

"엘리야 선생, 저도 하나님 말씀을 증거하다 많은 고생을 하였지만 선생님에 비하면 아무것도 아닙니다."

"사람들은 힘들면 하나님을 찾다가도 편해지면 곧 하나님을 버리고 우상들을 숭배합니다. 이 패역한 죄가 이스라엘에 가득하니 이렇게라도 하지 않고는 어떻게 견디겠습니까?"

"그러나 벌써 삼년 동안 하늘에서 비나 이슬이 오지 않으니 모든 식물이나 짐승들은 다 말라 죽고 사람들까지 이제 굶어 죽어가고 있습니다."

"이제 곧 바알과 아세라 선지자들과 백성들을 모아 하늘에서 불을 내리는 신이 참 신이라고 하여 이 백성들 앞에서 분명히 하나님이 참 신이라는 것을 보여줄 것입니다. 바알과 아세라 선지자들을 저 백성들이 쳐죽이도록 할 것입니다."

선생님들의 이야기를 듣다 나는 "그러면 이스라엘 백성들이 하나님께로 돌아올까요?"하고 물었다. 엘리야 선생님이 대답해주셨다.

"좋은 질문을 하였소. 기자 선생도 알다시피 이스라엘은 앞으로 몇 대를 못 넘어가 앗수르에 망하고 맙니다. 우상숭배의 죄와 하나님의 말씀을 업신여기고 하나님 앞에 패역한 죄로 말미암아 이스라엘은 망합니다. 그러나 하나님께서는 끝까지 포기하지 않으십니다. 이스라엘 백성들에게 살아 있는 하나님이라는 증거를 주십니다. 그렇게 해서라도 이스라엘 백성들이 하나님을 떠나지 않도록 역사하시지만 이스라엘 백성들은 하나님의 말씀을 듣지 않는 죄로 말미암아 망합니다."

"맞아요, 엘리야 선지자님. 남쪽 유대 나라 히스기야 왕이 치리할 때에 북쪽 나라 이스라엘은 앗수르에 의해 망했습니다."

"하나님께서는 알고 계십니다. 이스라엘이 망해 각 나라에 뿔뿔이 흩어져서 나라를 잃어버리고 나라 없는 백성들로서 유리방황할 것을 말이지요. 알고 계시지만 엘리야 선지자의 기도 가운데 하나님이 참 하나님, 참 신이시라는 것을 저들에게 증거로 주셔서 저들 이스라엘 백성들이 각 나라에 뿔뿔이 흩어져서 수백 년 동안을 이방 나라에 포로의 삶을 살다가 그 후손들이 다시 하나님을 찾으며 하나님 앞으로 돌아오게 하시려는 하나님의 계획입니다."

"그러면 하나님께서 비를 내려주실 때도 엘리야 선지자님은 그렇게 기도하셔야 하나요?"

"그렇소. 나는 그때도 하나님께 기도할 것이오. 그러나 내가 하나님께 비를 내려주지 말아달라는 기도를 할 때는 하나님께서 쉽게 들어주셨소. 그러나 다시 비를 땅에 내려달라는 기도를 할 때는 갈멜산 꼭대기에서 온종일 고개가 무릎 사이에 들어갈 정도로 기도할 때에야 비로소 하나님께서 맞은편 바다 쪽에서 손바닥만 한 구름을 일게 하시어 그것이 온 하늘을 덮어 삼 년 동안 오지 않던 큰 비가 온 이스라엘에 내려서 이스라엘을 살릴 것이오."

"아닙니다. 이스라엘만 살린 것이 아니라 저희 후시대 사람들도 같이 살리신 것입니다. 성경에 야고보 선생님은 '엘리야는 우리와 성정이 같은 사람이로되 그가 비가 오지 않기를 기도 할 때 삼년이나 하늘이 닫쳐서 비를 주지 않고 다시 비를 달라 기도할 때에는 하늘이 열리고 하늘에서 비가 왔다'고 했습니다."

나의 말에 덧붙여 하실 말씀이 있으신지 이사야 선생님이 말씀하셨다.

"그렇습니다. 하나님께서는 우리 믿음의 선진들이나 하나님께 쓰임 받은 우리 선지자들이나, 우리 당대만을 위하여 역사하신 것이 아니고 다음 후시대 사람들을 가르치고 깨우치고 교훈하시기 위해서라도 우리 같은 선지자들에게 역사하신 것입니다."

"저희 후시대 사람들이 믿음의 온전한 삶을 살기 위해서는 무엇보다 우리보다 먼저 하나님을 섬겼던 믿음의 선진들의 거룩한 발자취가 필요할 것입니다."

"나는 하나님께 특별한 영광을 받았습니다. 하나님께서 주신 그 사명을 기도로써 다 완수하고 영광스럽게 죽지 않고 불 말과 불 병거 타고 하늘로 승천하여 올라가는 큰 상을 받았습니다."엘리야 선생님의 말씀에 이어 이사야 선생님이 말씀하셨다.

"나는 성경에는 감추어 두었지만 하나님의 말씀을 외치다 영광스럽게 순교하는 영광의 상을 하나님께서 주셨습니다."

"아닙니다. 하나님께서는 엘리야 선지자님이나 이사야 선생님 모두 저희 후시대에 기도하시는 하나님의 사람들로 기록되어 저희들이 하나님을 섬기며 살아갈 때 갈 바를 비쳐주시는 믿음과 승리의 등불이 되어주셨습니다. 선생님, 이제야 생각나는 것이 있습니다. 지난번 솔로몬 선생님을 만났을 때 솔로몬 선생님의 삶을 거울 삶으라 하시면서 두루마리 하나를 주셨습니다. 너무 귀한 것 같아서 아직 읽지를 못했는데 선생님들 앞에서 펼쳐 읽어 보겠습니다."

나는 그동안 가슴 속 깊이 간직해온 솔로몬의 두루마리를 선생님들 앞에서 펼쳐보았다.

> "일의 결국을 다 들었으니 하나님을 경외하고 그의 명령들을 지킬지어다 이것이 모든 사람의 본분이니라 하나님은 모든 행위와 모든 은밀한 일을 선악 간에 심판하시리라" (전 12:13~14)

솔로몬의 두루마리를 펼쳐 읽은 다음, 솔로몬이 우리에게 '자신의 인생을 거울삼으라'고 주시는 말씀이 얼마나 깊은 말씀인지 여쭈어보려고 주위를 살펴보는데 두 분의 선생님들께서는 간곳이 없고 나는 어느 감옥 안에 들어와 있음을 알게 되었다.

다음 여정

베드로와의 만남

나는 내가 감옥 안에 들어와 있다는 사실만으로도 너무나 떨리고 긴장됐다. 천천히 주위를 둘러보니 내가 있는 감옥은 현대의 감옥이 아닌 아주 오래 전의 감옥 같았다. 그 생소한 풍경에 한편으로는 호기심도 생겼다.

그러나 아무리 생각해도 내가 감옥에 와 있다는 것이 이해가 되지 않았다. 조금 전까지 나는 엘리야 선생님과 이사야 선생님과 함께 엘리야의 기도 동산에 있지 않았던가. 그렇다면 여기는 어디일까.

불현듯 어느 분이 하나님의 복음을 전하다가 감옥에 갇혀 있는 현장일 것이라는 생각이 들었다. '과연 감옥에 갇히셨던 분이 누구일까' 생각해봤지만 얼른 생각나는 분이 없었다. 나는 감옥에 계신 분을 찾기 위해서라도 이곳저곳 찾아봐야겠다고 생각하며 감옥 안을 자세히 살펴봤다.

감옥은 어두컴컴한 지하 동굴같이 생긴 데다가 감옥 안의 죄수들은 얼마나 많은 매들을 맞았는지 저마다 고통으로 신음하는 소리 때문에 두려운 마음이 더욱 엄습해왔다. 자세히 들여다볼 엄두가 나지 않았다.

그래도 누군가를 찾아야 하기에 조심스럽게 이 방 저 방을 들여다보니 어느 방에는 한 사람의 죄수가 쇠사슬에 매여서 누워 잠들어 있는 모습이 보였다. 그리고 그 문 앞에는 두 명의 군인들이 지키고 있었고 감옥 문 밖에는 파수꾼들이 옥문을 지키고 있었다.

어두컴컴한 감옥이지만 내 눈앞에 보이는 죄수는 다른 죄수들과 다르게 아주 편하게 누워 잠을 자고 있다는 걸 알 수 있었다. 그 모습을 보며 이상하다 생각할 때 감옥 문을 지키는 군인들이 하는 말이 내 귀에 똑똑히 들려왔다.

"내일이면 저 죄수를 사형한다고 하네."

"그러니 내일까지 저 자를 잘 지켜야 할 걸세. 만약에 무슨 일이라도 생기면 우리 목숨이 위태롭거든."

"그런데 암만 봐도 저 자는 태평세월이네. 어떻게 저렇게 편안히 잠을 잘 수 있다는 말인가."

"그러게 말일세."

군인들이 말하는 것을 듣고 있자니 그가 누구인지 더욱 궁금해지기 시작했다. 어느새 시간은 한밤중이었다.

그때 내 눈앞에 놀라운 광경이 벌어졌다. 감옥 안에 갑자기 주의 천사가 나타나 잠자던 그의 옆구리를 툭툭 쳐서 깨우는 것이었다. 그 천사의 광채로 인해 방안은 환해졌다.

"베드로! 베드로! 빨리 일어나시오. 베드로, 빨리 일어나란 말이오."

그제야 나는 천사가 베드로를 깨우고 있는 것이란 사실이 깨달아졌다.

'아하, 베드로였구나! 쇠사슬에 매인 채 저리도 편히 잠들어 있는 분이 바로 베드로였구나!'

그 광경을 자세히 살펴보고 있을 때 베드로가 천사의 깨우는 소리에 놀라 일어나 앉으니 베드로를 묶었던 쇠사슬이 저절로 풀렸다.

"베드로, 빨리 일어나 띠를 띠고 신을 신으시오. 그리고 겉옷을 입고 나를 따르시오."

천사의 말에 놀란 베드로는 꿈인지 생시인지 몰라 하면서 천사가 시키는 대로 일어나 겉옷을 두르고 천사의 뒤를 따랐다. 분명 감옥 문 앞에는 두 군인이 지키고 있었음에도 베드로가 천사를 따르자 감옥 문이 저절로 열렸다. 베드로가 그 방을 나오자 천사는 베드로를 데리고 첫째와 둘째 파수문을 지나 시내로 통하는 쇠문에 이르기까지 앞서 갔다.

천사가 앞서 가니 그 문들은 저절로 열렸다. 문들을 다 지나 시내로 가는 길 앞에 이르자 천사는 곧 떠나갔다.

* * *

나는 그제야 내가 신약의 사도들의 시대로 들어와 있다는 사실을 깨달았다. 내 앞에 지금 베드로 사도가 있다는 것만으로도 너무나 감격스러워 어떻게 무슨 말로 베드로 사도와 같이 대화를 나눠야 할지 두근두근 떨리기 시작했다.

한참을 지나 시내로 향하는 거리를 지날 때쯤에서야 베드로 사도도, 나도 정신이 좀 든 것 같았다. 우리는 길을 걸으며 대화를 나누기로 했다.

"베드로 사도님, 얼마나 놀라고 또 얼마나 많은 걱정을 하셨나요?"

“기자 선생, 이렇게 과거의 사도 시대로 들어오니 감회가 새롭네.”

“사도님을 이렇게 뵈니 너무 감동이 되어 말문이 막혀요.”

“기자 선생이 얼마 전까지 구약의 믿음의 선진들을 만나고, 또 선지자들을 다 만나고 이제 우리 사도들의 시대로 건너온다 하기에 내가 먼저 기자 선생을 만나려고 이곳으로 와서 기자 선생을 불렀소.”

“아, 그러셨군요. 저는 지금 베드로 사도님 같은 분들을 만나서 사도님들께서 어떻게 주님을 위해 순교하셨는지 알고 싶었거든요. 정말 만나 뵙고 싶었어요.”

“알고 있소. 이제 내가 그분들에 대해 잘 안내해줄 것이니 나를 따라서 순교자들의 순교 현장으로 갑시다. 그러나 기자 선생은 이제 마음을 담대히 가져야 할 것이오. 그리고 우리 명칭도 선생이라 편하게 불러주시오.”

“주님을 위해 온 삶을 다 바치셨던 하늘같은 분들인데 제가 감히 선생님이라 불러도 될까요?”

“우리들은 이미 주님의 영광의 자리에서 주님을 뵈옵고 사는 것만으로도 그 상들을 다 받은 바 되었소. 그리고 어느 믿음의 조상이 말하지 않았소. 기자 선생이 사는 시대에서는 우리들이 까마득한 대 믿음의 선배들이지만 우리들은 각기 자기 시대에 맞춰 하나님의 역사들을 이루고 지금은 하늘나라에서 어느 시대에 살았든지 다들 형제처럼 친구처럼 지내고 있다고.”

“예, 맞아요! 어느 선생님께서 그렇게 말씀해주신 것이 기억나요.”

“그러니 아주 편하게 나도 선생이라 불러주시오. 나뿐만이 아니라 앞으로 만나게 될 다른 사도들도 그렇게 부르면 될 것이오.”

야고보의 순교

"지금 빨리 가봐야 할 데가 있소. 우리 형제 야고보가 곧 순교할 것 같소."

베드로 선생님은 마치 당신께서 순교를 당하시기라도 하는 듯 떨리는 음성이셨다. 물론 나도 크게 두렵고 떨리는 마음이었으나 내 옆에 베드로 선생님이 계셔서 그런지 조금은 안심이 되었다. 우리는 빨리 가서 야고보 선생님의 순교 현장을 지켜야겠다는 마음으로 발걸음을 재촉했다. 어느새 베드로 선생님과 나는 야고보의 순교 현장에 도착해 있었다.

당시 헤롯왕은 유대인들에게 인기를 얻기 위해 초대교회를 핍박하고 있었다. 헤롯의 핍박이 더할수록 유대인들은 교회를 핍박하는 헤롯을 좋아했고, 그렇게 해서 헤롯의 인기가 유대인들에게 더해져가던 바로 그때였다.

이것을 기회로 삼아 헤롯은 예수님의 제자들에게까지 손을 뻗쳐 그중 요한의 형제였던 야고보를 죽이려고 할 때였다. 뿐만 아니라 헤롯은 이 일을 기뻐하는 유대인들에게 더욱 인기를 얻기 위해 베드로를 잡아 유월절 후에 죽이려고 옥에 가두어 놓았던 것이다. 그러나 베드로는 천사의 손길로 감옥에서 벗어나 야고보의 순교 현장에 나와 함께 있었다. 헤롯은 유대인 지도자들 몇 사람과 대화를 나누고 있었다.

"지금 유대 나라에 염병처럼 번지고 있는 이교도들이 있어 그중에 나사렛 예수를 따르던 그의 제자 두 사람을 잡아왔소. 하나는 괴수 같은 두목이라 옥에 가두었다가 유월절이 지나고 나면 죽일 것이고, 오늘 또 하나 야고보라는 괴수는 지금 여기서 목을 벨 것이오."

"헤롯왕이시여, 참 잘하셨나이다. 이제 우리 유대인들은 헤롯왕의 정치에 적극적으로 협조하여 헤롯왕 당신이 하시는 일을 힘써 도울 것입니다."

유대인들은 헤롯왕의 명령에 이렇게 지지했다.

그러자 헤롯왕은 "자 그럼, 내가 당신들 유대인들에게 선물을 주리이다"라고 말하며 더욱 신이 나서 군사들에게 명령을 내렸다.

"헤롯왕이시여! 당신의 이스라엘 통치는 무궁할 것입니다."유대인들은 헤롯을 부추겨 기독교인들을 말살하려 하고 있었다.

"여봐라! 가서 옥에 갇혀 있는 야고보의 목을 베어 오너라."

헤롯왕의 명령이 떨어지기가 무섭게 몇 명의 군사들이 야고보 사도가 갇혀 있는 감옥으로 달려갔다. 그때 베드로 선생님과 나는 야고보 사도가 갇혀 있는 감옥 안으로 들어가서 야고보 사도를 먼저 만날 수 있었다.

나는 하나님께 정말로 간절하게 기도했다.

"주님! 저는 지금 야고보 사도의 순교 현장에 와 있습니다. 야고보 사도께서 영광스러운 순교의 제물이 되게 해주세요. 그리고 주님께서 그를 만나실 때 영광스럽게 맞이해주세요."

이미 감옥에서 순교를 준비하고 주님 앞에 갈 것을 기다리던 야고보 선생님은 그 어느 때보다 더 평온하신 얼굴이었다. 비록 몸은 쇠사슬에 묶였지만 담담해 보였고, 한편으로는 순교의 제물이 된다는 것에 감사하며 벅차하시는 듯 보였다. 군사들이 자신의 목을 베러 오는 그 순간까지 초대교회 성도들을 위해 조용히 기도하시면서 주님 앞에 가실 준비를 하고 계신 모습을 보고 있자니 눈물이 났다. 나는 베드로 선생님께 여쭙지 않을 수 없었다.

"베드로 선생님, 지금 야고보 선생님은 두렵지 않을까요? 사람이란 다 죽음 앞에 두려워하잖아요?"

"영광이라네! 우리가 주님을 위해 죽을 수 있다는 것은 말로 다할 수 없는 영광이지. 사람들은 누구나 죽음을 맞이할 때 다들 두려워하겠지만 우리는 이미 우리 생명이신 예수 그리스도를 만난 사람이 아닌가."

"그러나 선생님, 이렇게 귀한 야고보 사도님께서 순교를 당하시면 이때에 얼마 남지 않은 기독교인들이 얼마나 두려워하며 믿음이 떨어지겠어요?"

"내가 부끄러운 고백을 하겠네. 기자 선생도 알고 있는 이야기일세. 나는 우리 예수님께서 잡히시던 그날 밤, '오늘밤 너희들이 다 나를 버리리라' 하실 때 '다 주를 버릴지라도 나는 결단코 주님을 버리지 않겠나이다' 라고 고백했지. 그런데 그 말을 한 건 나뿐만이 아니었다네. 우리 제자들 모두가 그렇게 고백했지. 예수님과 함께 죽을지라도 주님을 버리지 않겠다고 말이야. 그러나 우리 주님께서 잡히시던 그날 밤, 우리 선생님이신 예수님을 버리고 다들 도망해 주님을 버렸지 않았는가. 오늘 순교의 시간을 기다리는 야고보 사도도 그날 밤 우리 주님을 버리고 그 자리를 떠났지. 그럼에도 불구하고 우리는 진심이었다네."

"어떤 것이 진심이었다는 말인가요?"

"주님과 함께 죽는 데도 같이 가겠다던 우리의 고백 말일세. 그것이 우리의 마음이었다네. 나는 부끄러운 자라 입이 열 개라도 할 말이 없지. 그날 밤 우리 예수님의 말씀처럼 닭 울기 전에 세 번이나 우리 주님을 모른다고 계집종 아이 앞에서도 맹세하며 저주까지 하면서 주님을 부인했다네. 하지만 그래도 나는 진심이었어. 그것을 우리 주님께서는 아신다네. 비록 우리가 주님을 따라서 예수님께서 돌아가시는 그 십자가의 길까지는 따라가지 못했어도 때가 되면 우리는 다들 우리 예수님을 위해 죽임을 당해 순교의 제물이 된다는 것을 알고 그때가 오기를 기다리며 준비하고 있었다네."

"그래서 지금 이렇게 야고보 선생님께서도 평온하게 그 시간을 기다리고 계시는 것이군요."

"우리 사도들 중에 제일 먼저 야고보가 순교의 영광을 얻은 것이지."

"그럼 얼마 전 제가 감옥에 가서 선생님을 처음 뵈었을 때도 순교로써 주님 앞에 가실 것을 준비하고 계시느라 그렇게 평안히 잠을 자고 계셨던 것이군요."

"그렇다네. 오늘 밤 야고보 사도가 우리 중에 제일 먼저 우리 예수님을 뵈러 달려갈 걸세."

이렇게 말씀하시는 베드로 선생님도 곧 순교의 때가 오기를 기다리시는 듯 보였다.

* * *

베드로 선생님과 함께 야고보 선생님을 옆에서 지켜보고 있을 때 저벅저벅 군사들의 발소리가 들려왔다. 그들 가운데 한 군사의 손에는 시퍼렇게 날이 선 큰 칼이 들려 있었는데 그 군사는 야고보의 감방 안으로 들어가더니 야고보 사도의 몸에 감았던 쇠사슬을 풀고 있었다. 베드로 선생님과 나는 그 모습을 옆에서 지켜보면서 숨소리도 내지 못하고 있었다. 그때 그 칼을 든 군사가 야고보 사도에게 외쳤다.

"헤롯 왕의 명령이다. 야고보 당신의 목을 베라는……."

그때 이미 눈을 감고 계시던 야고보 선생님은 그 군사들을 향해 한 말씀 하셨다.

"여보시오, 군사 양반! 나는 이미 나의 사랑하는 나의 주 예수님께 갈 마음의 준비가 끝났으니 편한 마음으로 내 목을 베시오. 그러나 내가 군사 양반 당신들에게 마지막으로 전하는 말은 꼭 마음에 담아두시오. 예수님은 부활이요 우리의 영원한 생명이오. 그러니 그대들도 예수 그리스도를 믿고 예수님을 통해 죄 사함을 받고 영원한 생명을 얻으시오. 예수님을 믿으시오. 그리고 천국에서 영원히 사시오. 나는 지금 예수 그리스도를 만나러 천국으로 가오."

말씀을 마치신 야고보 선생님은 단정하게 무릎을 꿇고는 하늘을 우러러 주님 앞에 기도하셨다.

"나의 사랑하는 주님! 제 영혼을 받아주시옵소서. 그리고 이들을 용서하여 주시옵소서."

그 순간, 예리하고도 큰 칼이 바람처럼 지나가자 야고보 선생님의 목이 그 자리에서 잘리더니 야고보 선생님의 몸에서 피가 분수처럼 솟구쳐 올랐다. 야고보 선생님의 목을 쳤던 그 군사의 얼굴에도 피가 튀겨서 온 얼굴이 피범벅이 되었다. 철철 흐르는 그 피로 말미암아 차마 눈을 뜨고서는 쳐다볼 수가 없을 지경이었다. 야고보 선생님은 그렇게 거룩하게 우리 예수님의 영광의 나라로 들어가셨다.

야고보 선생님은 거룩한 순교의 제물로 하나님 앞으로 올라가셨지만 그 머리는 군사들의 손에 의해 헤롯왕에게로 전해졌다. 베드로 선생님은 사도 중 제일 먼저 순교로써 주님 앞에 달려가신 야고보 선생님의 순교 현장에서 잠시 두 손을 들고 기도하셨다.

"오 나의 사랑하는 우리 주 예수님, 우리 형제 야고보가 주님 앞에 갔습니다. 영광스럽게 맞이하여 주옵소서."

기도하시는 그 눈에서는 눈물이 주르르 흘렀다. 이렇게 기도하시는 선생님도 얼마 안 되어 순교의 제물로써 주님 앞에 가실 것을 미리 다 알고 계신 듯했다.

순교 현장을 지켜보던 베드로 선생님은 초대교회 주님의 제자들 가운데 야고보 사도가 이렇게 영광스럽게 순교자가 된 것에 대해 한편으로는 부러운 듯, 또 한편으로는 다행이라 생각하시는 듯 보였다. 헤롯의 핍박과 박해로 인해 초대교회 성도들의 믿음이 약해지지는 않을까 걱정하시는 모습 또한 읽을 수 있었다.

순교 장면을 바라보고 아직도 떨려 긴장하고 있는 나에게 베드로 선생님께서 위로와 소망을 주시려고 하나님의 말씀 한 절을 암송해주셨다.

"기자 선생, 내가 잠깐 말씀을 들려주겠소. 이 말씀은 앞으로 우리가 만날 주님의 사도께서 하신 말씀인지라 내가 암송해줄 테니 잘 들어보시오. 많은 위로가 될 것이오."

> "그러므로 내가 택함 받은 자들을 위하여 모든 것을 참음은 그들도 그리스도 예수 안에 있는 구원을 영원한 영광과 함께 받게 하려 함이라 미쁘다 이 말이여 우리가 주와 함께 죽었으면 또한 함께 살 것이요 참으면 또한 함께 왕 노릇 할 것이요 우리가 주를 부인하면 주도 우리를 부인하실 것이라" (딤후 2:10~12)

조용히 눈을 감고 말씀을 암송하시는 베드로 선생님의 눈에서는 어느새 눈물이 주르르 흘러내리고 있었다. 이 말씀을 암송하시면서 베드로 선생님은 지금 우리 주 예수님이 몹시도 그리우신 듯 보였다. 주님과 함께 3년 동안 복음을 전하면서 다니시던 그때가 그리우신 듯했고, 무엇보다 이제는 영원한 주님의 나라에서 주님의 품에 안기신 야고보 사도가 그리우신 듯 보였다.

베드로 선생님과 함께 그 순교의 현장을 떠나 한참을 걸었다. 한참을 걸으시던 베드로 선생님은 또다시 긴장을 하기 시작하면서, "지금 또 한 분이 우리 주 예수님의 부르심을 받으실 것 같네. 우리 그리로 가세" 라고 말씀하셨다.

베드로 선생님은 이제 모든 것이 주님의 시간에 맞춰져가고 있음을 직감으로 아시는 듯했다. 나 역시 그 말씀을 듣다 또 다시 긴장이 되어 떨리기 시작했다.

스데반의 순교

한참을 걸어 도착한 곳은 예루살렘의 어느 회당이었다. 이미 이 회당에서는 여러 지역에서 모인 사람들이 떼를 이루어 스데반이라는 집사와 논쟁을 벌이고 있었다.

이곳에는 그레데인, 알렉산드리아인, 길리기아와 아시아에서 온 많은 사람들이 모여 있었고, 백성과 장로들과 서기관들은 스데반을 거짓 증거로 죄목을 씌워 죽이려고 공격하고 있었다.

스데반은 초대교회 일곱 집사 중 한 사람으로서 얼마나 성령과 권능이 충만했던지 큰 기사와 표적들을 민간에 행하여 이러한 일들로써 많은 사람들이 주께로 돌아와 예루살렘 교회에 큰 부흥을 일으킨 제자였다.

당시 유대인들은 기독교인들을 박해하려고 많은 핍박을 했지만 야고보 사도의 순교로 인해 더 많은 사람들이 예수께로 돌아오는 성령의 역사가 일어나고 있었다.

공회 앞에 모인 그 많은 사람들 앞에서 스데반 집사는 담대하게 하나님의 말씀을 외치고 있었다. 많은 유대인들은 "어떻게 십자가에 죽은 그 예수가 하나님의 아들이냐"는 말로 스데반에게 공격을 가하고 있었다.

그런데 놀랍게도 스데반은 믿음의 조상 아브라함으로부터 시작해 모세에 이르기까지, 뿐만 아니라 다윗으로부터 솔로몬에 이르기까지 성경의 역사를 들어서 예수가 그리스도 되시는 많은 증거의 말씀을 외치며 전하고 있었다.

그때 나는 베드로 선생님과 함께 스데반 집사의 긴 설교 말씀을 듣고 있었는데 어찌나 그 말씀을 능력 있게 선포하시는지 듣고 있는 나까지도 성령의 충만함으로 감동 되어 충만해지는 것 같았다. 그런데 그때 그곳에 모인 사람들이 스데반의 설교를 들으면서 술렁거리기 시작했다.

"맞아, 저 스데반의 말씀이 맞아! 하나님께서 우리 죄인들을 구원하시려고 옛날 선지자들을 통해 말씀하신대로 나사렛 예수가 어쩜 하나님의 아들이고, 그가 우리를 대신해 죽으시고, 우리를 구원하셨다는 저 기독교인들의 말이 맞는 것 같아."

"나도, 이제 저 사람들처럼 그 나사렛 예수를 믿어야 할 것 같네."

또 어떤 사람들은 스데반의 모습을 두고 천사의 얼굴과도 같다고 이야기하고 있었다.

"저 사람 좀 봐. 저 얼굴 좀 봐! 저 얼굴은 사람의 얼굴 같지가 않아. 저 사람의 얼굴은 마치 천사의 얼굴 같아."

"아니야, 저 사람의 얼굴은 해 같이 빛나는 것 같아."

스데반의 설교에 마음이 움직였는지 스데반을 옹호하는 사람들의 소리가 여기저기서 들려왔다. 그리고 이곳저곳에서 사람들이 소리를 질러대기 시작했다.

"여보시오, 스데반! 당신이 믿는 그 예수를 나도 믿겠소. 스데반 당신의 그 말이 참말인 것 같소. 나도 당신처럼 그 예수를 믿겠소."

그때까지 잠잠히 듣고 있던 어느 청년 하나가 회중 가운데서 벌떡 일어났다.

“이보시오, 여러분들! 나는 지금 예수쟁이들을 잡아 죽여도 좋다는 공문을 받아왔소. 이곳에서 여러분들이 저 염병 같은 스데반의 말을 듣고 저 스데반처럼 예수쟁이가 되기로 한다면 나는 여러분들도 다 잡아갈 것이오. 그러니 이 나라에 악질 같은 예수쟁이들이 더 이상 퍼지지 않도록 저 스데반을 돌로 쳐 죽입시다. 내가 이 사람의 핏값을 치를 것이오. 그러니 누구든지 저 스데반을 돌로 칠 자는 여기에 옷을 벗으시오. 자, 내가 증인이 되어 당신들이 무죄한 자를 죽이지 않았다는 증거를 해줄 것이오.”

청년의 외침에 사람들은 술렁거리더니 그중에 더러는 그 자리를 살며시 빠져나가버리고 그 박해자와 함께 왔던 사람들과 그중에 예수쟁이들을 심히 미워하는 자들만이 그곳에 남아서 서로 수군거렸다.

“저 악한 자는 더 이상 놔두면 안 될 것 같으니 우리 저 놈에게 돌을 던져 죽입시다.”

“그래요. 그리고 우리가 무죄한 피를 흘리지 않았다는 증거를 저 청년이 해준다 하지 않소.”

“그럽시다. 저놈을 죽입시다.”

“저놈은 하나님을 모욕한 참람한 죄를 지은 놈입니다. 저놈을 죽입시다.”

아우성치는 소리와 함께 그들은 청년의 발 앞에 자기들의 옷을 벗어던졌다. 잠시 후 아우성치던 소리가 그치는가 싶더니 그중 한 사람이 나섰다.

“자, 여러분. 내가 먼저 이놈에게 돌을 던지겠소.”

그는 손에 움켜쥐고 있던 돌을 이미 죽음을 각오하고 온 힘을 다해 설교하던 스데반을 향해 힘껏 던졌다. 그리고 그 돌은 스데반을 향해 정면으로 날아가 스데반의 머리에 정확히 맞았다. 스데반은 이미 각오한 듯 그 돌을 전혀 피하려 하지 않았다. 스데반의 머리에서는 피가 철철 흘러내렸다.

그때 또 한 사람이 소리를 치며 달려오더니 "나도 저놈을 죽이겠소" 라고 말하며 주먹 만한 돌을 스데반의 머리에 던졌다.

그때 모여 있는 유대인들 가운데 한 사람이 소리 지르며 앞으로 나왔다.

"여러분, 이러면 안 됩니다. 이 사람을 죽이면 안 됩니다. 이 사람은 죄가 없소. 이 사람은 우리에게 구원의 소식을 전해주는 하나님의 사람입니다. 여러분들이 이 사람을 죽이면 이 사람의 무죄한 핏값을 어떻게 갚으려고 하십니까?"

이 사람의 외침에 모인 사람들이 다시 술렁거리며 주춤하려 하자 앞에서 스데반 집사를 죽일 것을 선동하던 청년이 뛰어나오며 다시 소리쳤다.

"여러분, 내가 책임진다 하지 않았소. 이 사람이 죄 없이 죽으면 이 사람의 무죄한 핏값은 내가 책임진다 하지 않았소."

청년의 이야기를 듣던 몇몇 가운데 혈기등등한 몇 사람이 이야기했다.

"여러분, 이제 안심하고 저 놈을 죽입시다. 저 놈은 이제 우리가 살려두어서는 안 될 놈이오. 저 놈을 죽입시다."

순식간에 여기저기서'저 놈을 죽여라! 저 놈을 죽여라! 스데반을 죽여라!" 라고 아우성치는 소리가 들려왔다. 이제 그들은 피를 맛본 맹수들처럼 스데반을 향해 돌을 던지기 시작했다.

사방에서 날아오는 돌에 맞은 스데반의 이마와 몸은 피범벅이 되었다. 그런데도 스데반의 입에서는 '용서'라는 말이 흘러나왔다.

"여러분, 여러분들의 죄를 내가 용서합니다. 나를 돌로 쳐 죽이는 여러분들의 죄를 우리 주 예수 그리스도께서도 용서하시길 원합니다. 여러분들이 알지 못해 그런 것이오, 여러분들이 내가 믿는 그 주 예수 그리스도를 알지 못해 그렇소. 지금이라도 여러분들이 주 예수 그리스도를 구주로 믿으십시오. 그러면 여러분들은 주 예수 그리스도로 말미암아 구원을 받고 하나님의 자녀가 될 것이오. 그러면 여러분들은 천국에서 우리 주 예수 그리스도와 함께 영원히 살 것입니다. 십자가에 못 박혀 돌아가셨던 예수 그리스도는 사흘 만에 다시 살아나셔서 우리를 영원한 생명의 길로 인도하셨습니다. 그는 부활이요, 우리 생명이신 예수 그리스도이십니다."

스데반이 죽어갈 즈음, 갑자기 스데반의 얼굴이 천사와 같은 얼굴로 환해지더니 다시 이야기하기 시작했다.

"여러분, 나의 주 예수 그리스도께서 하나님 보좌 우편에서 일어나셔서 나를 바라보고 계십니다. 오 주여, 나의 주 예수여, 나의 영혼을 받으시옵소서. 그리고 저들의 이 죄를 저들에게 돌리지 마시고 용서하여 주옵소서."

이렇게 말하며 스데반은 무릎을 꿇은 채로 하나님 앞으로 가셨다.

* * *

스데반이 돌에 맞아 죽자 그렇게 아우성치며 돌 던지던 사람들은 스데반의 죽음을 확인하고서는 한 사람씩 저마다 그 자리를 떠났다. 그리고 마지막으로 그들의 옷을 맡았던 그 증인 된 청년 역시 살기가 등등해져 그 자리를 떠났다.

스데반이 숨을 거둔 그 자리는 스데반의 온몸의 피로 흥건하게 적셔져갔다. 그리고 그 순교의 피는 한 알의 밀알로 이 땅에 복음과 구원의 길을 만든 생명수의 강물처럼 흘러내려갔다.

그때 멀리 서서 스데반의 죽음을 지켜보던 그리스도인 몇몇이 다가오더니 이미 하나님 앞으로 순교의 제물이 되어 올라간 스데반의 시신을 수습했다. 그들은 스데반의 죽음에 대해 조금도 이상하게 여기거나 억울하게 생각하지 않고 마땅히 주님을 위해 복음을 전하다가 받을 영광의 흔적으로 받아들이는 듯했다. 그 장면을 지켜보던 나는 이해가 안 되어 베드로에게 여쭤보았다.

"베드로 선생님, 어찌하여 스데반 집사님의 순교 장면을 목격한 사도들과 그리스도인들이 그의 죽음을 슬퍼하거나 울지 않나요?"

"이때의 사도들과 그리스도인들은 복음을 전하다가 죽는 것을 조금도 이상한 것으로 여기지 않았다네. 마땅히 받아야 할 고난이고 하나님 나라로 향하는 영광의 여정이니까. 어느 그리스도인이 이런 죽임을 당한다 해도 피하지 않고 받아들였을 것이오."

"그러면 이때의 그리스도인들은 이미 죽음도 각오하고 주 예수 그리스도를 믿었던 것이군요?"

"우리 제자들뿐 아니라 주 예수 그리스도를 따르는 모든 성도들이 마음을 굳게 하여 하나님 나라에 들어가려면 많은 환난을 겪어야 할 것이라 생각하고 주님을 믿었지."

"그럼 베드로 선생님께서도 이미 순교를 각오하고 언제든지 때가 되면 순교하실 것이라 생각하고 계신다는 말씀이군요."

"나만 그런 것이 아니라 우리 초대교회 성도들은 다들 그렇게 주 예수 그리스도를 믿고 사랑했다네."

"그럼 조금 전 스데반 집사의 순교 때 그 옷을 지키며 앞장섰던 그 사람은 누구인가요? 앞으로 그 사람 때문에 많은 그리스도인들이 죽임을 당할 것 같아 마음이 아파요."

"그러나 하나님께서는 우리와 함께 계시지 않소?"

"베드로 선생님, 이렇게 많은 그리스도인들이 순교를 당하다 보면 두려워서 누가 주 예수 그리스도를 믿겠어요. 앞으로 얼마 가지 않아 그리스도인들이 다 씨가 말라버릴 것 같아요."

"그렇지가 않소. 우리는 핍박을 받으면 받을수록 목숨 걸고 복음을 전하고, 박해가 크면 클수록 많은 하나님의 기사와 표적들이 나타나 우리가 전하는 그리스도의 복음이 증거 된다는 사실을 알고 있소."

"제 생각으로는 도무지 이해가 되지 않아요. 어떻게 이러한 핍박과 박해 가운데서 그리스도인들이 더욱 많아진다는 것인지 도무지 제 생각으로는 이해가 안 돼요."

내가 이해되지 않는다는 얼굴로 베드로 선생님을 쳐다보자 베드로 선생님은 애써 나를 이해시키려 하기보다는 예수 그리스도의 말씀을 나에게 알려주시기를 더 기뻐하시는 것 같았다 .

“내가 우리 주 예수님께서 하셨던 말씀을 한 절 알려줄까요?”

“예, 베드로 선생님! 알려 주세요.”

“우리 주 예수님께서 우리와 같이 계실 때 어느 날부터 이런 말씀을 하셨소. ‘인자가 이제 예루살렘으로 올라가 많은 고난을 받고 죽임을 당하고 제 삼일에 살아난다’는 말씀 말이오. 나는 그때 얼마나 놀랐는지… 왜 우리 선생님이신 예수님께서 죽임을 당하셔야 한다는 것인지 이해할 수가 없었소. 그래서 나는 재빨리 예수님께 항변했지. ‘선생님, 절대로 그런 일은 없을 것입니다’ 라고 힘주어 말하면서 말이오. 그때 예수님께서 나에게 어떤 말씀을 하셨는지 기자 선생은 알고 있소?”

“베드로 선생님, 어떤 말씀을 하셨는데요?” 라고 내가 재촉하듯 묻자 선생님은 그때 일을 회상이라도 하듯이 눈을 지그시 감으시더니 말씀을 이어 가셨다.

“‘사탄아, 물러가라! 너는 나를 넘어지게 하는 자로다. 네가 하나님의 일을 생각하지 아니하고 도리어 사람의 일을 생각하는도다’ 라고 하시며 나를 호되게 꾸짖으셨지.”

“그래도 그렇지, 베드로 선생님께서는 예수님을 생각하셔서 하신 말씀일 텐데요. 그때 예수님께 그런 책망을 들으시고 섭섭하지 않으셨어요?”

내가 이렇게 여쭙자 베드로 선생님은 빙그레 웃으시더니 이렇게 말씀하셨다.

“그때는 내가 얼마나 섭섭하던지. 그래도 그렇지, 어떻게 나를 보고 사탄이라 할 수가 있나. 요즘 세상 말로 하면 쪽팔리고, 다른 제자들 앞에서 창

피해서 쥐구멍이라도 있으면 들어가고 싶었다오."

"그래서요, 선생님" 하며 베드로 선생님의 말을 재촉하자 선생님은 얼굴에 약간 웃음기를 띠시면서 말씀을 이어가셨다.

"예수님은 분명하고 정확한 말씀으로 이렇게 말씀하셨지."

> "예수께서 돌이키시며 베드로에게 이르시되 사탄아 내 뒤로 물러가라 너는 나를 넘어지게 하는 자로다 네가 하나님의 일을 생각하지 아니하고 도리어 사람의 일을 생각하는도다 하시고 이에 예수께서 제자들에게 이르시되 누구든지 나를 따라오려거든 자기를 부인하고 자기 십자가를 지고 나를 따를 것이니라 누구든지 제 목숨을 구원하고자 하면 잃을 것이요 누구든지 나를 위하여 제 목숨을 잃으면 찾으리라 사람이 만일 온 천하를 얻고도 제 목숨을 잃으면 무엇이 유익하리요 사람이 무엇을 주고 제 목숨과 바꾸겠느냐 인자가 아버지의 영광으로 그 천사들과 함께 오리니 그 때에 각 사람이 행한 대로 갚으리라" (마 16:23~27)

베드로 선생님의 말씀을 듣다 보니 예수님의 뜻에 대해 다시 생각해보게 되었다.

"깊은 예수님의 뜻이 감추어져 있었네요."

"그러나 사실은, 우리 모두는 그 말씀을 깊이 생각하지 못했지."

"그러셨을 것 같네요."

"예수님께서 십자가에 못 박혀 돌아가시고 사흘 만에 다시 살아나셨을 때가 되어서야 그 말씀을 깨닫기 시작했다네. 우리 예수님의 모든 제자들은 이제야 각기 자기 십자가를 지고서 주 예수 그리스도를 따라가고 있는 거라네."

"베드로 선생님, 이제야 많은 그리스도인들이 왜 그렇게 기쁨으로 순교를 당하고 있는지 조금은 알 것 같은데요. 그래도 아직은 이해가 안 되는 것이 있어요."

"그것이 무엇이오?"

"이렇게 사도님들께서 순교를 당하시고 주님의 제자들과 그리스도인들까지 순교를 당해버리면 누가 복음을 전하나요? 그리스도인들이 씨가 말라버릴 것 같아요."

나의 염려하는 마음을 베드로 선생님은 이미 다 알고 계신 듯 잠시 침묵하시더니 또 하나의 말씀을 읊어주셨다.

> "내가 진실로 진실로 너희에게 이르노니 한 알의 밀이 땅에 떨어져 죽지 아니하면 한 알 그대로 있고 죽으면 많은 열매를 맺느니라 자기의 생명을 사랑하는 자는 잃어버릴 것이요 이 세상에서 자기의 생명을 미워하는 자는 영생하도록 보전하리라" (요 12:24~25)

이렇게 말씀하시는 베드로 선생님은 이제 우리 주 예수 그리스도께서 하셨던 그 말씀들이 하나도 빠짐없이 다 이루어진 것을 마음에 굳게 믿으시는 것처럼 느껴졌다. 이야기를 나누다 보니 순교자들이 그처럼 귀한 자기 목숨을 예수 그리스도께 아낌없이 드린 것에 대해 어느 정도는 이해할 것 같았다.

문득 스데반 집사의 순교 현장에서 사람들을 선동해 스데반 집사의 죽음을 강조하며 부추겼던 그 젊은 청년이 떠올랐다. '그는 왜 그랬을까? 그리고 그 사람은 앞으로 어떻게 될까?' 이런저런 의문을 품고 있는 가운데 베드로 선생님께서 헤롯왕의 박해와 스데반의 순교로 그리스도인들이 곳곳에 흩어져 오히려 더 많은 사람들에게 복음이 증거 되었음을 설명해 주셨다. 베니게와 구브로와 안디옥과 헬라까지 복음이 전해져 더 많은 그리스도인들이 생긴다며 기뻐하시는 모습이셨다.

나는 그 말씀을 듣고서 주님의 제자들이나 그리스도인들만 일하는 것이 아니고 신실하신 약속대로 하나님은 지금도 이곳에서 역사하시며 그리스도인들과 함께하고 계시다는 것을 깨달아 알게 되었다.

나는 지금까지 여러 믿음의 조상들과 선지자들과 함께 인터뷰한 내용들을 좀 더 자세히 기록해둬야 하기에 아쉽지만 다음에 다시 베드로 선생님을 만나겠다고 하고서는 그곳에서 선생님과 작별했다.

베드로 선생님은 예루살렘으로 가서 예루살렘 교회의 성도들에게 하나님의 말씀을 전하시겠다고 하시며 예루살렘으로 돌아가셨고, 나는 베드로 선생님과 헤어져 나의 시대로 돌아왔다. 눈을 떴을 때는 여명이 밝아오는 이른 새벽이었다.

십자가를 질 수 있나

깊은 잠에서 꾼 꿈들이 마치 엊그제 일인 듯 생생했다. 지금까지의 일들이 꿈이었음을 일어나고서도 한참이 지나서야 깨달았다. 어찌 된 일인지 꿈에서의 일들 가운데 어느 한 장면도 기억나지 않는 것이 없었다. 꿈에서 만나고 다닌 선진들의 시대와 지금 내가 살아가고 있는 시대 가운데 어느 때가 진짜 내가 살아가고 있는 시대인지 헷갈릴 정도였다.

정신이 들어 깊은 꿈속에서 눈을 뜬 그날은 주일 아침이었다. 나는 아침으로 빵 한 조각과 우유 한 잔을 마시고서는 주일 예배를 위해 교회로 갔다. 예배 시간보다 조금 빨리 도착해 기도하고 싶은 마음 때문이었다. 기도를 하다 보니 나의 믿음을 되돌아보게 됐다.

'나는 지금 어느 시대를 살아가고 있는가?'

얼마쯤 지났을까. 예배를 위해 사방에서 많은 성도들이 모여들고 있었다. 저마다 밝은 얼굴로 와서는 주일 예배를 드리기 위해 준비하는데 어딘가 모르게 무언가에 쫓기는 사람들처럼 허둥거리는 모습이었다.

내가 출석하는 교회는 이름만 들어도 알 만한 대형교회다. 교회가 크다보니 예배 시간도 주일 하루 종일 여러 시간대별로 정해져 있다. 어느 시간이든지 자기가 원하는 시간에 맞춰서 예배를 드릴 수 있기 때문에 어쩌다 늦잠을 자고 교회를 가도 예배 시간을 놓치지 않을 수 있다. 하지만 그에 대한 역효과인지 예배를 드리러 오는 사람들에게서 정성이 부족하다는 느낌을 지울 수 없었다. 전날 꿈속에서 순교자들이 주 예수 그리스도를 위해 담대하게 순교하는 장면을 보고 왔기 때문에 더욱 그렇게 느꼈던 것 같다.

'나 역시 그들처럼 순교하기까지 주님을 사랑할 수 있을까?' 라는 생각으로 지금까지의 내 믿음을 되돌아보니 한없이 부끄러워졌다. '오늘 내 믿음을 주 예수 그리스도께서 보시면 무어라고 하실까?' 라는 생각 때문에 예배시간 내내 눈물이 나와서 견딜 수가 없었다.

웅장하게 울려 퍼지는 파이프오르간의 연주와 성가대의 찬양은 그야말로 환상의 하모니를 이뤘다. 얼핏 세어도 백여 명이 훨씬 넘어 보이는 찬양대원들이 오늘 예배를 위해 부르는 찬양이 내 마음을 울렸다.

〈십자가를 질 수 있나 주가 물어 보실 때 죽기까지 따르오리 성도 대답하였다.〉

찬양은 너무나 은혜로웠다. 파이프오르간 소리와 오케스트라 연주, 그리고 찬양대원들이 부르는 그 찬양은 그야말로 천사들의 합창과도 같았다.

그러나 무엇보다 내 마음에 깊이 새겨지는 것은 가사 한 절 한 절이었다.

〈십자가를 질 수 있나 주가 물어 보실 때 죽기까지 따르오리 성도 대답하였다.〉

이 찬양은 마치 우리 주 예수 그리스도께서 나에게 직접 말씀하며 물어보시는 것 같았다.

"사랑하는 딸아, 너는 나를 위해 십자가를 질 수 있겠니? 너는 십자가를 지고서 나를 따를 수 있겠니? 너는 지금 십자가를 지고서 나를 따르고 있니……."

처음에는 내가 주님을 믿고 있으니 이렇게 믿으면 당연히 주님을 사랑하는 것이고, 또 이렇게 사랑하면 주님의 십자가를 지고 주님을 따르는 것이라 생각했다. 그러나 생각이 깊어질수록 정말로 내가 주님을 십자가를 지기까지 사랑하고 따르고 있는지에 대해 스스로 질문하게 되었다.

'그렇다면 십자가란 무엇일까? 내가 지고 주님을 따라야 할 십자가는 무엇일까?' 라는 생각으로 머리가 복잡해져 예배를 어떻게 드렸는지도 모르게 예배를 다 마치고 집으로 돌아왔다. 돌아오는 길에서도, 또 집으로 돌아와서도 나는 내 마음에 들리는 그 음성, '너는 십자가를 지고서 주님을 따르고 있니?' 라는 질문과 '나의 십자가는 무엇일까?' 라는 생각 때문에 깊은 생각으로 가득했다. 그렇게 한 주간이 지나가고 또 주일을 맞이하게 되었다.

주일 아침 다시 일찍 눈을 떴으나 지난 주 주님께서 나에게 물으신 것에 대한 대답을 아직도 찾지 못한 것 같아 마음이 답답했다. 나는 집 주위에 있는 작은 교회를 찾아가보자는 생각이 문득 들었다. 조금은 낯설지만 작은 교회를 향해 발걸음을 내디뎌 보았다.

그런데 이상한 것은 얼마 전까지 눈에 띄지 않았던 작은 상가 교회들이 이날따라 내 눈에 너무도 잘 들어오는 것이었다.

그동안 내가 너무 무심했다는 생각이 들었다. 작은 교회 성도들이나 큰 교회 성도들이나 똑같은 하나님의 자녀들인데 마치 크고 웅장한 교회에서 예배하는 것이 더 나은 것인 양 나도 모르게 착각하고 있었던 것이다.

큰 교회의 좋은 프로그램과 이름만 들어도 많은 사람들이 알아주는 유명한 목사님, 그리고 옷을 멋지게 차려 입은 사람들 가운데 섞여 있을 때 내가 하나님의 자녀가 된다는 어처구니없는 생각을 은연중에 하고 있었음을 깨달았다. 그런 신앙생활에 익숙해져 있었다는 것이 새삼 부끄러워졌다. 그동안 동네의 작은 교회 성도들과 마주쳐 지나가면서도 나와는 아무 상관없는 먼 이웃나라 사람들 대하듯 그렇게 대하면서 나만 잘 믿으면 된다는 듯 무관심했던 내가 너무도 부끄러웠다. '아, 이러고도 내가 주님을 따른다고 할 수 있을까' 라는 생각과 함께 도착한 곳은 다른 일로 몇 번 드나든 적이 있었던 상가 건물 안 교회였다.

교회 문을 조심스럽게 열고 들어서자 마침 주일 예배를 준비하던 몇 명의 교인들과 중고등부로 보이는 네 명의 학생들, 그리고 두 명의 청년들이 예배를 준비하고 있었다. 얼핏 보아도 십여 명 정도의 작은 교회였다.

나는 작은 교회에서 예배를 드려본 적이 거의 없어 이런 분위기가 한없이 낯설었다. 조용히 들어가 비어 있는 의자에 자리를 잡고 앉자 모두들 반갑다는 표정으로 나를 향하여 고개를 돌려 눈인사를 해주었다. 환한 미소들로 나를 맞이해주는 것 같았다.

잠시 후 예배 시간이 되자 강대상 아래에서 예배를 위해 기도하시던 목사님께서 예배를 위하여 강대상에 서셨다. 내가 다니던 교회에서는 목사님의 얼굴을 뵈려면 멀리서 희미하게 보이든지, 아니면 강단 앞에 있는 큰 화면으로 봐야 했는데 그 교회는 목사님과의 거리가 2미터 정도에 지나지 않아 눈과 눈끼리 마주볼 수 있었을 뿐더러 거의 숨소리까지도 들릴 정도였다.

목사님은 사십대 중반 정도의 신실하신 분 같았다. 예배 시간이 되자 십여 명의 성도들은 뜨겁게 찬양하고 기도했다. 또한 젊은 목사님의 설교는 아주 열정적이었으며 말씀 또한 은혜로웠다.

나는 정성을 다해 예배드리려고 했으나 낯선 분위기에 많이 긴장한 탓인지 이마에서 땀이 줄줄 흘러내렸다. 예배가 끝나기가 무섭게 나오려고 하자 뒷자리에서 조용히 예배를 드리시던 젊은 여자 분이 얼른 따라 나와서는 고맙다는 듯이 나의 손을 잡아주셨다. 기회가 되면 또 오라는 인사도 잊지 않으셨다.

나는 불편한 마음에 빨리 그 자리를 벗어나고 싶다는 생각이 들었으나 왠지 마음만은 그 어느 때보다 기쁨으로 충만하고 한 발자국 주님 앞으로 달려간 느낌이었다. 그리고 그동안 작은 교회 성도들에 대해 무관심했던 나 자신이 부끄러워지면서 '어쩌면 이 사람들이 나보다 훨씬 더 주님 앞으로 가깝게 달려가 있지 않을까' 하는 생각이 들었다. 그날 이후 나는 그동안 꿈속에서 만났던 분들과 인터뷰한 내용들을 빠짐없이 기록해두기로 마음먹고 하나하나 기록하기 시작했다.

예수의 증인, 사울

어느 날 밤, 나는 주님의 부르심으로 또다시 사도들의 시대로 들어갔다. 때는 유대인들이 초대교회를 박해하던 바로 그 시대였다. '루스드라'라는 지역에서 어떤 두 사람이 하나님의 복음을 전하고 있었는데 많은 사람들이 그 두 사람이 전하는 복음을 듣고 있었다.

그곳에 모인 사람 가운데는 나면서부터 한 번도 걸어보지 못한 앉은뱅이 한 사람도 있었다. 말씀을 듣고 있던 앉은뱅이는 갑자기 "나도 당신이 전하는 그 예수라는 사람을 믿겠소"라고 외쳤다. 그러자 그들에게 복음을 전하던 바울이라는 사람이 그 앉은뱅이의 마음에 예수 그리스도를 믿고자 하는 마음이 있는 것을 보고서는 사람들 앞에서 "내가 네게 그리스도 예수의 이름으로 말하노니 일어나 걸어가라" 라고 큰 소리로 외치는 것이었다.

그런데 놀라운 것은 그 말씀을 들은 앉은뱅이가 바울이라는 사람이 외치는 소리를 듣더니 비척거리며 일어나려고 하는 것이었다. 그곳에 모인 사람들은 도대체 저 앉은뱅이가 무엇을 하려는지 숨소리까지 죽인 채 바라보고 있었다. 그런데 기적이 일어났다. 잠시 후 앉은뱅이의 비척거리던 발에 힘이 들어간 듯 그가 똑바로 일어나 걷는 것이었다.

이 광경을 바라보던 사람들은 잠시 술렁대더니, "야! 앉은뱅이가 일어섰다. 기적이 일어났다. 앉은뱅이가 일어났다!" 라고 외치며 소란스러운 모습이었다.

그때 바울이라는 사람이 더욱 큰 소리로 그 앉은뱅이를 향하여 외치기를

"네 발로 걸어가라. 우리 주 예수 그리스도께서 너를 걷게 하셨다" 라고 했다.

그 말을 들은 앉은뱅이가 조심스럽게 한 발자국을 떼려고 발발 떨리는 발을 내디뎌 보자 그 발걸음이 떼어지는 것이었다. 신이 난 앉은뱅이는 또 다른 발을 내디뎠고 그 발도 쉽게 내디뎌졌다.

"이것은 사람이 한 일이 아니네,"

"그럼, 신이 한 것이지."

"저 사람들이 말하는 그 신이 한 것이여."

"아니오, 저 사람들은 신이오."

"신이 저 사람들로 우리에게 온 것이지."

"우리가 저 신에게 제사를 드리세."

"저들의 신이 우리를 도우셨구먼."

"신이 저 앉은뱅이를 고쳐서 낫게 해주셨어."

"우리 저 신에게 제사를 드려야 해".

"그려, 제사를 드려야 해"!

앉은뱅이가 걷는 기적을 본 사람들은 소란스럽게 떠들더니 그중 몇 사람은 그들의 신당으로 달려가 소와 화환들을 가지고 와서는 바울과 바나바에게 엎드려 절하며 제사하려 했다.

그러자 놀란 바울과 바나바가 옷을 찢으며 사람들에게 외쳤다.

"여러분들이여. 내 말을 들으시오. 우리는 신이 아니오. 여러분과 똑같은 사람입니다. 우리가 지금 복음을 전하는 것은 이런 것들을 버리고 천지와 바다와 그 가운데 만물을 지으신 살아계신 하나님을 전하는 것이오. 하나님께서는 하늘로부터 비를 주시고 결실기를 주시고 우리 사람들뿐만 아니라 온 만물들이 살아갈 수 있도록 공기를 주시고 햇빛을 주셨을 뿐 아니라 이제는 여러분들이 그 하나님 앞으로 돌아오도록 하나님의 아들 예수 그리스도를 주셨으니 그 예수 그리스도로 말미암아 우리에게 십자가의 은혜로 죄 사함과 구원의 길이 열렸습니다. 그러니 주 예수 그리스도를 믿으라고 우리가 전하는 것이오. 그리하면 여러분들이 구원을 받아 하나님의 자녀가 되고, 하나님께서 주 예수 그리스도로 말미암아 우리에게 영생을 주실 것이오."

이때 안디옥과 이고니온에서 갑자기 유대인들 수십 명이 몰려오더니 바울을 향하여 돌을 던지기 시작했다. 유대인들이 소리를 지르며 달려들었다.

"이놈들이 우리에게 와서 그 염병 같은 예수를 전하더니, 이곳에 와서도 그 염병을 전한다."

"자, 저놈을 우리가 돌로 쳐서 죽이자. 저놈이 다시는 그 예수라는 자를 전하지 못하도록 저 놈을 때려죽이자. 저놈을 돌로 쳐서 죽이자."

여기저기 누가 먼저랄 것도 없이 안디옥에서 몰려온 유대인들이 바울을 향해 돌을 던지기 시작했다. 사방에서 날아온 돌에 맞은 바울은 그만 정신을 잃고 쓰러졌다. 그리고 머리에서 발까지 피범벅이 되었다.

수십 명이 던진 돌에 맞아 바울이 죽게 된 것을 안 유대인들은 바울을 들어서 동네 밖으로 나가 사람들이 다니지 않는 한적한 곳에 내동댕이치고서는 씩씩거리며 돌아갔다. 그리고 이 소식을 들은 예수님의 제자들이 바울이 버려진 곳으로 갔다.

“바울 선생, 괜찮으시오? 우리는 당신이 죽은 줄 알았소. 우리 주 예수 그리스도께서 당신을 살리셨소. 참으로 당신은 주 예수 그리스도의 제자요.”

제자들이 바울의 모습을 보며 슬퍼하고 안타까워 울고 있을 때 바울은 피범벅이 된 몸으로 그들 가운데 일어나 이렇게 이야기했다.

“형제들, 여러분들 마음에 큰 근심을 끼쳐 참으로 죄송합니다. 나는 이보다 더한 고난을 받아도 마땅합니다. 나는 주님의 제자들을 괴롭히고 주님을 믿는 사람들을 핍박했던 죄인 중에 괴수라는 것을 압니다. 이렇게 죽어도 감사한 것이지요.”

“당신이 그렇게도 핍박하던 그 예수님을 지금은 이렇게 전하다가 고난을 많이 당하고 있다는 것을 우리도 들어서 알고 있습니다.”

“내가 주 예수 그리스도를 알지 못해 스데반 집사와 같은 주의 제자를 죽였소. 나는 스데반을 죽인 죄인 중의 괴수요. 이제라도 이렇게 나의 주님을 위해 피 흘리고 고난당하며 나의 주 예수 그리스도의 복음을 전할 수 있는 것은 참으로 귀한 영광 중의 영광이라 생각합니다.”

“당신이 스데반을 죽일 때 스데반의 무죄한 생명의 핏값을 치르겠다고 하더니 이제 당신이 그 피를 흘리므로 그 핏값을 치르게 되었소. 신실하신 하나님께서 당신이 전하는 주 예수 그리스도의 복음으로 많은 영혼을 구원하게 할 것이며, 우리 주 예수 그리스도의 복음은 땅 끝까지 전파될 것이오. 그 가운데 우리 주님께서 당신과 함께하셔서 당신을 통하여 그 복음을 전하게 할 것이니 강하고 담대하시오.”

"예, 형제님들. 나 같은 죄인도 형제님들께서 주 예수 복음을 전하는 형제로 세워주시니 참으로 고마운 마음이오. 이제 나는 살아도 주님을 위하여 살고, 죽어도 주님을 위하여 죽을 것이오. 내가 이렇게 우리 주 예수 그리스도를 전할 수 있도록 나 같은 죄인에게까지 나타나서 나를 만나주신 예수님의 사랑을 생각하면 너무나 감사하여 눈물밖에 안 나옵니다."

"바울 선생, 당신이 교회와 주의 백성들을 핍박하고 박해했다는 것을 우리는 너무나 잘 알고 있소. 우리 형제 중 어떤 이들은 당신이 주 예수님의 복음을 전한다 하여도 믿어지지 않는다 하였는데 당신이 이렇게 복음을 전하며 고난당하는 것을 직접 보니 참으로 당신은 이제 우리와 같은 주님의 형제임을 알겠소. 그러니 이제 더욱 강하게 주님을 전해주시오."

"예, 형제님들. 저는 이제 주님을 알지 못하는 이방인들에게로 가서 복음을 전할 것이오. 그들을 위해 전도여행을 하면서 복음을 전할 것이오."

"우리 형제 바나바 형제가 같이하고 있으니 걱정이 좀 덜 됩니다. 그러나 어디에서든지 유대인들이 당신을 죽이려 하고 있으니 몸조심하시오. 우리는 하나님께서 당신과 늘 함께하시도록 끊임없이 기도할 것이오."

"우리에게는 항상 핍박과 고난이 함께하고 있으니 언제 다시 형제님들을 뵈올지 모르겠지만 저를 위하여 이 시간 기도하여 주시오."

"그럽시다. 우리가 바울 선생을 위하여 기도합시다."

주의 제자들과 바울 선생은 그곳에서 같이 무릎 꿇고 간절히 기도했다. 나는 이 모든 광경을 옆에서 바라보면서 많은 생각을 했다. 이때 갑자기 얼마 전 스데반의 순교 현장이 생각났다. 그때 증인들의 옷을 맡으며 스데반의 핏값을 치르겠다고 살기가 등등하여 외치던 그 청년이 바로 이 바울이었단 말인가. 주님의 복음을 전하다가 죽음 앞에 이르도록 돌을 맞아 고난을 당한 그 바울 선생이라는 자가 바로 그 청년이었다는 사실에 입이 다물어지지 않았다.

나는 이 일들을 바라보면서 '우리 주님께서 하셨구나!' 라고 고백할 수밖에 없었다. 주님께서 예수를 핍박하던 청년을 주 예수 그리스도를 전하는 당신의 종으로 이끌어 쓰셨다고 생각하니 너무도 감격스러웠다.

* * *

여러 생각과 추측이 복잡하게 얽히면서 누군가 나를 인도해주었으면 좋겠다는 생각이 들었다. 그러면서 얼마 전 야고보 사도의 순교 현장과 스데반 집사의 순교 현장까지 나를 안내해주었던 베드로 선생님이 생각났다. 그러나 베드로 선생님께서는 어디에 계신지 도저히 알 방법이 없었다.

나는 바울 선생님과 주의 제자들이 무릎을 꿇고 간절히 기도하시는 곳에서 베드로 선생님을 만나고픈 마음에 예수님께 간절히 기도를 올렸다.

잠시 후 눈을 떴을 때는 조금 전 같이 있던 바울 선생님과 제자들은 간 곳이 없고 나만 그 들판 같은 곳에 홀로 앉아 누군가를 기다리고 있었다.

얼마가 지났을까. 저 맞은편에서 누군가 나를 향해 걸어오고 있었다. 얼마나 먼 곳에서 걸어오시는지 큰 지팡이를 짚고 걸어오고 있었다. 나는 아무도 없는 광야 같은 곳에서 혼자 있었는지라 사람이 반갑기도 했지만 지금 내가 누구를 만나야 하며 어디로 가야 할지를 알지 못했기에 나를 향해 걸어오는 그분이 더욱 반갑게 느껴졌다. 그분이 점점 나를 향하여 가까이 오자 내 마음은 두근두근 떨리기까지 했다.

그가 나에게 왔을 때 나는 하나님께서 나의 기도에 응답해주신 것을 알게 되었다. 그는 바로 베드로 선생님이셨다. 베드로 선생님을 보내달라고 기도했더니 정말로 예수님께서 나의 기도를 들으시고 베드로 선생님을 보내주신 것이었다.

"베드로 선생님, 너무 감사합니다."

"기자 선생, 나를 찾았소?"

나는 베드로 선생님을 다시 만나게 된 것이 너무 반가웠는데 베드로 선생님은 마치 조금 전 만났었는데 왜 그러느냐는 듯 나를 바라보셨다.

그러나 베드로 선생님도 나와 같이 순례 여행을 하게 된 것에 대해서는 좋아하시는 듯 보였다.

베드로 선생님을 만나자 그동안 궁금했던 일들이 하나둘 생각났다. 베드로 선생님께서는 이미 내 마음을 다 알고 계신다는 듯 "기자 선생, 이제 무엇이든지 나에게 궁금한 것은 다 말해보시오" 라고 먼저 말씀해주셨다.

"베드로 선생님, 선생님께서 오시기 얼마 전에 지금 이곳에서 어떤 일들이 있었는지 아세요?"

"기자 선생, 도대체 어떤 일이 이곳에서 있었기에 이렇게 놀라워하는 것이오?"

오히려 베드로 선생님께서 나에게 질문을 던져주시자 나는 마치 어린아이처럼 흥분된 마음으로 조금 전 이곳에서 일어난 일들을 설명하기 시작했다.

바울 선생님이라는 분이 유대인들에게 돌에 맞아 죽을 뻔한 이야기부터 시작해서 그분이 분명히 지난 번 스데반 집사의 순교 현장에서 그렇게 예수 믿는 사람들을 핍박하며 스데반을 죽이는 데 제일 앞장섰던 분이라는 것까지 모조리 설명했다. 그러면서 어떻게 바울이 주 예수 그리스도의 복음을 전하는 자가 된 것인지 신기하다며, 어떻게 된 일이냐고 베드로 선생님께 여쭸다.

그러자 베드로 선생님께서는 "자, 우리 바울 선생님을 통해 그 말씀을 들어봅시다" 라고 하시면서 나를 인도해 어디론가 가셨다.

* * *

얼마 후 베드로 선생님과 함께 간 바닷가에서는 에베소에서 온 교회 장로 몇 분과 성도들이 바울의 설교를 듣고 있었다. 바울 선생님은 마치 마지막 고별설교를 하듯 그곳에 모인 성도들과 달려온 장로들에게 주의 교회와 양무리를 간절한 마음으로 부탁하는 말씀을 전하고 계셨다.

"사랑하는 성도님들이여, 이제 나는 성령에 매여 예루살렘으로 올라갑니다. 그런데 예루살렘에서 무슨 일을 만날는지 나는 모릅니다. 그러나 여러 성도들을 통하여 성령님께서 말씀하여 주시기를, 이번에 예루살렘으로 올라가면 거기에서는 결박을 당하는 환난이 나를 기다린다고 합니다. 하지만 나는 나의 달려갈 길과 주 예수 그리스도께서 나에게 주신 사명, 곧 하나님의 은혜의 복음을 증언하는 일을 다 마치기까지는 나의 생명조차 조금도 귀하게 여기지 아니하고 주 예수 그리스도를 전하려 합니다. 이제는 여러분들이 내 얼굴을 다시는 보지 못할 줄 압니다. 그러나 나는 이제 여러분들 앞에서 다시 담대하게 말씀드리니, 나는 모든 사람의 피에 대하여 이제는 깨끗합니다. 이것은 내가 주 예수 그리스도를 만난 이후부터 나는 주 예수 그리스도의 복음을 하나님의 뜻을 따라 꺼리지 않고 전하였기 때문입니다."

바울 선생님은 계속 말씀을 이어가셨다.

"하나님의 교회와 양 무리를 보살피시는 장로 여러분, 여러분들은 양 무리를 위하여, 여러분 자신을 위하여서도 이제는 삼가 조심하여 주님의 복음을 전하며 하나님의 교회를 위하여 힘써 일하십시오. 하나님께서 여러 많은 사람 가운데서 여러분들을 택하여 감독자로 삼고 하나님께서 자기 피로 사신 교회를 보살피게 하셨기 때문입니다. 이제 내가 여러 교회와 여러분들을 떠난 후에 사나운 이리가 여러분에게 들어와서 그 양떼를 아끼지 아니하고 또한 여러분 중에서도 제자들을 끌어들여 자기를 따르게 하려고 어그러진 말을 하는 사람들이 일어날 줄을 내가 압니다. 그러나 여러분들이여, 내가 3년씩이나 밤낮 쉬지 않고 눈물로 각 사람을 훈계하던 것을 기억하십시오. 지금 내가 여러분들을 우리 주 예수 그리스도께 부탁하며, 여러분들에게 전한 그 은혜로운 말씀 앞에 부탁합니다. 이제 주 예수 그리스도의 복음이 여러분들을 능히 든든히 세우사 거룩하게 하심을 입은 모든 자 가운데서 기업이 있게 하실 것입니다. 내가 지금까지 많이 수고하여 복음을 전하며, 친히 나의 손으로 힘써 일하여 약한 사람을 돕고 주 예수 그리스도를 전하였습니다. 자, 이제 우리 이곳에서 마지막으로 기도합시다."

바울 선생의 설교가 끝나자 저들은 다같이 바닷가에서 무릎을 꿇고서는 간절한 마음으로 바울 사도의 일행을 위해 기도하기 시작했다. 저들의 믿음과 교회를 위해서도 눈물로 하나님께 간절히 기도하는 모습이었다.

한동안 그렇게 울며 기도하던 성도들과 교회 장로들은 바울 선생님 앞으로 가까이 다가가더니 바울을 붙잡고 울며 입 맞추며 인사했다. 이제는 다시 얼굴을 보지 못할 것이라는 말에 더욱 눈물로 마지막 인사를 나누는 듯 보였다.

이제 세상에서는 다시 보지 못할 줄 몰라도 하나님의 나라에서는 다시 만날 것을 기대하면서 아쉽게 작별하는 모습을 나는 베드로 선생님과 함께 보게 되었다. 나는 바울 선생님께서 장로들과 성도들에게 마지막으로 당부하신 그 말씀을 하나하나 깊이 새겨보지 않을 수 없었다.

"나는 이제 성령에 매여 예루살렘으로 간다. 그러나 예루살렘에서는 내가 결박당하는 환난이 기다린다고 한다. 그럼에도 불구하고 나는 예루살렘으로 가야만 한다. 왜냐하면 주 예수 그리스도의 복음을 그곳에서도 전해야 하기 때문에…… 그러나 나는 그리스도께 받은 사명을, 곧 하나님의 은혜로운 복음을 전하기 위해서라면 나의 생명을 조금도 귀하게 여기지 않는다."

바울 선생님의 이 모습은 얼마 전 순교 현장에서 만났던 스데반 집사님과 야고보 선생님의 마음과 똑같다는 생각이 들었다.

'그렇구나. 이 마음이 즉 주 예수 그리스도의 마음이구나. 이미 그들의 마음 가운데에는 예수의 마음이 부은 바 되어 그 마음으로 저들은 자기의 사명을 완수하기까지 자기의 생명까지도 귀하게 여기지 않고 주님의 십자가를 지고 주님을 따르는구나.'

이러한 생각을 하자 나는 눈물이 나서 견딜 수 없었다. 초대교회 성도들은 이런 믿음으로 주님을 따르고 복음을 전하고 교회를 세우며 하나님의 나라를 확장해 이루어가고 있었다는 걸 알게 되었다.

바울 일행과 성도들이 바닷가에서 무릎 꿇고 기도할 때 나와 베드로 선생님도 같이 옆에서 무릎 꿇고 기도하다가 눈을 떠보니 벌써 저들은 어딘가로 가고 나와 베드로 선생님만이 남아있었다.

밧모 섬의 요한

베드로 선생님은 앞으로 더 많은 성도들이 환난과 박해를 받을 것이라고 하셨다. 그러면서 지금까지 만나지 않았던 또 한 분의 사도를 만나러 가자며 어디론가 나를 데리고 가셨다.

나는 베드로 선생님과 함께 길을 가면서 그동안 궁금했던 것들을 질문하려 했으나 이렇게 죽음도 두려워하지 않고 주 예수 그리스도를 전하는 바울 선생님의 얼굴을 뵙고 나니 어떠한 질문도 덧없다는 생각마저 들었다.

'주님을 향한 사도들의 마음을 어떻게 몇 마디의 말로 설명할 수 있을까.'

베드로 선생님은 나를 어디로 데리고 가시는지 산을 넘고 시내를 건너고 깊은 골짜기를 지나기도 했다. 다리도 아프고 목마르고 배고팠지만 말없이 두어 걸음 앞장서 가시는 베드로 선생님께 투정부릴 수 없어 그냥 참으며 묵묵히 따라갔다.

나는 너무 더워 땀을 줄줄 흘리며 따라가고 있었지만 베드로 선생님은 그러한 사사로운 어려움에는 신경 쓰지 않으시는 듯 보였다. 선생님의 마음은 오직 초대교회 성도들에 대한 생각과 앞으로 더 크게 닥칠 그리스도인들에 대한 박해에만 집중되어 있었다. 주님의 제자들이 곳곳에서 순교의 제물이 될 것을 이미 알고 계신 선생님이시기에 다른 사사로운 것으로 힘들다 하지 않으시는 것 같았다.

선생님의 마음 가운데에는 성도들이 환난과 박해 중에라도 목숨을 다해 주님을 사랑하고 순교할지언정 믿음을 배반하지 않고 주님을 따르며 십자가를 지고 주님 앞으로 가는 것에 대한 염려와 걱정뿐이신 것 같았다.

얼마쯤 갔을까. 내가 힘겹게 뒤따라오는 것을 안쓰럽게 여기셨던지 베드로 선생님께서 조금 쉬었다 가자고 하셨다. 마침 우리가 가는 길 앞에 자그마한 나무 두 그루가 있어 그곳에서 잠시 쉬기로 했다. 유대의 한낮 햇살은 참으로 뜨거웠다.

선생님은 그늘에 앉으시자마자 그동안 걸어오느라 지쳤던 다리를 쭉 뻗으시더니 조금만 눈을 붙이자고 하시더니 곧 잠이 드셨다. 나도 조금 떨어진 곳에서 다리를 손으로 주무르며 작은 나무 기둥에 등을 기대고 살며시 눈을 감았다. 나 또한 어느새 단잠 속으로 깊이 들어가는 것 같았다.

* * *

얼마 후 눈을 떠보니 우리는 무인도에 있었다. 베드로 선생님은 마치 그곳에 오신 지 한참이나 된 것처럼 그곳에 살고 계시는 요한 선생님을 모시고 오셨다.

나는 여전히 나무 그늘 아래 기댄 채 잠들었던 그 모습 그대로였다.

“기자 선생, 여기까지 오느라고 고생 많았소. 여기 이분이 요한 선생이오.”

“예, 요한 선생님. 어떻게 제가 지금 이곳에 와 있게 된 것인지…… 그리고 선생님을 뵐 수 있다는 것이 정말로 꿈만 같아요.”

“우리는 이미 2천 년 전에 우리 주 예수 그리스도와 함께 온 세상 사람들의 구원을 위해 복음을 전하다가 주님 앞에 이르렀지만 이렇게 기자 선생이 우리 순교자들을 찾는다고 하여서 우리가 그대 기자 선생 앞에 오게 된 것을 너무나 감사하게 생각한다오."

"요한 선생님, 선생님은 요한계시록을 쓰신 분이시잖아요. 그런데 어떻게 아무도 살지 않는 척박한 무인도에서 귀한 계시록을 쓰실 수 있으셨는지 궁금해요."

이야기가 길어질 것으로 생각되었는지 베드로 선생님이 자리를 옮기자고 제안하셨다.

"우리 이제 그때의 이야기를 하려면 많은 시간이 필요할 것이니 조금 쉴 수 있는 곳으로 갑시다."

처음에는 요한 선생님의 모습이 눈에 잘 들어오지 않다가 조금 지나자 선생님의 모습이 잘 보이기 시작했다. 그곳은 사람이나 짐승은 살 수 없고 간신히 벌레나 이름 모를 나무 열매 몇 개 정도만 나무에 매달려 있는 듯 보였다. 요한 선생님은 나뭇잎을 엮어 치마처럼 둥글게 두르고 계셨고 머리와 수염은 한 번도 자르지 못한 듯 길게 헝클어져 있었다. 손톱과 발톱도 마치 짐승의 것처럼 길게 자라나 구부러져 있어 베드로 선생님이 요한 선생님이라고 소개해주지 않으셨다면 나는 아마 괴물이라고 생각했을 것 같았다.

"요한 선생님, 선생님은 어떻게 이곳으로 오시게 되었나요?"

내 질문에 요한 선생님은 차마 말씀하지 못하시는 듯 베드로 선생님께서 대신 말씀해주셨다.

"요한의 형제 야고보 선생이 잡혀갈 무렵, 요한 선생도 붙잡혔소. 로마 군인들이 칼로 목을 쳤으나 요한 선생님의 목은 잘리지 않았지. 그들은 여러 가지 방법으로 요한 사도를 죽이려 했으나 하나님의 특별하신 보호로 죽지 않자 요한을 사람이 살 수 없는 이 밧모라고 하는 섬으로 유배 보낸 것이오. 그리하여 요한 선생은 이곳에서 혼자 살며 주님의 계시로 보고 듣고 알게 된 내용을 기록하고 있는 것이라오. 그러나 마지막 때에 관한 것을 주님께서 계시해주시는 것이므로 앞으로 후시대 사람들이 이 내용을 가지고 주님의 음성을 듣고 마지막 구원의 날을 준비하게 될 것이오. 세상 끝날 일어날 징조들이 다 일어나 앞으로 장차 올 새 하늘과 새 땅, 그리고 새 예루살렘으로 그리스도의 신부된 하나님의 백성들이 들어가 영원한 영생을 누릴 것이오. 장차 마귀와 그의 사자들은 마지막 때에 온 힘을 다해 하나님의 백성들을 핍박하며 구원 받지 못할 백성들을 미혹할 것이기 때문에 요한 선생님께서도 그것을 덮어 봉해두셨다가 장차 때가 되면 알려줄 것이오."

베드로 선생님의 이야기를 듣다 보니 요한 선생님 역시 순교자라는 생각이 들었다. 그는 하나님의 특별하신 역사로 밧모라고 하는 섬에 유배되어 장차 세상에 일어날 일들과 마지막 때에 관한 주님의 계시를 받았던 것이다.

나는 앞서 베드로 선생님이 다른 사도들도 다 같이 여러 곳에서 순교를 당하셨다고 하신 말씀이 기억났다.

'아, 그래서 우리 예수님께서 한 알의 밀알이 되셨구나! 그리고 예수님의 제자들 역시 한 알의 밀알이 되시기 위해 이렇게 한 알의 밀알처럼 순교의 제물이 되셨구나!'

말씀이 마음으로 깨달아지자 깊은 감동이 전해졌다. 순교의 제물로 인해 많은 하나님의 자녀들이 주 예수 그리스도를 믿고 구원을 받아 능히 셀 수 없는 아브라함의 자손들처럼, 하늘의 별들처럼 구원의 열매들을 맺게 되었구나 생각하니 하나님의 계획들이 조금씩 이해됐다. 십자가의 사랑이 한없이 고마워 눈물 없이는 그 길을 따를 수 없을 것 같다는 생각도 들었다.

바울의 순교

얼마 후 나는 베드로 선생님과 함께 어느 감옥을 방문하게 되었다. 그런데 그 감옥은 지금까지 내가 봐왔던 감옥들보다 더욱 처참한 환경이었다. 지하 동굴처럼 생긴 감옥이었는데 얼마나 어둡고 침침한지 도무지 그곳에 사람이 있으리라고는 상상할 수 없을 정도였다.

베드로 선생님은 나에게 자세히 들여다보라고 하시고는 잠시 자리를 비켜주셨다. 나는 그곳을 천천히 들여다보며 '또 누군가 순교의 밀알이 되려고 하는구나' 라고 생각했다.

그때 조금은 낯익은 누군가가 그곳에 있음을 감지했다. 나는 이렇게 침침하고 더럽고 냄새나고 어두운 곳에 갇히신 분이 누구일까, 철장 안에 있는 사람은 무슨 죄를 지은 사람일까 생각하며 자세히 들여다보려 할 때, 그곳을 향해 누군가 저벅저벅 걸어오는 발자국소리가 들렸다. 그는 다름 아닌 그곳의 죄수들을 지키는 간수장이었다.

그는 보기에는 험상궂은 모습이었으나 그곳에 갇힌 사람에게 오더니 나지막한 음성으로 친절을 베푸는 것처럼 보였다. 물 한 병과 약간의 음식을 감옥 안으로 넣어주면서 속삭이는 말이 나에게까지 들렸다.

"바울 선생님, 이제 선생님의 날짜가 며칠 안으로 잡힐 것 같습니다. 요즘 로마 네로 황제가 얼마나 극성스럽게 그리스도인들을 핍박하던지 수많은 그리스도인들이 십자가형이나 굶주린 사자들의 밥이 되도록 박해를 받고 있습니다."

나는 그제야 그곳에 갇힌 분이 바울 선생님이신 것을 깨달았다.

"이보시오, 간수장. 나에게 이렇게 친절을 베풀어주어 너무 고맙소. 나는 이미 주 예수그리스도를 위하여 죽을 것도 각오하고 있소."

"바울 선생님, 제가 마지막까지 선생님을 돕고자 하는데 제가 무엇을 어떻게 도와드리면 좋을까요?"

"이보시오, 간수 양반. 당신이 나에게 베풀어준 도움으로 내가 깊은 밤에도 편지를 써서 교회들에게 보낼 수 있었소. 내가 나이가 많고 이제 떠나야 할 시간이 가까워온 것 같소. 그래서인지 나의 아들 디모데가 참으로 보고 싶소. 디모데에게 내가 떠나기 전, 겨울이 오기 전에 나에게 오라고 소식을 전했는데 혹시 디모데가 내가 떠나고 나서 오면 이 편지를 전해주시오. 그리고 내가 고린도교회로 보내는 편지도 잘 적어놓았으니 디모데가 오거든 이 편지도 전해주시오."

"바울 선생님, 우리도 어쩔 수는 없지만 바울 선생님을 보고서 선생님께서 믿고 전하시는 그 예수라는 분을 믿기로 했소. 나도 믿고 우리 가족들도 다 믿을 것이오. 그뿐만이 아니라 우리 일가들까지 다 믿기로 하였으니 나에게 선생님께서 믿으시는 그 예수에 대한 복음을 좀 더 전해주시오."

"참으로 고맙소. 내가 전하는 이 말을 마음에 다 깊이 새겨두시오."

"나는 선한 싸움을 싸우고 나의 달려갈 길을 마치고 믿음을 지켰으니 이제 후로는 나를 위하여 의의 면류관이 예비되었으므로 주 곧 의로우신 재판장이 그날에 내게 주실 것이며 내게만 아니라 주의 나타나심을 사모하는 모든 자에게도니라" (딤후 4:7~8)

“이제 선생님을 뵐 수 있는 날이 얼마나 있을지 알 수 없지만, 제가 종종 선생님을 찾아뵙고 선생님을 통하여 그 복음을 듣겠습니다.”

간수는 바울 선생님에게서 편지 두 통을 받아 들고서는 감옥을 나갔다. 바울 선생님은 주님 앞에 조용히 무릎을 꿇더니 조용히 기도하셨다.

옆에서 그 모습을 지켜보던 베드로 선생님께서는 바울 선생님이 계신 방 안으로 들어가시더니 바울 선생님의 두 손을 꼭 잡으셨다. 바울 선생님도 그 순간 눈앞에 계신 분이 베드로 선생님이신 줄 아는 듯 보였다.

“바울 선생, 주님을 위해 이렇게 많은 고생을 하시니…….”

“베드로 사도님, 주님께서 나 같은 죄인 괴수도 주님의 종으로 불러주셨으니 너무나 감사하지요.”

“바울 선생이 이렇게 많은 편지들로 성도들의 신앙을 굳게 지켜주고 앞으로 후시대 하나님의 백성들에게까지 복음을 전해주니 너무나 크고 귀한 일을 하셨소.”

“이제 저는 떠나갈 날이 며칠 안으로 정해진 것 같습니다.”

“우리 제자들 역시 다들 순교를 각오하고 마지막 힘을 다해 복음을 전하고 있습니다. 나도 이제 곧 로마로 들어갈 것입니다. 로마에서 많은 그리스도인들이 십자가형이나 사자들의 밥 이 되어 순교를 당하고 있다고 합니다.”

“우리는 주님의 복음을 전하다가 우리 주 예수 그리스도 앞으로 가지만 우리 주 예수 그리스도께서는 영원토록 살아계셔서 앞으로 후시대 많은 하나님의 자녀들이 다 구원받기까지 저들과 함께할 것입니다.”

"여기 후시대에서 주님의 종이 우리 순교자들의 삶을 인터뷰하기 위해 함께 왔습니다. 그동안 우리 순교자들의 삶을 보고 들은 대로 다음 시대 사람들에게 예수 그리스도의 복음과 함께 전할 것입니다."

나는 바울 선생님과 함께 작은 공간 안에 있는 것만으로도 벅찬 감격으로 숨이 멎을 것만 같았다. 떨리는 마음을 가다듬고 조심스레 질문을 했다.

"바울 선생님, 저는 스데반 집사님께서 순교를 당하실 때도 그곳에 함께 있었습니다. 그런데 어떻게 그리스도인들을 핍박하시던 분이 이렇게 주님을 전하시다가 순교를 당하면서까지 주 예수 그리스도를 전하게 되셨는지 궁금합니다."

내 질문에 바울 선생님은 잠깐 눈을 감으시더니 다음의 성경 말씀을 들려주셨다.

> "이 교훈은 내게 맡기신 바 복되신 하나님의 영광의 복음을 따름이니라 나를 능하게 하신 그리스도 예수 우리 주께 내가 감사함은 나를 충성되이 여겨 내게 직분을 맡기심이니 내가 전에는 비방자요 박해자요 폭행자였으나 도리어 긍휼을 입은 것은 내가 믿지 아니할 때에 알지 못하고 행하였음이라 우리 주의 은혜가 그리스도 예수 안에 있는 믿음과 사랑과 함께 넘치도록 풍성하였도다 미쁘다 모든 사람이 받을 만한 이 말이여 그리스도 예수께서 죄인을 구원하시려고 세상에 임하셨다 하였도다 죄인 중에 내가 괴수니라 그러나 내가 긍휼을 입은 까닭은 예수 그리스도께서 내게 먼저 일체 오래 참으심을 보이사 후에 주를 믿어 영생 얻는 자들에게 본이 되게 하려 하심이라 영원하신 왕 곧 썩지 아니하고 보이지 아니하고 홀로 하나이신 하나님께 존귀와 영광이 영원무궁하도록 있을지어다 아멘" (딤전 1:11~17)

바울 선생님의 믿음의 고백을 듣고 나니 주님의 십자가를 지고 그 뒤를 따르는 제자들의 모습이 한없이 거룩하게 느껴졌다. 바울 선생님과 베드로 선생님은 이미 죽음을 조금도 두려워하지 않고 순교로 주님을 뒤따를 마음의 준비가 다 되었음이 느껴졌다. 그럼에도 많은 박해 가운데 서 있는 그리스도인들에 대한 사랑과 저들이 박해와 고난 가운데서 믿음을 잘 지킬 수 있을지에 대한 걱정으로 안타까워하는 모습이셨다.

선생님들은 그 침침한 감방 안에서 무릎을 꿇으시고는 주 예수 그리스도께 남은 교회와 주의 백성인 그리스도인들을 부탁하시는 간절한 기도를 드리셨다. 나도 그 옆에서 조용히 무릎을 꿇고 같은 마음으로 간절하게 기도드렸다. 그리고 얼마 후 베드로 선생님은 떠날 것을 말씀하셨다.

"기자 선생, 그동안 참 고마운 순교 여행이었소. 다음 후시대 사람들에게 우리 순교자들의 믿음이 잘 전달될 수 있도록 잘 전해주시게."

"베드로 선생님, 그동안 참 감사했습니다. 그럼 저도 주님께서 주신 귀한 사명 잘 마치고 이다음 주님의 나라에서 베드로 선생님을 꼭 다시 만나뵙겠습니다."

"언제나 우리 주님께서 선생과 함께하실 것이오."

"베드로 선생님, 마지막으로 선생님께서 저를 위해 기도해주셨으면 합니다."

나는 걸음을 멈추고 단정하게 무릎을 꿇었다. 그러자 베드로 선생님은 나를 위해 선생님의 두 손을 내 머리에 얹으시더니 하나님께 간절한 기도를 해주셨다.

죄악의 늪

베드로 선생님과 헤어져 나는 또 어디론가 가고 있었다. 그런데 어쩐지 두려운 마음이 엄습해왔다. 지금까지는 혼자 길을 걸을 때도 알 수 없는 평안이 내 마음에 충만해 두려움이 있더라도 그 가운데 평안함으로 주님을 찬양하면서 나아갈 수 있었는데 이때는 어쩐지 힘든 길이 아닌데도 마음이 불안했다. 숲 어디선가 나를 해하는 그 무언가가 나타날 것만 같은 두려운 생각이 자꾸만 들었다. 그렇다고 그냥 길에 주저앉을 수도 없어 하나님께서 또 누군가를 보내주시기를 기대하며 길을 걸었다.

한참을 가다 보니 내가 가던 길 한편에서 누군가 바위에 앉아 나를 기다리고 있었다. 그는 검은 옷을 입고 손에는 이상한 지팡이를 짚고 있었다. 두려운 마음에 가슴까지 콩닥콩닥 뛰기 시작했다. 그러나 그를 피해 다른 길로 갈 수도 없었다. 나의 발은 두려움에 발발 떨리기까지 했다. 그때 마음에 떠오르는 하나님의 말씀이 있었다.

> "두려워하지 말라 내가 너와 함께 함이라 놀라지 말라 나는 네 하나님이 됨이라 내가 너를 굳세게 하리라 참으로 너를 도와주리라 참으로 나의 의로운 오른 손으로 너를 붙들리라" (사 41:10)

하나님의 말씀을 소리 내어 외우다 보니 어느새 내 마음 가운데 가득히

차 있던 두려움은 점점 사라지고 하나님이 나와 함께하신다는 믿음으로 마음이 평안해졌다. 더욱이 지금까지는 미처 느끼지 못했던 내 안의 용기가 샘솟으면서 담대한 마음도 생기기 시작했다. 이제 누구도 나를 해치지 못할 것이라는 믿음으로 나를 기다리는 그 검은 옷의 형체에게 다가갔다.

내가 조금 가까이 다가가자 그는 손에 들고 있던 지팡이로 땅을 탕탕 두 번 쳤다. 그러자 갑자기 숲 양쪽에서 여러 마리의 뱀과 독사들이 몰려나오더니 나를 향하여 혀를 날름거리며 내 주위를 둘러쌓다. 나는 얼마나 놀랍고 무섭던지 금방이라도 이 독사들이 나를 물 것 같아 소름이 돋고 무서워 견딜 수가 없었다. 그때 나는 본능적으로 하나님께 기도했다

"하나님 도와주세요."

그때 하늘에서 쩌렁쩌렁한 소리로 "독사의 머리를 발로 밟아라" 하는 음성이 강력하게 들려왔다. 나는 독사의 머리를 밟기는 고사하고 지금 내 앞에 뱀과 독사가 있다는 것만으로도 너무 무서워 기절할 것만 같았다. 그럼에도 하나님의 큰 소리로 인하여 담대한 마음을 얻었으므로 발을 들어서 독사의 머리를 밟으려 하자 조금 전까지 그렇게 무서운 기세로 나를 물어 삼키려 혀를 날름거리던 독사들이 갑자기 힘을 잃더니 금방 양쪽의 숲속 길로 다 도망가 버리고 말았다.

간신히 가슴을 쓸어내리며 또 몇 발걸음을 걸어가자 조금 전 내 앞길에서 지팡이로 땅을 쳐 숲속의 뱀과 독사들을 불러들인 그 검은 옷의 형체가 이번에도 또 한 번 지팡이를 들어서 땅을 탕탕 쳤다. 그러자 이번에는 그 양쪽 숲속에서 몇 마리의 젊은 사자들이 으르렁거리며 달려 나왔다. 그러더니 그

사자들 역시 내 주위로 몰려와서는 금방이라도 나를 물어 찢어 먹을 듯이 나를 공격하려 했다. 나 역시 조금 전 독사들 때처럼 본능적으로 하나님께 기도했다.

"주님, 도와주세요."

소리쳐 기도하자 어디선가 하얀 날개옷을 입은 천사가 나타나 나와 사자들 사이 가운데 섰다. 그리고 천사가 그 날개옷의 날개를 몇 번 펄럭여주니 맹렬하게 나를 잡아 삼킬 것 같은 사자들의 기세가 순간 꺾이더니 마치 온순한 어린양 같은 자세로 천사 앞에 엎드러지는 것이었다. 사자들은 언제 그랬느냐는 듯 양쪽 숲으로 사라져 버렸다.

너무나 놀랍고 무서워 콩닥거리는 가슴으로 빨리 그 길을 벗어나려 할 때 몇 걸음 앞서 나를 기다리던 그 검은 옷의 형체가 나에게 말을 붙이기 시작했다.

"내가 이곳에서 당신을 한참이나 기다리고 있었다."

그는 내가 가까이 다가가자 손을 내밀어 악수를 청했다. 그러나 나는 그와 악수하는 것이 어쩐지 꺼려져 손을 선뜻 내밀지 못했다. 이런 내 모습에 그는 그럴 줄 알았다는 듯이 고개를 끄덕이며 손을 거두었다. 그는 자신을 사탄이라고 소개했다.

그의 정체를 알게 되자 내 마음은 두려움 반 떨리는 마음 반으로 좀처럼 안정이 되지 않았다. 그러나 그런 와중에도 나를 시험하러 온 것인지 아니면 후시대 사람들에게 전달할 것이 있어 나를 찾아온 것인지 궁금해졌다.

어떻게 처신해야 할지 막막한 마음에 떨고 있을 때 사탄이 먼저 입을 열었다.

“지금은 나도 하나님의 심부름으로 왔으니 그렇게 두려워하지 않아도 될 것이다. 기자 선생이 천로역정을 쓰는 것을 알고 계신 하나님께서 이제는 기자 선생이 사탄의 세계도 알려야 하기에 나를 보내어 우리 사탄의 정체에 대해 알려주라고 하여서 왔다. 그러므로 지금 나는 기자 선생을 시험한다거나 해치지 않을 것이니 두려워 말고 무엇이든 궁금한 것이 있다면 물어봐라.”

자신의 설명에도 여전히 불안한 표정으로 머뭇거리는 나에게 사탄은 아주 비밀스러운 것을 말해주겠다고 했다.

“그대는 지금 잘 모르는 것 같은데 사실 당신의 이마에는 예수 그리스도의 보혈이 흠뻑 발라져 있다. 또 기자 선생을 보호하는 천군 천사 수명이 당신을 둘러싸고 있다.”

“정말인가? 정말로 내 이마에 예수 그리스도의 보혈이 묻어 있나?”

나는 예수님의 보혈이 내 이마에 흠뻑 발라져 있다는 사탄의 말에 한편으론 안심이 되었다.

“묻어 있는 정도가 아니라 흠뻑 온몸에 다 발라져 있다. 그래서 아무리 강한 힘을 가지고 있는 사탄이라도 기자 선생 머리카락 하나 해할 수가 없다. 뿐만 아니라 하나님께서 허락하지 않으시면 나의 힘도 아무 능력을 발휘할 수가 없다.”

사탄의 말을 듣다 보니 담대한 마음으로 무엇이든지 물어볼 수 있을 것 같은 용기가 생겼다. 나는 어쩔 수 없이 사탄과 나란히 길을 걸으며 대화를 이어나갔다. 양쪽으로 숲이 우거진 그 길은 지금까지 걸었던 그 어떤 길보다 평평하고 걷기 쉬웠다.

나는 그동안 믿음 생활 가운데 궁금했던 것들을 사탄에게 물어야겠다고 생각했다. 어쩐지 사탄에게는 고분고분한 어투로 말하고 싶지 않아 명령하듯 질문했다.

"너는 이제부터 사탄이 어떻게 사람들로 하여금 죄를 짓도록 시험하고 유혹하는지 대답해라. 그동안 나는 사람들이 죄를 지어 멸망당하고 고난당하는 것을 수없이 봤다. 나 역시 시험으로 많은 죄를 짓기도 하고 시험에 빠진 적도 있었다."

사탄은 그 음흉한 얼굴로 정체를 감추고 싶어하는 듯 보였다. 그러나 불꽃같은 눈동자로 살펴보고 계시는 하나님 앞에 서 있기에 사실은 두려워 떨듯 나에게 자신들의 정체에 대해 털어놓았다.

"사람들은 죄를 지으면 그 죄에 대한 것을 말하지만 우리는 그것보다 더 큰 일들로 하여금 사람들이 하나님을 찾지 못하게 한다. 기자 선생, 혹시 이런 하나님의 말씀을 읽어본 적이 있는가."

> "또한 그들이 마음에 하나님 두기를 싫어하매 하나님께서 그들을 그 상실한 마음대로 내버려 두사 합당하지 못한 일을 하게 하셨으니 곧 모든 불의, 추악, 탐욕, 악의가 가득한 자요 시기, 살인, 분쟁, 사기, 악독이 가득한 자요 수군수군하는 자요 비방하는 자요 하나님께서 미워하시는 자요 능욕하는 자요 교만한 자요 자랑하는 자요 악을 도모하는 자요 부모를 거역하는 자요 우매한 자요 배약하는 자요 무정한 자요 무자비한 자라" (롬 1:28~31)

"보라, 기자 선생. 이런 죄는 사람들이 짓는 것이오, 우리는 다만 사람들이 그러한 죄들을 지을 수 있도록 저들의 마음에 하나님 두기 싫어하는 마음을 주려고 애쓰고 있는 것뿐이다."

"그러면 너희들이 이러한 죄를 짓도록 유도하는 것이 아니란 말이냐!"

"하나님이 사람을 지으셨을 때는 온전히 선하고 온전히 의롭고 온전히 거룩하고 온전히 지혜롭게 지으셨다. 그것을 우리도 알고 있지. 그러므로 그렇게 지음 받은 사람들은 죄를 짓지 않고도 하나님과 함께 행복하게 살 수 있는 사람들이었다. 그러므로 옛날 에덴동산에서 우리가 아담과 하와를 유혹해 그들이 죄를 지었을 때 하나님과 나는 계약을 맺게 되었지. 사람들로 하여금 하나님을 선택할 수도, 나 사탄을 선택할 수도 있도록 말이야. 그때 하나님께서는 사람들에게 자유의지라는 것을 주셨다."

"그러면 사람이 그 자유의지로 하나님을 마음에 모시기 원해야 한다는 것이냐?"

"바로 그거다. 사탄의 세계는 다 알고 있다. 하나님 없는 인간의 마음에는 얼마나 허망한 것들이 담겨 있는지를. 나는 사람들의 마음에 악을 알 수 있는 마음과 악을 행할 수 능력과 악을 선택할 수 있는 힘을 주었지."

"그렇다면 그 뒤에는 어떤 또 다른 방법이 있다는 말이냐!"

"내가 알 수 없는, 그리고 할 수도 없는 더 큰 능력과 방법으로 모든 하나님이 지으신 피조물들이 다 나에게 굴복하고 복종해 넘어오게 되었는데 하나님께서 그 방법을 사용하실 줄이야 누가 알았겠단 말인가."

"그 방법이란 무엇이냐?"

"그 방법이란... 기자 선생 혹시 이런 말씀도 알고 있는가. '죄의 삯은 사망이라'는 말씀. 사람이 마땅히 죄를 지으면 그에 대한 형벌을 받아야지. 그 형벌은 다름 아닌 사망이라는 것이다."

"사탄, 너는 이것만 알고 그 다음 말씀, '죄의 삯은 사망이요 하나님의 은사는 그리스도 예수 우리 주 안에 있는 영생이니라'는 말씀은 모르는가 보구나."

"그 말씀 때문에 나는 이루 말할 수 없는 수많은 사람들을 다 잃어버리고 놓치고 마는 것인지도 모르지. 내가 알지 못하는 비밀 된 방법이란 바로 그것이다."

"하나님께서는 사람들의 죄의 대가로 자기 아들을 대신 죽이시고 그 피로 값을 주고 다시 그 사람들을 사셨으니 이 어찌 아니 놀라운 하나님의 역사가 아닌가."

"거기에 대하여는 나도 우리 사탄의 세계도 할 말이 없지. 왜냐하면 하나님의 아들의 핏값을 이미 우리에게 지불해주신 하나님은 공의로운 하나님이시니까."

"그래서 하나님께서는 이런 말씀으로 자기 백성을 찾고 부르시고 구원하시는 것이지."

나는 사탄에게 하나님의 말씀을 들려주었다.

"하나님이 세상을 이처럼 사랑하사 독생자를 주셨으니 이는 그를 믿는 자마다 멸망하지 않고 영생을 얻게 하려 하심이라" (요 3:16)

“우리는 하나님의 계획과 그 사랑을 알지만 이제 또 다른 방법으로 사람들을 우리의 종으로 붙잡고 있지.”

“그것이 무엇이냐!”

“사람들이 하나님의 말씀을 듣지 못하도록 하는 것이다. 사람들은 하나님의 말씀을 듣기만 하면 믿음이란 작은 씨앗들이 저들 속에 자라나서 언젠가부터 하나님이 계시다는 것을 믿고 하나님 편으로 가더군. 그 때문에 우리가 얼마나 많은 사람들을 우리 편에서 빼앗겼는지 다 셀 수가 없을 지경이다.”

“하나님께서는 너희 사탄에게 잃어버린 하나님의 자녀들을 찾으시려고 많은 선지자들을 보내셨다. 그들을 통해 하나님의 말씀을 전하셨으며 또 지금도 수많은 하나님의 종들을 통하여 하나님의 말씀을 온 세상에 전하고 계시다는 사실을 우리는 알고 있다.”

“그렇다. 하나님께서는 끊임없이 하나님의 종들을 통해 하나님의 말씀을 전하고 있다는 것을 우리도 알고 있다. 그래서 우리는 사람들로 하여금 그 말씀을 듣지 못하게 하려고 온갖 방법을 다 동원하지. 하나님의 말씀을 전하는 종들을 죽이고, 박해하며, 핍박하고, 괴롭혀왔지. 그러나 우리가 그러면 그럴수록, 하나님의 종들은 더욱 늘어나고 죽이면 죽일수록 박해하면 박해할수록 저들은 더욱 목숨 걸고 복음을 전하더군. 그로 인해 사탄인 나도 심히 괴롭고 힘든 고통을 당하고 있다.”

“내가 알고, 믿고, 전하는 복음의 말씀을 암송할 테니 사탄 너도 한번 들어보거라.”

"그러면 무엇을 말하느냐 말씀이 네게 가까워 네 입에 있으며 네 마음에 있다 하였으니 곧 우리가 전파하는 믿음의 말씀이라 네가 만일 네 입으로 예수를 주로 시인하며 또 하나님께서 그를 죽은 자 가운데서 살리신 것을 네 마음에 믿으면 구원을 받으리라 사람이 마음으로 믿어 의에 이르고 입으로 시인하여 구원에 이르느니라……그러므로 믿음은 들음에서 나며 들음은 그리스도의 말씀으로 말미암았느니라 그러나 내가 말하노니 그들이 듣지 아니하였느냐 그렇지 아니하니 그 소리가 온 땅에 퍼졌고 그 말씀이 땅 끝까지 이르렀도다 하였느니라" (롬 10:8~18).

나는 어느새 사탄과 신랄한 논쟁을 펼치고 있었다. 사탄은 그의 말처럼 나에게 어떤 해를 끼칠 수가 없었으며, 나 또한 이제는 사탄이 조금도 두렵지 않았다. 상상할 수 없는 능력과 힘으로 사람들을 미혹하고 해치며 죄를 짓게 유도하는 사탄을 생각하면 한없는 분노가 치밀어 올랐지만 그의 정체를 잘 파악해 온 세상에 사탄의 계교와 미혹을 전해야 한다는 마음으로 사탄과의 대화를 이어갔다.

"너는 어떠한 방법으로 사람들이 하나님의 구원을 받을 수 없도록 미혹하는지 말해라."

사탄은 자신의 비밀을 나에게 털어놓을 마음이 없으면서도 하나님의 명령으로 하는 수 없이 이야기해야 하는 상황에 대해 몹시 화가 난 듯 씩씩거렸다. 그리고 시간이 지나면서 점점 사탄의 힘이 조금 전보다 약해졌음을 느낄 수 있었다. 그 순간 나는 하나님의 말씀을 내 마음 가운데 생각해보았다.

"그가 너를 위하여 그의 천사들을 명령하사 네 모든 길에서 너를 지키게 하심이라 그들이 그들의 손으로 너를 붙들어 발이 돌에 부딪히지 아니하게 하리로다 네가 사자와 독사를 밟으며 젊은 사자와 뱀을 발로 누르리로다" (시 91:11~13)

"믿는 자들에게는 이런 표적이 따르리니 곧 그들이 내 이름으로 귀신을 쫓아내며 새 방언을 말하며" (막 16:17)

"예수께서 그의 열두 제자를 부르사 더러운 귀신을 쫓아내며 모든 병과 모든 약한 것을 고치는 권능을 주시니라" (마 10:1)

하나님의 말씀을 마음속에 떠올리자 내 안에 강한 믿음의 힘 같은 것이 느껴졌다. 그렇다. 하나님께서는 이미 사람들에게 사탄의 권세를 이길 수 있는 능력을 주셨는데 우리가 사탄을 이기려 하지 않고 사탄의 권세에 눌려 이용당하고 있다는 것을 깨달았다.

그때 사탄은 나의 질문에 대답하지 않을 수 없다는 듯 입을 열었다.

"나는 사람들에게 그들의 생각이 옳다는 그런 마음을 넣어주지. 그러면 사람들은 그것이 옳다는 굳은 마음으로 자기들의 생각에 따라 움직인다. 그러나 그 길은 결국 사망의 길이지. 지금까지의 모든 역사 현장들을 보면 사람들의 생각으로 다스려진 결과 그들에게서 구원의 길이 멀어지고 하나님과 등지는 삶을 살게 되었다. 사람들로 하나님과 원수가 되게 하려는 것이 나의 계획이다."

나는 사탄이 사람들을 미혹한다는 말을 듣고 나니 약이 오르고 화가 나서 견딜 수가 없었다. 사람들은 자기들 가운데서 이렇게 역사하는 사탄의 간사한 계략을 어찌 다 알 수 있었을까. 그러다 문득 생각해보니 얼마 전에 읽었던 하나님의 말씀이 생각났다.

> "너희는 여호와를 만날 만한 때에 찾으라 가까이 계실 때에 그를 부르라 악인은 그의 길을, 불의한 자는 그의 생각을 버리고 여호와께로 돌아오라 그리하면 그가 긍휼히 여기시리라 우리 하나님께로 돌아오라 그가 너그럽게 용서하시리라 이는 내 생각이 너희의 생각과 다르며 내 길은 너희의 길과 다름이니라 여호와의 말씀이니라 이는 하늘이 땅보다 높음 같이 내 길은 너희의 길보다 높으며 내 생각은 너희의 생각보다 높음이니라" (사 55:6~9)

사탄은 사람들로 하여금 하나님과 원수가 되게 하기 위해 사람들이 자신의 생각을 따라 살도록 역사하고 있다는 사실을 알게 되었다. 너무나 안타깝게도 사람들은 자신도 모르는 사이 자기의 생각대로 살아감으로 말미암아 불의한 자가 되고 악인이 되어 하나님의 구원에서 멀어지고 있었던 것이다.

사탄의 간교한 역사를 알게 되니 마음이 좀처럼 진정되지 않고 안절부절못하는 것처럼 답답해졌다. 그러나 그때 한줄기 빛이 비추는 듯 하나님은 결단코 자기 백성을 포기하지 않으시고 부르시고 택하시고 구원하신다는 사실이 나에게 힘으로 빛으로 와 닿았다.

"사탄 너는 이제 나에게 너의 교묘한 술수에 대해 다 털어놓아라."

내가 엄중한 말로 질책하듯이 다그치자 사탄은 나와 함께하시는 하나님의 권세에 눌려 그 방법을 말하지 않을 수 없는 듯 약간 주춤거리더니 입을 열었다.

"우리는 또 다른 방법으로 사람들의 마음을 혼미케 하고 있다. 나는 이 세상의 신으로서 망하는 자들에게 그리스도의 광채가 비치지 못하게 하여 그들의 마음을 혼미하게 하고 있다. 보라, 지금 세상에서의 사람들의 마음이 얼마나 혼미해 있는지 기자 선생도 잘 알 수 있지 않은가. 다음 성경 말씀을 잘 들어봐라."

"만일 우리의 복음이 가리었으면 망하는 자들에게 가리어진 것이라 그 중에 이 세상의 신이 믿지 아니하는 자들의 마음을 혼미하게 하여 그리스도의 영광의 복음의 광채가 비치지 못하게 함이니 그리스도는 하나님의 형상이니라" (고후 4:3~4)

"그런 혼미한 마음을 가지고 살고 있는 사람들은 주로 어떻게 살아가고 있느냐."

"기자 선생이 그 다음 말씀을 한번 읽어봐라."

나는 그때 사탄도 하나님의 말씀을 많이 알고 있다는 걸 알게 되었다. 사탄은 말씀을 이용하여 사람들을 하나님에게서 멀어지게 하고 자신들의 종으로 부리고 있다는 것을 나는 새삼 깨닫게 됐다.

나는 내 배낭 속에 성경책이 들어 있는 것이 생각나 성경책을 꺼내어 조금 전 사탄이 들려주었던 그 다음 말씀을 더듬어봤다.

"어두운 데에 빛이 비치라 말씀하셨던 그 하나님께서 예수 그리스도의 얼굴에 있는 하나님의 영광을 아는 빛을 우리 마음에 비추셨느니라" (고후 4:6)

'아, 그렇구나. 하나님께서는 이미 자기 백성들에게 하나님을 아는 빛, 예수 그리스도를 아는 빛을 그 마음 가운데 비쳐주셨구나. 하나님의 세계는 영적인 세계여서 하나님의 빛이 그 마음에 비추지 않는 자는 세상의 지배로 그들의 마음이 혼미하여 바로 분별하며 바로 깨닫고 바로 알 수가 없겠구나' 라는 생각이 마음 가운데 들 때 이제야 조금씩 이해가 되며 왜 그렇게 예수 그리스도가 없는 사람들이 혼돈된 삶을 사는지 알게 되었다. 나는 계속해서 사탄에게 물었다.

"그러면 사람들은 그 혼미한 마음으로 어떻게들 살아가고 있느냐."

사탄은 음흉한 얼굴로 나에게 대답해주었다 .

"그러면 사람들은 그 혼미한 마음에 깨닫는 마음이 없으므로 지각이 없어 옳고 그름을 다 잘 분별하지 못하고 저들의 그 빈 마음에 우상들을 두기 시작한다. 그리하여 저들은 눈에 보이고 손으로 만질 수 있는 화려하고 웅장한 형상들을 만들어놓고 그 우상들로 하여금 저들의 신이라 하며 그들의 신들에게 복을 달라고 빌기도 하고 또 저들의 삶을 지켜 달라고 빌기도 하지. 보라, 이 세상에는 얼마나 손으로 만질 수 있고, 눈으로 볼 수 있는 많은 우상들이 있는지. 그러나 조금만 생각해보면 그것들은 누군가의 손으로 만들어진 분명한 수공물이다. 그것들은 신이 아니다. 그러나 사람들은 저마다 그것들을 신이라 한다. 그러므로 우리는 그들에게 혼미한 마음을 줄 뿐이고, 그들은 그 마음으로 그 신들을 섬김으로 하나님에게서 멀어지는 것이지. 그렇게 우리는 그들을 멸망으로 이끌고 가는 것이다."

사탄의 말을 듣고 있자니 나는 마음이 부글부글 끓는 것 같아 견딜 수가 없었다. 이렇게 사탄은 간교한 방법으로 사람들을 이끌고 멸망으로 가고 있는데 왜 사람들은 그렇게 그 사탄의 꾀를 모르고 달려가는 것일까. 도대체 어떻게 해야 저 영혼들을 구원할 수 있을까 마음이 복잡해졌다.

나는 이제 한동안은 나의 삶에 심한 통증을 느낄 것 같았다. 차라리 사탄의 간교를 알지 못했더라면 나만 예수 그리스도를 잘 믿으면 된다는 생각으로 다른 사람들이야 믿고 싶으면 믿고 믿기 싫으면 믿지 말라는 식으로 방관할 수 있었을 텐데, 사탄의 계략을 알고 나니 너무도 혼란스러웠다. 그동안 나는 나만 잘 믿으면 된다는 생각으로 많은 사람들을 전도하려고 하지도 않고, 하나님의 복음을 전하려고 애쓰지도 않고, 사람들이 듣기 싫어하는 복음을 전하려 하지도 않았다. 그러면서도 아픈 마음 없이 잘 살아왔는데 이제는 내 마음에 가라앉지 않는 요동이 일어나고 있는 것 같아 견딜 수가 없었다.

나는 또 사탄에게 물었다 .

"그밖에 또 어떤 방법들을 쓰느냐?"

나의 다그치는 물음에 사탄도 약간은 당황한 듯, 음흉스런 미소를 띠며 대답했다.

"나는 사람들에게 염려하고 두려워하는 마음을 주지. 물론 세상을 살아가는 사람들에게 염려라는 것과 두려움이라는 것은 없을 수 없겠지만 정상적인 염려와 두려움이 아니라 지나친 두려움과 염려라는 것을 준다. 그러면 사람들은 그 지나친 염려와 두려움 때문에 판단력이 흐려지고 그들 속에 이미 잠재되어 있는 용기와 능력이 상실되어 문제들을 해쳐나갈 지혜를 잃게 되지. 그렇게 힘없이 주저앉아 낙심할 때 우리가 그 기회를 놓치지 않고 다가가서 그들 마음에 더욱 두려운 마음을 넣어주면 그들은 거의 다 병에 걸리고 말지. 으하하하."

나는 사탄의 간사한 말과 웃음소리로 인해 온몸에 소름이 돋는 듯했다. 그때 옆에서 내 곁을 지키고 있던 천사가 나를 향해 손을 내밀며 처음으로 말하는 소리를 들을 수 있었다.

"주은 기자님, 두려워하지 마세요. 우리가 지금 당신을 지켜주고 있으니 아무 일도 없을 거예요. 그러나 사탄의 정체를 더 아셔야 하니 담대한 마음으로 계속하여 질문을 하세요. 사탄의 꾀를 온 세상에 알려 누군가는 사탄의 올무에서 벗어나 구원받도록 해야 하니까요."

천사의 소리를 듣고 나니 온몸에 빠졌던 힘이 다시 솟아나는 것 같았다.

"사탄아! 그러면 너에게 다시 질문하겠다. 너희들의 그 악한 술책에 사람들은 어떤 병에 걸리느냐."

"우리는 사람들에게 다양한 병을 주지. 사람들의 몸에는 아무 이상이 없어도 낙심이란 병에 걸리면 그때부터 아무것도 할 수가 없지. 문제에서 일어나려고도 하지 않고 그냥 주저앉아 죽기만을 기다린다고 할까. 그러면 그들은 아무 맥도 못 추고 우리가 끌고 가는 대로 저절로 잘도 따라온다. 처음에는 나도 사람들을 데리고 지옥으로 가는 길이 아주 힘들 줄 알았지. 그러나 이러한 방법을 써 보니 아주 쉽게 사람들을 잡아올 수 있더군. 으하하하."

"그 다음은?"

나는 사탄이 더 많은 비밀들을 쏟아낼 수 있도록 계속해서 재촉했다.

"그러면 사람들은 낙심과 절망감으로 말미암아 실패라는 것을 하지."

"낙심과 절망감으로 두려워하다가 실패한 사람들의 배후에는 너 사탄이 있었단 말이구나!"

내가 이렇게 말하자 사탄은 펄쩍 뛰며 부정했다.

"다 그런 것만은 아니다. 우리도 가끔은 억울할 때가 있다. 왜냐하면 어떤 사람들은 자기들이 실패하고서 그것을 우리에게 다 뒤집어씌우는 경우도 있으니까. 어떤 때는 저들의 잘못으로, 때로는 지혜가 부족하여, 또 어떤 때는 주변 환경이 좋지 않아서 실패하고는 우리 때문이라고 말하지.

물론 그러면 우리는 어떤 방법으로든지 그들을 더욱 괴롭히기도 하지만 말이야."

사탄의 이야기를 들으면서 나는 어쩐지 사탄이 가장 중요한 것은 아직 나에게 말하지 않고 있다는 느낌을 받았다. 그 방법을 알아내기 위해서는 나에게도 지혜가 필요하겠다는 생각에 나는 눈을 감고 성령님께 여쭙는 기도를 했다.

"성령님 도와주세요. 사탄이 가장 중요한 것은 나에게 알려주지 않고 있으니 성령님이 주신 지혜로 내가 질문할 수 있게 도와주세요"

언제가 목사님의 설교 가운데 들었던 말씀이 생각나 나는 이렇게 지혜를 구하는 기도를 드렸다. 그러자 정말 생각지도 못했던 지혜가 나에게 떠올랐다.

"사탄은 잘 들어라. 하나님께서는 지금도 사탄에게 넘어가는 사람들을 구원하시려고 하나님의 종들이나 선지자들을 보내어 하나님의 말씀을 전하고 계신다."

내가 이렇게 말하자 사탄은 이제 더 이상 숨길 수 없다는 표정으로 말을 이었다.

"이것은 우리가 쓰는 비밀 무기이기 때문에 감추려고 했으나 이미 다 알아버린 것 같으니 하는 수 없어 알려주마. 우리는 거짓이라는 무기를 쓰지. 우리는 물건이나 사람, 재물에는 큰 관심이 없다. 우리는 사람들에게서 이런 것들을 빼앗는 것이 아니라 오히려 이런 것들을 사람들에게 주고, 우리에게 있는 많은 재물을 주기도 하지. 왜냐하면 우리의 관심은 사람들의 영혼이요, 그들의 영혼들을 지옥으로 끌고 가기 위한 것이기 때문이지. 그것들을 얻기 위해 우리는 수천 년 동안 별 방법을 다 동원해 사람들의 영혼을 빼앗아왔다."

"대체 사람들의 영혼을 빼앗기 위해 어떻게 거짓이라는 도구를 쓴다는 것이냐."

"거짓 선지자라고 들어봤나? 우리는 옛날부터 하나님께서 쓰시는 선지자라는 사람들을 수없이 이용해왔지. 그들에게 하나님의 말씀을 거짓되게 알려주므로 수많은 사람들을 미혹하는 도구로 삼아왔다."

"거짓 선지자?"

나는 사탄이 비밀무기로 쓰는 미혹의 도구가 거짓 선지자라는 말에 충격을 받아 그 자리에 주저앉을 뻔 했으나 이를 악물고 간신히 참았다. 한편 마음속에서는 그동안의 궁금증이 풀리는 것 같기도 했다. 왜냐하면 분명히 우리 주변에서는 많은 사람들이 이단에 빠지고, 한번 이단에 빠진 사람들은 죽어도 자신들이 옳은 진리를 따른다면서 그곳에서 헤어나지 못하는 것을 봐왔기 때문이다.

'그렇구나. 이단에 빠진 사람들은 거짓 영의 사탄에게 빠진 사람들이구나' 라고 생각하니 바른 교훈을 듣지 못하고 이단에 빠진 사람들이 한없이 안타깝게 느껴졌다. 그러나 이단에 빠진 사람들은 자신들이 옳다는 고집을 꺾지 않고 오히려 다른 사람들까지도 그곳으로 끌어들이기 위해 많은 애를 쓰는 것을 봤기 때문에 기가 막힌 심정이었다. 그때 나의 마음 가운데 떠오르는 말씀이 있었다.

> "예수께서 대답하여 이르시되 너희가 사람의 미혹을 받지 않도록 주의하라 많은 사람이 내 이름으로 와서 이르되 나는 그리스도라 하여 많은 사람을 미혹하리라……거짓 그리스도들과 거짓 선지자들이 일어나 큰 표적과 기사를 보여 할 수만 있으면 택하신 자들도 미혹하리라" (마 24:4;5:24)

그래서 우리 예수님께서도 적그리스도와 거짓 선지자들이 '내가 그리스도라' 하며 많은 사람을 미혹할 것이라며 미혹을 받지 말라고 말씀하셨다는 생각이 들었다. 나는 하나님의 말씀을 주의 깊게 듣지 않은 것을 회개했다.

그렇다면 거짓 선지자들은 어떻게 될까? 그리스도의 이름으로 많은 사람들의 영혼을 멸망으로 이끌고 간 저들은 더욱 무서운 하나님의 심판 아래 던져질 것이라고 생각됐다. 아무리 저들이 미혹하려 해도 예수 그리스도를 따르는 주님의 백성들이 정신 차리고 근신하며 기도하면서 성령의 충만함을 받으면 저들의 미혹에서 벗어날 수 있을 텐데 안타까운 마음이 들었다. 나는 갑자기 하나님께서 어떻게 주의 백성들을 지켜주신다고 하셨는지 궁금해 말씀을 찾아봤다.

"그가 큰 나팔소리와 함께 천사들을 보내리니 그들이 그의 택하신 자들을 하늘 이 끝에서 저 끝까지 사방에서 모으리라" (마 24:31)

그렇다. 사탄은 할 수만 있다면 하나님이 택하신 백성들까지 미혹하려고 하지만 하나님께서는 택하신 백성을 하나도 잃어버리지 않으시려고 천사들을 보내어 하늘 이 끝에서 저 끝까지 하나님의 택하신 백성들을 모으리라고 하셨다. 참으로 나에게 힘이 되고 위로가 되는 말씀이었다. 뿐만 아니라 이 말씀은 세상에 소망이 되며 구원받은 사람들에게는 불변의 약속의 말씀이다. 나는 하나님의 그 사랑을 생각하니 얼마나 감사한지 눈물이 나왔다.

나는 사탄은 도대체 어떤 힘을 가지고 있으며 그들의 최후는 어떻게 될지 궁금해졌다. 분명히 그들이 하나님의 백성을 미혹할 때가 이제는 얼마 남지 않았을 것이라는 생각이 들면서 다음에 다시 기회가 된다면 사탄의 최후에 대해서도 알아보고 싶다는 생각이 들었다.

사탄의 정체는 나중에 다시 파악하기로 하고 가야 할 길이 남아 있어 일단 사탄과의 인터뷰는 여기에서 마치기로 했다.

내가 이와 같은 생각을 하자 사탄은 벌써 내 생각을 읽었는지, 그 음흉한 얼굴로 미소 짓더니 자기도 가야 할 길이 있다면서 나의 곁을 떠나갔다.

나는 지금까지 사탄과의 인터뷰를 하면서 얼마나 긴장을 했던지 발이 후들후들 떨려 더 이상 한 걸음도 가지 못할 것 같았다. 그대로 주저앉고 싶은 심정이었으나 나 역시 그 자리를 벗어나 사탄과의 흔적을 빨리 지우고 싶은 마음에 힘을 내어 발걸음을 옮겼다.

은혜의 바다

숲길을 지나고 나니 이번에는 파란 바다가 펼쳐졌다. 바다에는 아무도 없고 살랑살랑 부는 바람과 잔잔한 파도만이 조금씩 찰싹거릴 뿐이었다. 나는 오랜만에 바다를 보니 너무 좋아서 어린아이처럼 모래사장을 뛰어다니며 놀고 싶어졌다. 잔잔하게 불어오는 바람결에 머리카락을 휘날리며 마음껏 춤을 추고 싶은 생각도 들었다.

그렇게 조용히 바다 풍경과 물결의 은혜를 누리고 있을 때 누군가 곁으로 다가오는 것이 느껴졌다. 고개를 돌려 보니 그는 내가 사탄과 인터뷰할 때 옆에서 나를 지켜주던 그 천사였다.

천사는 하얀 옷을 입고 있었는데 그 옷은 마치 날개옷 같으면서도 천사의 등에 날개는 없어 보였다. 마음속으로 '왜 천사가 날개가 없을까' 생각하며 가만히 바라볼 때 천사가 먼저 말을 걸어왔다.

"주은 기자님, 하나님이 지으신 바다가 참 아름답지요?"

"어서 오세요. 천사님. 이렇게 넓은 바다에서 천사님을 만나니 너무 반갑네요."

"예. 주은 기자님, 그런데 주은 기자님은 그거 아세요? 우리 천사들은 하나님의 심부름도 하지만 구원 받은 하나님의 자녀들을 지키고 섬기라고 보내심을 받았다는 것을요. 그리하니 저에게는 존댓말을 안 쓰셔도 됩니다."

"천사님은 조금 전 제가 사탄과 인터뷰할 때 나를 옆에서 지켜주던 그 천사가 맞으신가요?"

"주은 님을 섬기는 천사는 여럿입니다. 주은 님께서 기도하실 때 기도의 향을 하나님 앞으로 올려드리는 일을 담당하는 천사도 있지요."

"그러면 또 다른 천사들은요?"

"주은 님께서는 찬양을 좋아해서 언제나 찬양을 많이 부르시죠? 그 찬양의 아름다운 향기를 하나님께 올려드리는 천사도 있답니다."

"그럼 조금 전 사탄과 인터뷰할 때 나를 사탄이 해치지 못하게 지켜준 천사도 있었겠네요?"

"예, 주은 기자님께서 지금 하시는 일은 너무나 특별한 하나님의 일이라서 저는 주은 기자님을 돕고 지키기 위하여 주님의 보내심으로 온 천사입니다."

"그럼 또 다른 천사는요?"

"주은님께서 어려서 예수님을 구주로 영접하고 예수 그리스도를 믿기 시작하실 때부터 하나님께서는 주은 님을 지키고 도우라고 주은 님의 천사를 보내셨다는 것을 아직 모르고 계셨나요?"

내가 지금까지 알지 못했던 생소한 이야기를 천사로부터 듣다 보니 너무도 신기했다. 이제는 천사와의 인터뷰를 통해서 천사들의 일에 대해서도 깊이 알아보고 싶어졌다.

나는 아주 민감한 영적 세계에 대해 알아가고 있는 중인만큼 성경을 통해 하나님께서 하신 일들이 더욱 정확하게 증거 돼야 한다는 생각으로 천사가 들려주는 이야기도 성경에 기록되어 있는지를 물었다.

"그러한 말씀이 성경에도 기록되어 있나요?"

"예, 아직 그 말씀을 알지 못하시나 보군요. 그럼 제가 그 말씀을 찾아드리지요. 이 말씀은 우리 주 예수 그리스도께서 직접 하신 말씀입니다."

> "삼가 이 작은 자 중의 하나도 업신여기지 말라 너희에게 말하노니 그들의 천사들이 하늘에서 하늘에 계신 내 아버지의 얼굴을 항상 뵈옵느니라" (마 18:10)

천사의 이야기를 듣고 나니 하나님의 은혜에 너무도 감사해 황송한 마음까지 들었다. '어떻게 하늘의 천사들이 하나님의 얼굴을 뵈오며 나를 위해 일하고 있었을까. 이렇게까지 하나님께서 나를 사랑하고 계셨다는 말인가.'

조금 전 천사가 일러주기를 '구원받은 하나님의 자녀들을 섬기라고 보내심을 받은 자'라고 했는데 우리 예수 그리스도를 믿는 성도들이 얼마나 귀하면 하늘에서 천사들이 와서 그들을 섬기고 있었을까를 생각하니 감동이 몰려왔다.

과연 우리가 이렇게 천사들의 섬김을 받을 만한 자인가. 왜 많은 그리스도인들이 하늘의 천사들이 자신들을 섬긴다는 것을 모르고 있을까. 왜 나 또한 그 말씀을 그렇게 깊게 알지 못하고 있었을까. 정말로 하나님의 은혜가 놀랍게 다가왔다. 천사가 우리를 섬긴다는 것에 내가 놀라워하자 천사는 또다시 성경말씀을 들려주었다.

> "또 천사들에 관하여는 그는 그의 천사들을 바람으로, 그의 사역자들을 불꽃으로 삼으시느니라 하셨으되 …… 모든 천사들은 섬기는 영으로서 구원 받을 상속

자들을 위하여 섬기라고 보내심이 아니냐" (히 1:7, 14)

천사는 구원받은 하나님의 자녀들을 섬긴다는 것이 얼마나 행복한 일인지를 표정으로 이야기해주고 있는 듯했다. 그러나 나는 말씀을 듣는 중에 '상속자'라는 말에 귀가 번쩍 뜨였다.

"상속자, 상속자라니요?"

나는 오히려 천사에게 되묻지 않을 수 없었다.

"예, 주은 기자님, 구원받은 그리스도인들은 상속자입니다. 그것도 하나님 나라를 하나님께로부터 물려받을 하나님의 상속자라는 것입니다."

나는 어떻게 우리가 하나님 나라를 상속받을 수 있다는 말인지 의아했다. 그러나 천사는 의아해하는 내 모습에 오히려 놀라워하는 것 같았다.

"아니, 어떻게 이 귀한 하나님의 은혜를 아직 모르고 계셨나요?"

"예. 우리 많은 그리스도인들은 아직 거기까지 잘 모르고 그냥 구원받아 천국에 갈 수 있다는 것만으로도 감사하고 거기까지만 알고 있는 사람들이 많습니다."

"그렇다면 제가 다시 성경 말씀으로 증거해드리겠습니다."

"성령이 친히 우리의 영과 더불어 우리가 하나님의 자녀인 것을 증언하시나니 자녀이면 또한 상속자 곧 하나님의 상속자요 그리스도와 함께 한 상속자니 우리가 그와 함께 영광을 받기 위하여 고난도 함께 받아야 할 것이니라" (롬 8:16~17)

"또한 주 예수 그리스도께서 이러한 말씀도 주셨습니다."

"인자가 자기 영광으로 모든 천사와 함께 올 때에 자기 영광의 보좌에 앉으리니 모든 민족을 그 앞에 모으고 각각 구분하기를 목자가 양과 염소를 구분하는 것 같이 하여 양은 그 오른편에 염소는 왼편에 두리라 그 때에 임금이 그 오른편에 있는 자들에게 이르시되 내 아버지께 복 받을 자들이여 나아와 창세로부터 너희를 위하여 예비된 나라를 상속받으라 내가 주릴 때에 너희가 먹을 것을 주었고 목마를 때에 마시게 하였고 나그네 되었을 때에 영접하였고 헐벗었을 때에 옷을 입혔고 병들었을 때에 돌보았고 옥에 갇혔을 때에 와서 보았느니라" (마 25:31~36)

천사가 읊어주는 성경말씀을 들으며 나는 참으로 부끄러운 생각이 들었다. 천사들은 이 귀한 말씀들을 마음에 새기듯이 알고 있는데 우리 구원받은 성도들은 이런 귀한 말씀을 모르고 세상 일 때문에 울고 웃고 있었다고 생각하니 부끄러운 마음이 앞섰다. 그러면서 마음속에 여러 가지 깨달아지는 것이 있었다. 그리스도를 믿는 믿음 때문에 받는 고난은 기쁨으로 받아야 한다는 것과 주님께서 주리고 목마르고 헐벗으신 것처럼 우리도 예수 그리스도의 이름으로 저들을 섬길 때 그것들이 하나하나 영광의 상이 된다는 것, 그리고 주님 앞에 섰을 때 그 상으로 하나님의 나라를 상속받는다는 놀라운 진리를 새삼 깨닫고 나니 그동안 하나님 나라에 소망 없이 의무와 형식적인 믿음의 생활을 했던 것이 더욱 부끄럽게 느껴졌다.

"우리 천사들은 구원 받은 성도들이 하나님 나라에서 상을 받고 영광스럽게 살아갈 때 그것을 바라보는 것만으로도 큰 기쁨을 느낀답니다."

"우리는 세상에서 구원받은 성도들이지만 아직은 죄 많은 세상에서 살아가고 있기에 온전히 믿음의 삶을 살기가 너무나 힘듭니다."

"예, 조금 전 주은 기자님께서 사탄과 인터뷰를 하였지만 강력함 힘을 가진 사탄이 얼마나 강한 힘으로 성도들을 향해 유혹하고 시험과 올무에 걸리게 하는지 하나님께서는 먼저 다 아시기에 저희들에게 성도들을 섬기라고 보내신 것입니다."

"예, 이제야 하나하나 이해가 됩니다."

"이러한 세상에서 믿음의 삶을 바로 살아가도록 하기 위해 구원받은 성도들을 직접 도우시며 하나님께서는 지금도 하늘에서 일하고 계십니다."

"하나님께서 직접 성도들을 위해 일하고 계신다고요?"

"예. 성도들은 죄와 싸워 이겨야 하고, 세상과 더불어 싸워야 하고, 믿음을 지켜야 하니까요. 세상에서 구원받는 성도로서 온전한 삶을 살아가기 위해서는 날마다 선한 싸움을 싸워야 하고 믿음을 지켜야 하고 끝까지 믿음의 경주를 해야 하기에 하나님께서 도우십니다."

"하나님께서 이렇게까지 성도들을 돕고 계시다는 것을 사람들은 왜 그렇게 잘 모를까요?"

"그럼 제가 또 성경 말씀으로 하나님의 사랑을 증거해 드리겠습니다."

"이와 같이 성령도 우리의 연약함을 도우시나니 우리는 마땅히 기도할 바를 알지 못하나 오직 성령이 말할 수 없는 탄식으로 우리를 위하여 친히 간구하시느니라 마음을 살피시는 이가 성령의 생각을 아시나니 이는 성령이 하나님의 뜻대로 성도를 위하여 간구하심이니라 우리가 알거니와 하나님을 사랑하는 자 곧 그의 뜻대로 부르심을 입은 자들에게는 모든 것이 합력하여 선을 이루느니라 하나님이 미리 아신 자들을 또한 그 아들의 형상을 본받게 하기 위하여 미리 정하셨으니 이는 그로 많은 형제 중에서 맏아들이 되게 하려 하심이니라 또 미리 정하신 그들을 또한 부르시고 부르신 그들을 또한 의롭다 하시고 의롭다 하신 그들을 또한 영화롭게 하셨느니라" (롬 8:26~30)

"하나님께서는 천사들로 성도들을 도우시는 것만이 아니라 성령으로 성도들을 도우신다는 말씀이 너무 감동이 됩니다. 이렇게까지 하나님은 구원 받은 성도들을 도우시고, 귀하게 여기시는데 왜 우리 성도들은 그 하나님의 사랑을 다 모를까요."

"지금 세상에서는 성도들이 하나님의 사랑을 다 알지 못해도 하늘나라에서는 영원무궁토록 그 하나님의 사랑에 감사하여 찬송하며 경배할 것입니다."

"조금 전 저에게 들려주신 말씀 가운데 너무 귀한 말씀이 있어서, 다시 그 말씀을 듣고 싶네요."

"어떤 말씀인가요?"

"하나님께서 미리 아신 자들을 그 아들의 형상을 본받게 하기 위하여 미리 정하셨다 하셨으며, 또 미리 정하신 그들을 또한 부르시고, 부르신 그들을 또한 의롭다 하시고, 의롭다 하신 그들을 또한 영화롭게 하셨다는 말씀이요."

"맞아요. 주은 기자님. 하나님께는 우연히 없습니다. 하나님께서 미리 아신다고 하셨던 말씀을 또 제가 다른 곳의 말씀을 인용하여 말씀드리면 하나님께서는 창세전에 그리스도 안에서 구원 받은 성도들을 택하시고 하나님의 아들이 되게 하셨다 하셨습니다. 그러니까, 구원받은 성도들은 하나님께서 창세전에 택하신 하나님의 자녀들이라는 것입니다."

"하나님의 나라는 어떤 곳입니까?"

"구원 받은 성도들과 세세 무궁한 가운데 영화롭게 영광을 누리는 곳이지요. 그러기에 이 땅의 성도들은 다 영화롭게 세세 무궁하도록 영광을 누린다는 소망을 굳건하게 가지고 이 믿음과 소망으로 세상을 이기는 자가 되어야 하지요."

"맞아요. 우리에게 이러한 소망이 참으로 굳건하게 있어야 이 세상의 유혹을 이겨갈 수 있을 것 같아요."

"맞아요. 어쩌면 이 세상 성도들은 세상의 죄와 유혹과 싸우기를 피 흘리기까지 싸워야 하는지도 모르겠어요. 하나님께서 또 다른 말씀으로 세상을 넉넉히 이기라고 주신 말씀이 있어요. 제가 다시 알려드릴게요."

> "그런즉 이 일에 대하여 우리가 무슨 말 하리요 만일 하나님이 우리를 위하시면 누가 우리를 대적하리요 자기 아들을 아끼지 아니하시고 우리 모든 사람을 위하여 내주신 이가 어찌 그 아들과 함께 모든 것을 우리에게 주시지 아니하겠느냐 누가 능히 하나님께서 택하신 자들을 고발하리요 의롭다 하신 이는 하나님이시니 누가 정죄하리요 죽으실 뿐 아니라 다시 살아나신 이는 그리스도 예수시니 그는 하나님 우편에 계신 자요 우리를 위하여 간구하시는 자시니라 누가 우리를 그리스도의 사랑에서 끊으리요 환난이나 곤고나 박해나 기근이나 적신이나 위험이나 칼이랴 기록된 바 우리가 종일 주를 위하여 죽임을 당하게 되며 도살 당할 양 같이 여김을 받았나이다 함과 같으니라 그러나 이 모든 일에 우리를 사랑하시는 이로 말미암아 우리가 넉넉히 이기느니라 내가 확신하노니 사망이나 생명이나 천사들이나 권세자들이나 현재 일이나 장래 일이나 능력이나 높음이나 깊음이나 다른 어떤 피조물이라도 우리를 우리 주 그리스도 예수 안에 있는 하나님의 사랑에서 끊을 수 없으리라" (롬 8:31~39)

이 말씀을 암송하면서는 천사도 하나님의 사랑에 깊은 감동을 받았는지 말을 더 잇지 못하고 눈물 흘리며 감격해하고 있었다. 나 역시 수없이 읽고 들으면서 그때마다 많은 은혜를 받았던 말씀인지라 그 은혜의 감동으로 한동안 다른 어떤 말도 할 수가 없었다.

* * *

그때 갑자기 내 영혼에서 찬양이 솟아나왔다.

"아 하나님의 은혜로 이 쓸데없는 자 왜 구속하여 주는지 난 알 수 없도다"

내가 조용한 음성으로 찬양을 부르기 시작하자 천사는 마치 기다리고 있었다는 듯이 나를 한 번 쳐다보더니 찬양에 맞춰 앉은 자리에서 일어나 춤을 추기 시작했다.

나는 언젠가 "천사가 춤추는 듯하다" 라는 표현을 들은 기억을 떠올리며 그 말이 바로 이런 말이겠구나 생각됐다. 천사의 춤은 정말로 아름다웠다. 이 넓고 넓은 바다에 아무도 없고 나와 천사만이 찬양하며 춤을 추다니 그야말로 이곳이 천국이 아닌가 생각됐다.

천사의 춤은 누구도 흉내 내기 어려울 정도로 아름다웠으며 손짓 하나하나에도 하나님을 향한 감사와 영광의 표현이 담겨 있는 듯했다. 나도 갑자기 춤추고 싶다는 생각이 들어 원래는 춤추는 것을 꺼려하는 성격임에도 일어나 함께 춤을 췄다. 그러자 나의 영과 마음과 생각이 하나로 모아지면서 어디선가 '너도 곧 하나님께 감사하는 마음으로 춤을 추어 주님을 기쁘게 하라'는 음성이 들리는 것 같았다.

나는 내 마음에서 시키는 대로 일어나 손을 위로 올렸다. 그러자 그때부터는 나도 모르게 마치 어떤 힘에 끌리듯 손이 저절로 올라가기 시작했다. 그리고 나의 몸짓 하나하나에도 주님을 사랑한다는 고백과 하나님께 감사하다는 마음이 표현되고 있는 것 같았다. 천사들이 하늘에서 나팔을 불어주는 듯한 감동과 함께 두 손을 높이 들기도 하며, 몸을 빙글빙글 돌기도 하며 허리 굽혀 경배의 춤도 추며 그렇게 한동안 춤을 췄다.

춤으로 하나님께 감사의 찬양을 드리고 나서 천사와 나는 누가 먼저랄 것도 없이 바닷물로 들어갔다. 바닷물이 얼마나 맑은지 마치 에메랄드 보석을 바다 속에 전부 깔아놓은 듯 맑고 투명한 색으로 우리를 유혹했다.

이 넓은 바다에 우리만 있고 다른 아무도 없는 것이 하나님께서 우리만을 위해 준비해주신 자연의 만찬 같아서 너무도 황홀하고 감사했다. 물결은 한없이 부드러워 마치 어머니 품속과 같았다.

바닷물에 몸을 맡기고 헤엄치며 놀다 보니 어느덧 해는 서쪽으로 기울어 온 하늘을 불그스름하게 수놓고 있었다. 그제야 나는 마치 제정신이 든 사람처럼 바닷가로 올라와서 보니 그동안은 느끼지 못했던 피곤이 몰려왔다. 그런데 그때까지 함께 있던 천사가 보이지 않아 주변을 둘러보니 저만치 바닷가 모래밭에 모닥불을 피워 놓고 옷은 벌써 다 말렸는지 처음 만났을 때와 같이 예쁜 하얀 옷을 입고 있었다. 모닥불 옆에는 어떻게 구했는지 생선 몇 마리와 몇 조각의 떡과 물 한 병을 준비해 놓고 내가 올라오기를 기다리고 있었다.

“언제 올라와서 이렇게 맛있는 만찬을 준비하셨나요.”

내가 이렇게 묻자 천사는 빙그레 웃으면서 대답했다.

“참으로 행복한 주은 기자님의 모습을 바라보니 저도 너무 행복했습니다. 주은 기자님을 위해 마련한 것이니 맛있게 드세요.”

음식을 같이 먹자고 하자 천사는 빙그레 웃으며 사양했다.

“우리 천사들은 세상의 음식은 먹지 않아도 됩니다. 우리는 하나님의 말씀에 따라 순종하며 일하는 것으로도 충분한 행복을 느끼고 있답니다.”

궁금한 마음에 “하늘나라에 가면 우리들도 아무 음식을 먹지 않나요?” 라며 마치 어린아이 같은 질문을 하자 천사는 고개를 설레설레 흔들었다.

“하늘나라에서 먹고 마시는 음식들은 따로 있답니다.”

“세상은 먹고 마시는 문제로 어려움이 많아요. 지금도 먹을 것이 없어서 굶어 죽어가는 사람들이 많고요. 또 어떤 사람들은 너무 많은 음식들을 먹어 비만으로 병들어 앓다가 죽어가기도 하죠.”

“세상 사람들이 하나님 나라에 대해 알고 있다면 좋을 텐데요. 하나님께서 주신 것을 이웃과 더불어 나누면 주린 자도, 그렇게 배부른 자도 없이 공평할 것이기 때문이지요.”

“세상 사람들에게는 탐심이라는 것이 있어요. 가진 자가 더 많은 것을 가지기 위해 애쓰고, 없는 자들의 그 있는 것까지도 빼앗아가는 경우가 있으니까요.”

“하나님 나라는 베푸는 것이고, 나누는 것이고, 주는 것이지요. 사람들이 하나님의 사랑을 알게 되면 그 하나님의 사랑으로 만족하는 삶이 되는데 사람들이 하나님의 사랑과 은혜를 모르니까 이 세상의 것으로 만족하고자 그렇게 탐심을 내는 것이지요."

"맞아요. 사탄이 사람들 마음속에 욕심이라는 그물을 치니까 사람들은 저마다 그 욕심의 그물에 걸려 욕심, 탐심으로 이웃을 해치고 악한 죄들을 짓는 것이에요."

"이 세상은 잠시뿐인데 사람들이 하나님 나라는 영원하다는 것을 모르고 잠시 살다 가는 세상 것들에 목숨 걸고 사는 것을 바라보면 너무나 안타까워요."

"사탄이 사람들에게 이 세상의 헛된 것들로 마음을 가득 채워주니까요."

"하나님의 나라는 주는 것만으로도 행복한 마음으로 가득하답니다."

천사가 준비한 만찬을 맛있게 먹으려다가 문득 하나의 사건이 떠올랐다. 예수님께서 십자가에 못 박혀 돌아가시자 베드로는 물고기를 잡으러 가겠다고 했다. 그리고 다른 제자들까지도 물고기를 잡으러 가겠다고 하고서는 바닷가로 가서 밤이 새도록 그물을 내렸으나 한 마리의 고기도 잡지 못하고 허탈하게 새벽을 맞았다. 그러나 예수님께서는 바닷가에 모닥불을 피워 놓고 떡과 생선을 구워 놓으시고 밤새 그물질로 시장한 제자들을 먹이셨다. 그때 너무 송구하고 죄스러워 아무 말도 하지 못하는 베드로에게 예수님께서는 "요한의 아들 시몬아, 네가 이 사람들보다 나를 더 사랑하느냐" 하고 물으셨다. 나는 예수님이 준비하신 바닷가에서의 조찬을 생각하며 천사에게 이와 같이 말했다.

“그때 예수님의 사랑 앞에 제자들은 할 말은 못했어도 그 예수님의 은혜는 아마 평생 잊지 못했을 것 같아요.”

“예수님께서는 그처럼 그 은혜와 그 사랑으로 제자들을 품으셨던 것이죠.”

“‘그처럼 그 은혜 그 사랑’이라는 말이 참으로 아름답게 들려요. 맞아요. 예수님의 은혜는 그처럼의 그 은혜와 그 사랑의 말씀이 맞는 것 같아요.”

“또 한 사람이 있지요. 가장 대표적으로 우리 예수님의 은혜를 입은 사람, ‘나는 죄인 중에 괴수’라고 하였던 그 사람이 누군지 아시겠어요?”

천사의 말을 듣고 잠시 생각해보니 문득 한 사람이 나의 머릿속에 번쩍 떠올랐다.

‘나는 죄인 중에 괴수’라고 했던 한 사람, 우리 예수님께서 베풀어주시는 그 은혜 때문에 예수님을 만나고 나서는 평생 주님의 복음을 전하다가 순교한 분, 나는 사도 바울 선생님을 생각하며 말씀을 암송해보았다.

> “그 후에 야고보에게 보이셨으며 그 후에 모든 사도에게와 맨 나중에 만삭되지 못하여 난 자 같은 내게도 보이셨느니라 나는 사도 중에 가장 작은 자라 나는 하나님의 교회를 박해하였으므로 사도라 칭함 받기를 감당하지 못할 자니라 그러나 내가 나 된 것은 하나님의 은혜로 된 것이니 내게 주신 그의 은혜가 헛되지 아니하여 내가 모든 사도보다 더 많이 수고하였으나 내가 한 것이 아니요 오직 나와 함께 하신 하나님의 은혜로라” (고전 15:7~10)

천사와 함께 사도 바울 선생님의 말씀을 암송하다 보니, ‘그처럼’의 그 은혜가 얼마나 놀라운지 나 역시 그처럼의 그 큰 은혜, 그 사랑 때문에 오늘 이렇게 주님 앞에 살고 있지 않나 생각하며 다시 한 번 감사의 기도를 주님 앞에 드렸다.

그리고 나는 천사가 마련해준 바닷가의 만찬을 참으로 맛있게 먹었다. 그렇지 않아도 많이 배고팠기에 그 음식들은 그야말로 나에게 꿀맛 같은 음식이었다.

떡도 먹고 생선도 먹고 물 한 병도 꿀꺽꿀꺽 다 마시고 나니 배가 불러지며 그동안의 피로가 다 풀린 듯했다. 천사는 내가 음식을 맛있게 먹는 것을 바라보면서 내가 모르는 행복감에 젖어 있는 듯 보였다.

그사이 해는 서산으로 넘어가고 깜깜한 어둠만이 온 바닷가를 둘러싸고 있었다. 우리 외에 아무도 없는 바닷가 밤하늘에는 어느새 무수한 별들만 반짝반짝 거리며 은하수로 밤하늘을 총총히 수놓고 있었다.

그날 밤은 그곳에서 지내기로 하고 천사와 함께 밤하늘의 별을 보다 잠이 스르르 와서 깜빡 졸려고 하니 천사는 내가 편히 잘 수 있도록 자신의 무릎을 내어주었다. 감사한 마음으로 천사의 무릎을 베고 누우니 천사는 자신의 옷자락으로 나를 덮어주면서 내가 편히 잠들기를 기다렸다

단잠에서 깨어나자 어젯밤까지 내 옆에서 나를 지켜주던 천사는 보이지 않았다. 나는 당황스런 마음으로 천사를 찾아보려고 이리저리 살펴보았지만 천사는 안 보이고 바닷가 저쪽에서 누군가 나를 향해 걸어오는 것이 보였다.

나는 약간 두려운 마음에 가슴이 콩닥거렸으나 그 사람은 나의 마음을 읽은 듯 가까이 오면서 "내니 두려워 말라"는 표시로 양팔을 벌려주었다.

'저 사람이 누굴까' 하고 생각할 때 마음속에서 "네가 가장 사랑하는 예수다" 라는 음성이 들려오는 것 같았다. 내 앞으로 걸어오시는 모습을 보니 그 분은 바로 예수님이셨다. 양 팔을 벌리고 다가오시는 그분의 손바닥에는 마치 어제 못 박혔던 것처럼 아직도 선명한 커다란 못자국이 보였다. 그리고 그 발등에도 커다란 못자국이 뚜렷이 보였으며 선홍빛 피가 엉겨 붙어 있었다. 예수님의 금빛 찬란한 구불구불한 머리카락은 어깨까지 닿았는데 그 이마에도 선홍빛 핏자국이 선명하게 나 있었다.

예수님은 못자국의 상처 때문에, 그 상처와 아픔으로 인해 한 걸음씩 절뚝거리며 걸어오시는 것 같았다.

마음 같아서는 달려가 예수님의 품에 안기고 싶었으나 상처 입으신 그 몸으로 나에게 걸어오시는 그 사랑 그 은혜 때문에 너무 벅차서 차마 발걸음이 떼어지지 않았다.

나의 입에서는 "나의 예수님, 나의 예수님, 나의 예수님, 나의 사랑 예수님"이라는 말만 계속해서 되뇌어 나올 뿐 더 이상은 아무런 말조차 나오지 않았다. 하염없는 눈물만 멈추지 않고 계속해서 흐르더니 그 눈물은 나의 목을 타고 가슴 안까지 흘러들었다.

한 걸음씩 절뚝거리는 걸음으로 나에게 다가오신 예수님은 그 못자국 난 손을 내밀어 나의 손을 잡아주셨다. 마음 같아서는 그냥 예수님의 품에 안기어 엉엉 울고만 싶었다. 그런 나를 예수님은 말없이 꼭 안아주시며 이렇게 말씀하시는 것 같았다.

"사랑하는 딸아, 내가 다 안다. 내가 너를 잘 안다. 네가 나를 사랑하는 것을 알고, 이렇게 나에게 순종하는 것도 알고, 나를 위하여 살아가고 싶어 하는 것도 알고, 네가 나를 이 세상의 수많은 사람들에게 전하고 싶어 지금 이렇게 애쓰고 있는 것까지 다 안다."

예수님의 말씀이 나의 마음 한가운데로 하나씩 다 들어왔다. 나는 감사한 마음에 한참을 울었다. 그러다 예수님의 얼굴을 바라보고 싶은데 왜 그런지 예수님의 그 얼굴을 마주 바라볼 수가 없었다. 영광의 주님을 차마 마주볼 수가 없어서 예수님과 모래밭 길을 나란히 걸어가게 되었다.

예수님과 함께 길을 걷는 것만으로도 심장이 멈출 것 같았다. 기쁨의 춤을 추듯 황홀하고 감격스러워 아무런 생각도 아무런 말도 할 수가 없었다. 그리고 예수님께서도 내가 얼마나 좋아하고 행복해하는지 아시는 듯 충분히 누릴 수 있는 시간을 주시는 듯했다.

* * *

예수님 앞에서의 나는 마치 다섯 살짜리 여자 아이와 같았다. 늘 혼자 앉아 예수님께 기도할 때마다 내가 예수님 앞에서는 어린아이 같다는 생각을 했는데 이날은 예수님과 함께 단 둘이 모래밭을 손잡고 걷고 있다는 사실에 몹시 흥분되었다.

이렇게 예수님과 단둘이 모래밭을 거닐다가 우리는 어느새 바닷가를 지나 어느 언덕길을 오르고 있었다. 나는 그곳이 어디인지는 잘 몰랐지만 나의 사랑 예수님과 함께 길을 가고 있다는 기쁨에 더 다른 생각은 할 수도, 하고 싶지도 않았다.

그렇게 언덕길을 올라가고 있는데 갑자기 그 언덕길이 골고다 언덕길이 아닐까 하는 생각이 스쳤다. 돌로 된 울퉁불퉁한 언덕길을 올라갈 때 나의 가슴은 두방망이질을 하기 시작했다.

'아, 이 길이 우리 예수님께서 십자가를 지시고 올라가신 골고다 언덕길이로구나.'

마침 언덕길을 오르시는 예수님의 걸음걸이도 무거워진 것이 느껴졌다.

골고다의 언덕길을 오르면서부터 나의 눈에서는 하염없는 눈물이 흐르기 시작했다. 언덕길을 오르는 동안 눈물이 앞을 가려 수없이 넘어질 뻔도 했다. 그리고 그때마다 예수님은 말없이 나를 강한 손길로 붙잡아주셨다.

언덕길은 그냥 걸어도 힘든 길이었다. 그러나 예수님께서는 무거운 십자가를 지고 이 길을 로마 군인들에게 채찍을 맞으면서 올라가셨다고 생각하니 가슴이 너무 아팠다. 나는 마음속으로 '예수님께서 무슨 죄가 있으시기에……' 라는 말을 계속 되뇌었다. 아무런 죄가 없으신 나의 예수님께서 이처럼 고난을 당하셔야만 했던 일이 가슴 아프게 다가왔다.

'예수님께서는 왜 이 골고다의 길을 십자가를 지고 가셔야만 했을까. 다른 방법으로 우리 인류를 구원하실 수는 없으셨을까?'

나는 이런 생각으로 울며 걷다가 붉은 피가 흥건히 고여 있는 자국을 발견했다.

'아, 예수님께서 십자가를 지고 가시다 쓰러지셨다는 곳이 바로 이곳이구나.'

나는 차마 입을 열어서 예수님께 십자가를 지시고 골고다를 오르신 그 일을 여쭤볼 수가 없었다. 그리고 예수님의 십자가를 대신 지고 갔던 구레뇨 시몬에게 너무 고맙다는 생각이 들었다. '예수님의 십자가를 대신 진 구레뇨 시몬, 아! 예수님께서는 구레뇨 시몬이 십자가를 대신 지어주는 그 사랑을 받으셨구나' 라는 생각을 하다 보니 그렇다면 지금 우리 성도들이 예수님을 위해 드리는 작은 헌신이나 희생도 기쁘게 받고 계실 것이라는 생각이 들었다. 이런 생각들로 한참 동안 언덕길을 오르다 보니 드디어 골고다 언덕길 갈보리 산, 십자가에 매달려 돌아가신 그 현장에 이르렀다.

예수님과 함께 그 십자가 현장으로 가서 보니 그곳에는 세 개의 십자가가 아직도 나란히 서 있었다. 그중에 가운데 있는 십자가는 참으로 큰 나무 십자가였고, 양쪽 좌우편에 있는 십자가는 가운데 예수님의 십자가보다는 조금 작은 나무 십자가였다.

예수님과 나는 그 세 개의 십자가를 마주 바라보면서 그곳의 작은 바위 위에 나란히 앉았다. 나는 예수님의 십자가 고난과 그 사랑 때문에 아픔과 슬픔의 격한 감정에 휩싸여 쉽게 진정이 안 됐다. 그런 내 마음을 잘 알고 계시는 예수님께서도 나에게 아무런 말씀을 하지 않으셨고, 그렇게 한동안 우리는 세 개의 십자가를 바라보면서 침묵의 시간을 보내고 있었다.

시간이 흐르고 마음이 진정되면서 나는 앞에 서 있는 세 개의 십자가에 대해 생각해보게 됐다. 세 개의 십자가는 무슨 의미일까, 십자가 형벌은 어떤 것일까, 누가 이런 십자가형을 받아야만 했을까, 왜 이곳의 십자가는 세 개일까, 왜 그날의 사형수는 세 사람일까 등 여러 생각이 마음안으로 들어왔다.

나는 마음을 가다듬고 예수님께 질문했다.

"예수님, 왜 그날의 십자가는 세 개의 십자가였나요?"

아직도 울먹거리며 바들바들 떨려하는 나를 향해 예수님은 눈빛으로 "네가 한번 말하여 보라"고 하시는 것 같았다.

"예수님, 제가 저 세 개의 십자가에 이름을 붙여보겠습니다. 왼쪽의 십자가는 사망의 십자가, 그리고 가운데 있는 십자가는 사랑의 십자가, 오른쪽에 있는 십자가는 구원의 십자가입니다."

이렇게 말씀드리자 예수님께서는 왜, 무엇 때문에 그렇게 이름을 붙였는지 말해보라고 하셨다. 나는 잠시 망설이다가 말씀을 드렸다.

"왼쪽의 강도가 예수님을 향해 조롱하기를 '네가 만일 하나님의 아들이거든 거기서 내려와서 너와 우리를 구원하라'고 할 때 오른쪽의 강도는 그 왼쪽의 강도에게 '너와 나는 마땅히 이렇게 죽어야 하는 죄인들이지만 이 가운데 십자가에 달리신 분은 옳지 않은 것이 없다'며 왼쪽의 강도를 꾸짖었습니다. 그러면서 그 죽음의 고통 가운데서도 예수님을 바라보면서 '예수여 당신의 나라에 이를 때에 나를 기억하소서' 라고 했으며 예수님께서는 오른쪽의 강도에게 '내가 진실로 네게 이르노니 네가 오늘 나와 함께 낙원에 있으리라'는 말씀으로 구원을 약속해주셨습니다. 그렇기에 오른쪽 강도의 십자가를 구원받은 십자가라는 의미로 구원의 십자가라고 했습니다. 그리고 왼쪽의 강도는 영원히 멸망의 죽음으로 들어가면서도 예수님을 바라보지 못하고 오히려 비웃고 조롱하면서 끝내 멸망의 길로 들어간 사람이기에 왼쪽의 십자가는 멸망의 십자가라고 했습니다.

예수님의 십자가는 십자가에 높이 달리실 때 전에 예수님께서 하신 말씀처럼 멸망당할 사람들을 구원해주시려고 그 멸망할 사람들 대신 당하신 십자가이기에 사랑의 십자가입니다."

내가 이렇게 세 개의 십자가를 요약해 말씀드리자 예수님께서는 그제서야 빙그레 웃으시면서 "바로 말하였다"며 칭찬해주셨다. 나는 다소 마음이 안정되어 예수님께 많은 것을 여쭙고 싶어졌다.

"예수님, 십자가의 의미는 무엇입니까?"

"십자가는 대신이다. 멸망 받아야 마땅한 죄인을 위해 내가 그 형벌을 대신 받았다. 그러므로 그는 이제 죄인이 아니라 구원을 받은 사람이 되었다. 또 십자가는 사랑이다. 죄인을 위해 자기 아들을 내어주시고 대신 죽이시고 대신 살리시는 그 사랑이 어디에 있느냐. 이것이 바로 하나님이신 그분의 사랑이시다. 또 십자가는 공의다. 십자가의 형벌은 공의로운 판결이라는 것이다. 죄 가운데 태어나 죄 가운데 살다 죄 가운데 죽음으로 죄의 심판 아래

설 수밖에 없는 죄인들을 그 죄의 대가대로 판결하시는 공의로는 판결이라는 것이다. 그리고 십자가는 부활이다. 인자가 십자가에 못 박혀 죽을 때에는 온 세상에 죽음의 그늘로 덮였지만 인자가 십자가에 죽은 지 사흘 만에 다시 살아 부활의 열매가 되었으므로 이제는 누구든지 인자를 믿으면 부활이요 생명이 되신 그로 말미암아 그도 사망의 권세를 이기고 부활의 생명을 누릴 것이기 때문이다. 또 십자가는 생명이다."

예수님의 말씀을 조용히 듣다 보니 문득 말씀 한 구절이 생각났다. 나는 조용히 예수님의 말씀을 들으면서 그 말씀을 암송해 보았다.

> "아들이 있는 자에게는 생명이 있고 하나님의 아들이 없는 자에게는 생명이 없느니라" (요일 5:12)

'이 말씀은 예수님은 사람들에게 생명을 주시는 분이라고 말씀하고 있는데 그렇다면 예수님은 사람들에게 어떤 생명을 주신다는 말씀인가!'

이런 생각을 하고 있는데 그때 예수님께서 조용히 성경 말씀 한 구절을 들려주셨다.

> "아들을 믿는 자에게는 영생이 있고 아들에게 순종하지 아니하는 자는 영생을 보지 못하고 도리어 하나님의 진노가 그 위에 머물러 있느니라" (요 3:36)

하나님의 아들이신 예수님께서 십자가에 달려 돌아가셨다가 죽은 지 사흘 만에 다시 살아나셨고 우리에게 부활이라는 생명과 영생이라는 생명을 주시고자 십자가에 죽으셔야만 하셨다는 것이 내 마음에 뜨겁게 믿어지면서 이런 구속의 은혜를 주신 하나님께 너무도 감사한 마음이 들었다. 그때 또 예수님께서는 말씀 한 구절을 들려주셨다.

> "내가 진실로 진실로 너희에게 이르노니 내 말을 듣고 또 나 보내신 이를 믿는 자는 영생을 얻었고 심판에 이르지 아니하나니 사망에서 생명으로 옮겼느니라" (요 5:24)

예수님께서 들려주시는 말씀을 귀로 들으며 마음으로 받아 깊이 묵상하다 보니 벅찬 감동으로 충만해졌다. 살아서 예수님을 믿으면 구원을 받는 것만으로 끝나지 않고 이미 이 세상에서 사망에서 생명으로 옮긴 바 된 것임이 깨달아졌다. 그러므로 하나님의 아들들의 나라에서 해와 같이 빛나리라는 그 말씀이 나에게 얼마나 놀라운 힘이 되는지 지금까지 예수님을 믿는다 하면서도 세상과 하나님 나라에 대한 것 때문에 갈등하며 힘들어 했던 나 자신이 한없이 부끄러워지며 이제야 더욱 하나님의 자녀 된 것에 대한 확신이 들었다.

그러면서 세상의 숱한 유혹들이 구원 받은 성도들조차 괴롭히고 있다는 것을 내가 알고 있는 수많은 구원받은 성도들에게 전달해야겠다는 생각이 들었다. 이 세상의 유혹 때문에 구원의 감격과 감동과 확신을 놓쳐버리고 우선 보이는 세상의 현실 때문에 힘들어하는 많은 사람들을 위해서라도 예수님께 더 많은 질문들을 해야겠다고 생각됐다.

"예수님께서는 부활 후 '다시 오겠다'고 하시고 오백여 성도들이 보는가운데서 하늘로 올라가셨는데, 그때의 성도들이나 지금의 성도들이나 예수님이 다시 오실 때까지는 세상과 싸워가며 믿음의 삶을 살아야 하는 사람들입니다. 그러나 이 세상에는 공중권세 잡은 악한 사탄이 얼마나 간교한 방법으로 구원 받은 성도들을 괴롭히고 있는지 예수님께서도 아시지 않습니까? 이럴 때 우리들은 어떻게 해야 합니까?"

담대하게 질문하는 나에게 예수님께서는 조금은 근엄하신 얼굴로 다시 말씀해주셨다.

"내가 너희에게 알려준 말을 너희가 깊이 생각하며 지키고 있지 않기 때문에 너희에게는 두려움이라는 것이 앞선 것이다. 이제 내가 다시 너희에게 나의 말을 들려줄 것인즉 너희는 이 말을 너희 마음 판에 새기고 그 말씀 가운데 거하면 두려움이 사라질 것이며 담대한 마음과 믿음으로 세상 끝날까지 세상과 싸워도, 사탄과 싸워도, 죄와 싸워도 끝내 이겨 승리하는 자가 되리라."

> "너희는 마음에 근심하지 말라 하나님을 믿으니 또 나를 믿으라 내 아버지 집에 거할 곳이 많도다 그렇지 않으면 너희에게 일렀으리라 내가 너희를 위하여 거처를 예비하러 가노니 가서 너희를 위하여 거처를 예비하면 내가 다시 와서 너희를 내게로 영접하여 나 있는 곳에 너희도 있게 하리라" (요 14:1~3)

"예수님, 그러면 우리는 예수님이 다시 오실 때까지는 홀로 있는 것입니까?"

이렇게 여쭙자 예수님께서는 나의 얼굴을 바라보시며 모처럼 껄껄껄 웃으시더니 아주 자상하신 눈빛으로 말씀을 들려주셨다.

"그러나 내가 너희에게 실상을 말하노니 내가 떠나가는 것이 너희에게 유익이라 내가 떠나가지 아니하면 보혜사가 너희에게로 오시지 아니할 것이요 가면 내가 그를 너희에게로 보내리니 …… 그러나 진리의 성령이 오시면 그가 너희를 모든 진리 가운데로 인도하시리니 그가 스스로 말하지 않고 오직 들은 것을 말하며 장래 일을 너희에게 알리시리라 …… 이것을 너희에게 이르는 것은 너희로 내 안에서 평안을 누리게 하려 함이라 세상에서는 너희가 환난을 당하나 담대하라 내가 세상을 이기었노라" (요 16:7, 13, 33)

"내가 아버지께 구하겠으니 그가 또 다른 보혜사를 너희에게 주사 영원토록 너희와 함께 있게 하리니 그는 진리의 영이라 세상은 능히 그를 받지 못하나니 이는 그를 보지도 못하고 알지도 못함이라 그러나 너희는 그를 아나니 그는 너희와 함께 거하심이요 또 너희 속에 계시겠음이라 내가 너희를 고아와 같이 버려두지 아니하고 너희에게로 오리라" (요 14:16~18)

예수님을 통해 말씀들을 듣고 나니 그동안 하나님의 말씀을 둔하게 듣고, 깊이 묵상하지 못하고, 귀 기울이지 않고 살아왔던 것이 부끄럽게 느껴졌다. 그러나 예수님께서는 그런 나를 책망하지 않으시고 오히려 말씀을 깊이 깨달을 수 있는 은혜를 주시고자 하는 것이 느껴졌다. 그때 내 마음 가운데"내가 너희를 고아와 같이 버려두지 않고 너희에게로 오리라"는 말씀이 깊이 새겨졌다.

* * *

예수님과 말씀을 나누다 보니 또다시 참았던 감정이 복받치며 '도대체 예수님은 누구시기에 이렇게 우리를 고아처럼 버려두지 않으신다는 말씀인가' 하는 생각으로 먹먹해졌다.

그러면서 또 깨달아지기를 우리 예수님께서는 지금도 보혜사 성령으로 우리 가운데 와 계신다는 것과 우리가 능히 하나님의 자녀로 굳건하게 세워지며 예수님께서 다시 오실 때까지 믿음을 지켜 하나님을 사랑하며 예수님의 복음을 온 세상에 증거하도록 성령 하나님으로 이미 우리 가운데 와 계신다는 생각이 들었다.

예수님께서는 내가 이렇게 말씀을 깨달아 알아가는 모습을 사랑스럽게 바라봐주시며 나에게 또다시 말씀해주셨다.

> "아버지께서 내게 주시는 자는 다 내게로 올 것이요 내게 오는 자는 내가 결코 내쫓지 아니하리라 내가 하늘에서 내려온 것은 내 뜻을 행하려 함이 아니요 나를 보내신 이의 뜻을 행하려 함이니라 나를 보내신 이의 뜻은 내게 주신 자 중에 내가 하나도 잃어버리지 아니하고 마지막 날에 다시 살리는 이것이니라 내 아버지의 뜻은 아들을 보고 믿는 자마다 영생을 얻는 이것이니 마지막 날에 내가 이를 다시 살리리라 하시니라" (요 6:37~40)

> "예수께서 이르시되 내가 진실로 진실로 너희에게 이르노니 인자의 살을 먹지 아니하고 인자의 피를 마시지 아니하면 너희 속에 생명이 없느니라 내 살을 먹고 내 피를 마시는 자는 영생을 가졌고 마지막 날에 내가 그를 다시 살리리니 내 살은 참된 양식이요 내 피는 참된 음료로다 내 살을 먹고 내 피를 마시는 자는 내 안에 거하고 나도 그의 안에 거하나니 살아 계신 아버지께서 나를 보내시매 내가 아버지로 말미암아 사는 것 같이 나를 먹는 그 사람도 나로 말미암아 살리라" (요 6:53~57)

말씀을 들려주시는 예수님은 참으로 진실하신 그 모습 그대로였다. 나는 예수님 옆에 있으면서 우리에게 당신의 생명을 주시기 위해서는 그 어떤 대가도 지불하실 수 있는 분이시라는 것을 다시 한 번 느낄 수 있었다. 그렇다. 예수님은 우리를 위해 십자가를 지시고 죽임을 당하신 분이시다.

하나님께서는 우리가 무엇이라고 왜 이렇게까지 당신의 생명을 우리에게 주셔야만 하셨나 하는 생각 때문에 나는 견딜 수 없는 마음으로 그 자리에서 일어나 자리를 빙빙 돌면서 혼란스러워했다. 왜, 무엇 때문에 그분은 살과 피까지 우리를 위해 주셨을까. 그러나 그것은 내가 이해할 수 없는 하나님의 사랑이었다.

'십자가의 은혜를 입은 우리는 앞으로 하나님 나라에 이를 때까지 어떻게 살아야 하나요?' 라고 여쭈어보려고 하자 이미 나의 마음을 읽으신 예수님께서는 나에게 오히려 되물으시는 눈치셨다.

"너는 이제 어떻게 하려느냐."

나는 이미 내 안에 와 계신 성령님께 지혜를 달라고 잠시 눈을 감고 기도했다. 이런 나의 모습을 물끄러미 바라보시던 예수님께서는 그것을 참으로 기뻐하시는 것 같았다.

하나님께서는 이미 우리에게 보혜사 성령님을 보내주셨다. 예수님이 다시 오실 때까지 우리를 고아와 같이 버려두지 않으시고 친히 우리를 도우시고, 지혜를 주시며, 하나님의 사랑을 깊이 알아갈 수 있도록 하신 것이다. 뿐만 아니라 세상을 이기며 살아갈 수 있도록 능력과 권세도 주셨다. 그러므로 우리들은 하나님의 나라를 전파하면서 예수님이 다시 오실 때까지 예수 그리스도의 신부된 성도로서 거룩한 믿음을 지켜가며 성령님의 도움을 받으며 살아가면 되는 것이다. 하나님은 이러한 우리의 모습을 기쁘게 받으신다는 것을 예수님께서 나에게 직접 가르쳐주시는 것 같았다. 그때 나의 마음 가운데 떠오르는 말씀이 있었다.

> "예수께서 무리를 보시고 산에 올라가 앉으시니 제자들이 나아온지라 입을 열어 가르쳐 이르시되 심령이 가난한 자는 복이 있나니 천국이 그들의 것임이요 애통하는 자는 복이 있나니 그들이 위로를 받을 것임이요 온유한 자는 복이 있나니 그들이 땅을 기업으로 받을 것임이요 의에 주리고 목마른 자는 복이 있나니 그들이 배부를 것임이요 긍휼히 여기는 자는 복이 있나니 그들이 긍휼히 여김을 받을 것임이요 마음이 청결한 자는 복이 있나니 그들이 하나님을 볼 것임이요 화평하게 하는 자는 복이 있나니 그들이 하나님의 아들이라 일컬음을 받을 것임이요 의를 위하여 박해를 받은 자는 복이 있나니 천국이 그들의 것임이라" (마 5:1~10)

성령님께서는 나의 마음 가운데 이 말씀이 떠오르게 하시면서 예수 그리스도께서는 우리에게 천국을 주시려고 십자가에 죽으심이요, 세상에서 그리스도인들이 아무리 많은 능력과 축복을 받을지라도 천국에 이르지 못하면 저들은 천국 문 앞에서 슬피 울며 이를 갈게 되리라는 말씀도 깨달아 알게 해주셨다.

내가 이 말씀을 깨달아 알자 예수님께서는 먼저 나의 마음을 아시고는 사랑스런 눈길로 바라봐주셨다. 하지만 내 마음에는 이 말씀이 깨달아 알아지면서 요동이 일기 시작했다.

나는 나 자신에게 물었다. '너는 천국에 대해 어떤 믿음과 소망을 갖고 있느냐?' 그동안의 내 믿음의 삶을 되돌아보니 지금까지 나는 별로 천국에 대한 소망이나 확신이나 그리움 없이 그저 별 목적 없이 살아왔다는 생각이 들었다. 충만한 은혜의 삶을 살지 못하면서도'그냥 그렇게 믿으면 되는 것' 이라는 생각으로, 또 때로는 의무와 형식으로 신앙생활을 하며 살아왔던 것이다.

이렇게 지난 내 모습을 반추하다 보니 지금껏 하나님의 사랑과 십자가의 은혜에 대한 목마름 없이 살면서도 나름 잘 산다고 자만했던 내 자신이 얼마나 기막힌지 한숨이 절로 나왔다. 하나님의 자녀로 산다는 것이 얼마나 존귀하고 영광스러운 일인가. 예수 그리스도의 보혈의 피로써 값 주고 산 것이 어떻게도 갚을 수 없는 하나님의 사랑인데 천 년을 살 것도, 만 년을 살 것도 아니면서 나는 지금까지 왜 예수님의 그 은혜를 이렇게밖에 모르면서 살아왔나 생각하니 한없이 부끄러워지며 견딜 수 없는 아픔이 몰려왔다. 예수님의 은혜를 대수롭지 않게 생각하며 살았다는 자책 때문에 금방이라도 나는 오열할 것만 같았다.

그러자 예수님께서는 마치 먼 산을 바라보시듯 세 개의 십자가를 바라보시면서 그 못자국 난 손길로 나의 마음을 만져주셨다. 이제 나의 마음에 다시 새롭게 솟아나는 마음은 이제 내가 살아도 주를 위해 살고 죽어도 주를 위하여 죽겠다는 결단이었다.

"내가 그리스도와 함께 십자가에 못 박혔나니 그런즉 이제는 내가 사는 것이 아니요 오직 내 안에 그리스도께서 사시는 것이라 이제 내가 육체 가운데 사는 것은 나를 사랑하사 나를 위하여 자기 자신을 버리신 하나님의 아들을 믿는 믿음 안에서 사는 것이라" (갈 2:20)

"그리스도 예수의 사람들은 육체와 함께 그 정욕과 탐심을 십자가에 못 박았느

니라" (갈 5:24)

"그러나 내게는 우리 주 예수 그리스도의 십자가 외에 결코 자랑할 것이 없으니 그리스도로 말미암아 세상이 나를 대하여 십자가에 못 박히고 내가 또한 세상을 대하여 그러하니라" (갈 6:14)

바울 선생님의 고백이 마음 가운데 생각나면서 예수님께서는 하나님의 아들이면서도 다른 어떤 방법도 행하지 않으시고 십자가에 못 박혀 죽으심으로 하나님의 구속 역사를 이루어 인류 구원을 이루셨다는 사실에 다시 한 번 고개가 숙여졌다. 또 예수 그리스도를 만난 그의 제자들과 사도 바울도 다른 방법으로 주님의 역사를 이루지 않고 십자가에 못 박힘으로 제자의 길을 갔다는 것과 이 땅의 진실한 그리스도인들은 지금도 자기 자신을 십자가에 못 박으면서 주 예수 그리스도의 제자 된 삶을 따르고 있다는 사실에 마음이 숙연해졌다. 그리고 이런 은혜와 사랑을 깨닫게 해주신 것이야말로 예수님이 내게 주신 최고의 선물 같다는 생각이 들었다.

인터뷰가 끝나갈 즈음, 예수님께서는 나에게 성경 말씀을 찾아보라고 하셨다. 나는 배낭 안에 있는 성경책을 꺼내 예수님께서 권하시는 말씀을 찾아봤다.

"너희가 세례로 그리스도와 함께 장사되고 또 죽은 자들 가운데서 그를 일으키신 하나님의 역사를 믿음으로 말미암아 그 안에서 함께 일으키심을 받았느니라 또 범죄와 육체의 무할례로 죽었던 너희를 하나님이 그와 함께 살리시고 우리의 모든 죄를 사하시고 우리를 거스르고 불리하게 하는 법조문으로 쓴 증서를 지우시고 제하여 버리사 십자가에 못 박으시고 통치자들과 권세들을 무력화하여 드

러내어 구경거리로 삼으시고 십자가로 그들을 이기셨느니라" (골 2:12~15)

말씀을 읽으면서 예수님은 다른 방법이 아닌 십자가로 이 모든 것에서 이기신 분이란 것이 새삼 깨달아졌다. 그러면서 이제 나도 십자가로 승리하리라는 다짐을 하게 되었다.

예수님께서 마지막으로 나에게 들려주신 말씀은 "그러므로 너희는 가서 모든 민족으로 제자를 삼아 아버지와 아들과 성령의 이름으로 세례를 베풀고 내가 너희에게 분부한 모든 것을 가르쳐 지키게 하라 볼지어다 내가 세상 끝 날까지 너희와 항상 함께 있으리라"는 말씀이었다.

예수님께서는 떠나시기 전, 나의 머리에 예수님의 못자국 난 손을 얹어 안수해주셨다. 예수님의 안수 기도를 받고 눈을 뜨자 지금까지 나와 함께하셨던 예수님은 안 계시고 나 혼자 어느 외딴 길을 걷고 있었다.

생명나무 열매와 선악을 알게하는 나무 열매

나는 또 혼자가 되어 어느 숲길을 걷고 있었다. 숲길 양쪽으로는 드문드문 길이 나 있었는데 한쪽은 조금 넓은 길이고 또 다른 길은 조금 좁은 길 같았다. 좁은 길로 힘들게 가는 것보다 넓은 길로 편하게 가고 싶은 마음에 나는 넓은 길로 먼저 가기로 선택했다.

넓은 길로 들어서자 또 다시 양쪽으로 숲이 보였는데 그 길 양쪽에는 놀랍게도 많은 과일 나무들이 빽빽하게 늘어서 있었다. 과일들은 보기에도 탐스럽고 먹음직스럽게 생겼으며 손을 내밀면 곧 딸 수 있을 높이에 주렁주렁 열려 있었다.

이상한 것은 그 열매들을 보자 갑자기 시장기가 느껴지며 열매를 따서 먹어보고 싶은 마음이 간절해졌다. 나는 그 나무들이 주인이 있는 나무일 수도 있으니 무조건 따먹을 수는 없다는 생각에 주인을 찾아보기로 했다.

"주인 계세요? 누구 안 계세요?"

주변을 둘러보았으나 아무도 보이지 않고 이름 모를 새 소리만 들려올 뿐이었다. 순간 나는 그 열매들이 그곳을 지나는 나그네들을 위한 것이 아닐까 생각됐다. 얼마나 먹음직스럽던지 견딜 수 없는 유혹으로 딱 하나만 따서 먹어보기로 하고 손으로 열매를 따서 향기를 맡아보니 얼마나 향기로운지 지금껏 이런 향기로운 열매는 본 적이 없는 것 같았다. 그 열매는 어서 상큼하게 한입 베어 먹어보라고 나에게 말하고 있는 것 같았다.

열매를 따서 한 입 베어 무는 순간 '세상에 이럴 수가!', 열매가 내 입에

닿기도 전에 달콤한 향에 취해버리고 말았다. 그리고 나는 한 입만 먹어보겠다는 생각과는 달리 재빨리 또 한 입을 베어 먹고 있었다. 그렇게 맛과 향기에 취해 시간 가는 줄 모르고 나중에는 아예 열매를 한가득 따서 옆에 놓고는 길옆에 주저앉아 먹고 또 먹었다. 상식으로 그 정도 먹었으면 배가 부를 만도 한데 이상하게도 이 열매는 아무리 먹어도 배부른 줄도 모르겠고 그냥 그 맛과 향에 취한 듯 먹고 또 먹게 되었다.

그렇게 한동안 내가 지금 어디에 있는지, 시간이 얼마나 지났는지 생각없이 앉아서 열매를 먹다가 문득 '지금 나는 순례자의 길을 가는 중이었지' 라는 생각이 들었다. 그러고 나서 내 모습을 보니 마치 먹는 귀신이라도 들린 듯 열매를 먹고 있었다. '이제 그만 일어나야지' 라는 생각으로 자리에서 일어나려 했지만 열매를 얼마나 먹었는지 갑자기 배가 아파왔다. 나는 아픈 배를 움켜잡고 "아이고 배야, 아이고 배야" 소리쳤지만 아무도 나타나지 않았다. '이러다가 이곳에서 죽을 수도 있겠구나' 라는 생각에 나는 어서 그곳에서 빠져나와야겠다는 마음으로 간신히 배낭을 둘러매고 한걸음씩 걸어서 그 과일나무 밭을 빠져나왔다.

얼마 후 갑자기 배 안에서 부글부글 끓기 시작하더니 지금껏 먹은 것들을 토해내고 싶은 마음이 들었다. 처음 들어섰던 길 쪽으로 다시 돌아가 좁은 길 옆쪽에서 지금까지 먹었던 열매들을 토해내기 시작했다. 한참을 그렇게 토하고 나니 속은 편안해졌지만 기운이 빠져 몸을 추스르기도 힘들었다. 다시는 그 열매들을 따먹지 않겠다고 다짐하면서 지금 무엇이 잘못되어 내가 이렇게 고생하게 되었나를 곰곰이 되짚어봤다. 그러면서 누군가 나와 동행해주는 사람이 있었으면 좋겠다는 생각도 들었다. 지친 몸으로 한동안 멍하니 허공을 바라보고 있는데 어디선가 작은 음성이 들려왔다.

"내가 너와 함께하고 있지 않느냐!"

'아하! 그렇지. 내 안에 성령님께서 나와 함께하고 계시지.'

그제야 나는 성령님께서 나와 함께하신다는 것을 깨닫고 얼마 전 넓은 길로 가다가 탐스러운 열매에 유혹되어 큰 고생을 했다는 생각에 좁은 길 쪽으로 발걸음을 옮겼다.

* * *

좁은 길을 걷다 보니 이번에도 넓은 길에서처럼 길 양쪽으로 과일 나무에 열매들이 열려 있는 것이 보였다. 그러나 그곳의 나무는 간신히 한 그루에 겨우 서너 개 정도의 열매들만 달려 있을 뿐이었다. 뿐만 아니라

그 열매들은 그리 탐스럽게 보이지도, 향기롭게 보이지도 않을 뿐더러 크기도 크지 않아 겨우 하나로는 허기를 달랠 수 없을 것처럼 보였다.

나는 조금 전 열매를 많이 먹어 배탈 났던 기억 때문에 다시는 이런 열매들을 먹지 않으리라고 다짐하고는 그 열매들은 쳐다보지도 않았다. 그러나 너무 기운이 없고 지쳐 한걸음도 걸을 수 없을 것 같아 주님 앞에 도움을 청하는 기도를 드렸다.

"주님 도와주세요. 제게 힘을 주세요. 제가 가야 할 길을 다 갈 수 있도록 힘을 주세요".

이렇게 기도하며 주님의 도움을 구하자 내 안에 계신 성령님께서 음성을 들려주셨다.

"너는 손을 들어 저 나무의 열매를 따서 먹어 보아라."

나는 조금 전 넓은 길에서 열매를 먹고 많은 고생을 했던 터라 열매를 따 먹어보라는 성령님의 음성이 기쁘게 들리지 않았다.

"이 열매를 따서 먹어보라고요?"

그러나 성령님의 음성은 다시 한 번 "열매를 따서 먹으라"는 것이었다.

나는 성령님의 음성을 거역할 수 없어 별로 내키지는 않았으나 열매를 하나 따 보았다. 탐스럽지도 않고 향기가 좋은 것도 아니어서 별로 먹고 싶은 마음이 없었지만 성령님의 음성인지라 그 열매를 옷에다 싹싹 문질러서 한 입 깨물어 보았다. 아삭아삭 소리는 났지만 아무런 맛도 나지가 않았다. 그러나 주께서 먹으라고 하셨으므로 나는 한 개를 억지로 다 먹었다.

열매를 먹고 얼마 후 바위에 앉아 쉬려고 하는데 조금 전까지 그렇게 지쳤던 몸에 힘이 생겨나고 언제 배가 아팠냐는 듯 속도 편안해지는 것을 느꼈다. 머리끝에서 발끝까지 새 힘이 생겨나기 시작했다.

좁은 길에서 먹은 이 열매는 배가 고플 때는 양식이 되고, 몸이 아플 때는 치료의 약이 되고, 힘이 없을 때는 힘을 주는 보약과 같다는 생각이 들면서 나의 마음은 조금씩 정리가 되기 시작했다.

"여호와 하나님이 그 땅에서 보기에 아름답고 먹기에 좋은 나무가 나게 하시니 동산 가운데에는 생명 나무와 선악을 알게 하는 나무도 있더라" (창 2:8~9)

'그렇다면 선악과는 무엇이며 생명나무는 무엇일까' 하는 생각이 들었다. 현 시대를 살아가는 우리는 어떻게 무슨 열매를 먹어야 하는지 내 안에 계신 성령님의 지혜를 구해보기로 했다.

"그런데 뱀은 여호와 하나님이 지으신 들짐승 중에 가장 간교하니라 뱀이 여자에게 물어 이르되 하나님이 참으로 너희에게 동산 모든 나무의 열매를 먹지 말라 하시더냐 여자가 뱀에게 말하되 동산 나무의 열매를 우리가 먹을 수 있으나 동산 중앙에 있는 나무의 열매는 하나님의 말씀에 너희는 먹지도 말고 만지지도 말라 너희가 죽을까 하노라 하셨느니라 뱀이 여자에게 이르되 너희가 결코 죽지 아니하리라 너희가 그것을 먹는 날에는 너희 눈이 밝아져 하나님과 같이 되어 선악을 알 줄 하나님이 아심이니라 여자가 그 나무를 본즉 먹음직도 하고 보암직도 하고 지혜롭게 할 만큼 탐스럽기도 한 나무인지라 여자가 그 열매를 따먹고 자기와 함께 있는 남편에게도 주매 그도 먹은지라 이에 그들의 눈이 밝아져 자기들이 벗은 줄을 알고 무화과나무 잎을 엮어 치마로 삼았더라" (창 3:1~7)

하나님께서 인간들에게 '생명나무의 열매'를 주셨다는 사실은 참으로 놀라운 축복임을 우리들은 왜 모르고 있었을까? 아담과 하와가 에덴동산에서 생명나무의 열매를 따 먹고 살아갈 때는 하나님과 함께 너무나 행복한 삶을 살았을 것이고 그 안에는 부족함이 없었다는 것이다.

나는 오늘을 사는 그리스도인으로서 선악과가 아닌 생명나무의 열매로 살아가야 하기 때문에 오늘 우리에게 생명나무의 열매는 무엇일까를 생각하다 보니 문득 예수님께서 하셨던 말씀이 생각났다.

"그 때에 예수께서 성령에게 이끌리어 마귀에게 시험을 받으러 광야로 가사 사십 일을 밤낮으로 금식하신 후에 주리신지라 시험하는 자가 예수께 나아와서 이르되 네가 만일 하나님의 아들이어든 명하여 이 돌들로 떡덩이가 되게 하라 예수께서 대답하여 이르시되 기록되었으되 사람이 떡으로만 살 것이 아니요 하나님의 입으로부터 나오는 모든 말씀으로 살 것이라 하였느니라 하시니" (마 4:1~4)

아담과 하와가 하나님의 말씀인 생명나무 열매만 바라보며 살아갈 때는 저들에게 아무런 문제가 없었다. 그렇다면 우리도 하나님의 약속의 말씀들만 의지하며 살아갈 때 그곳이 바로 에덴동산과 같은 곳이 되지 않을까 생각되었다.

"하나님이 세상을 이처럼 사랑하사 독생자를 주셨으니 이는 그를 믿는 자마다 멸망하지 않고 영생을 얻게 하려 하심이라" (요 3:16)

하나님의 아들인 독생자 예수께서 우리에게 영원한 생명을 주는 생명나무 실과임을 비로소 깨닫고 나니 독생자 예수 안에 있는 자들에게는 생명이 있고 독생자 하나님의 아들이 없는 자에게는 생명이 없다는 그 말씀이 마음 깊이 깨달아졌다.

넓은 길에서 먹음직스럽고 탐스러운 열매를 봤을 때는 많은 열매를 먹고자 하는 욕심에 한 아름 따놓고서는 그 열매를 먹었다. 그런데 좁은 길에서의 열매는 하나만 먹어도 만족이 되었고 무엇보다 그 열매는 또 다른 욕심을 불러오지 않았던 것이 기억났다.

'오늘 나에게 생명나무의 실과는 자족함이로구나.' 이런 생각을 하는 나에게 다시 생각나는 말씀이 있었다.

"그러나 자족하는 마음이 있으면 경건은 큰 이익이 되느니라 우리가 세상에 아무 것도 가지고 온 것이 없으매 또한 아무 것도 가지고 가지 못하리니 우리가 먹을 것과 입을 것이 있은즉 족한 줄로 알 것이니라 부하려 하는 자들은 시험과 올무와 여러 가지 어리석고 해로운 욕심에 떨어지나니 곧 사람으로 파멸과 멸망에 빠지게 하는 것이라 돈을 사랑함이 일만 악의 뿌리가 되나니 이것을 탐내는 자들은 미혹을 받아 믿음에서 떠나 많은 근심으로써 자기를 찔렀도다" (딤전 6:6~10)

또한 생명나무의 실과는 두려움이 없는 평안이라는 깨달음도 생겼다.

"이것을 너희에게 이르는 것은 너희로 내 안에서 평안을 누리게 하려 함이라 세상에서는 너희가 환난을 당하나 담대하라 내가 세상을 이기었노라" (요 16:33)

그렇다. 에덴동산에서의 아담과 하와는 평안을 누리는 삶을 살았다. 그곳에는 두려움이나 염려나 근심이나 욕심이 없었다. 오직 하나님의 사랑 안에서 교제하며, 기쁨을 누리며, 행복한 삶을 살아갔을 것이란 생각을 하니 부러운 마음이 생겼다. 또 한편으로는 참다운 평안 없이 불안과 염려, 내일에 대한 두려움으로 저마다 힘겹게 살아가고 있는 오늘날의 사람들이 불쌍하다는 생각도 들었다.

그러면서 여러 가지 궁금한 것들이 떠올랐다. "선악을 알게 하는 이 열매를 따서 먹는 날에는 정녕 죽으리라"는 하나님의 말씀을 우리는 지키며 살아가고 있는가. 생명나무의 실과는 무엇인가. 순간 머리가 복잡해졌다.

그때 내 마음에 감동처럼 깨달아지는 것이 있었다.

바로 생명나무는 하나님의 명령과 약속이라는 것이다. 생명나무의 열매는 자유와 평강, 그리고 하나님이 우리에게 주신 자유임이 깨달아졌다.

하나님께서는 아담과 하와에게 "네가 원하는 대로, 네 마음껏, 동산 각종 나무의 열매는 네가 임의로 먹으라"고 말씀하셨다.

"이 모든 것들은 다 너희 것이다, 너희를 위하여 열리는 것이며, 너희에게 생명과 기쁨을 줄 것이며, 너희를 위해 맺히는 것이라. 너희는 이 모든 것들의 주인이니라. 너희가 기쁠 때 저들도 기쁠 것이고, 너희가 만족할 때 저들도 만족할 것이며 너희로 인하여 저 열매들까지도 행복할 것이다" 라고 하나님께서는 말씀하셨다.

그런데 왜 아담과 하와는 생명나무의 열매를 포기하고 선악과를 따 먹었을까? 먹음직하고 보암직하고 지혜롭게 할 만큼 탐스럽게 보이는 열매인지라, 그것을 먹으면 눈이 밝아져 하나님처럼 지혜롭게 될 것 같아서 그랬을까? 결과적으로 아담과 하와는 하나님의 명령을 어긴 결과 "너희는 흙이니 흙으로 돌아가라"는 명을 받게 된다.

그러면서 또 한 가지 깨닫게 하신 것은 하나님께서 그들에게 가죽옷을 지어 입히셨던 것처럼 어린양을 보내실 때 그를 믿는 자마다 멸망하지 않을 것이란 약속을 주신 것이다. "이제는 어린양을 믿어라. 그리하면 내가 그로 너희 죄짐을 지고 가게 하고, 그 대신 너희에게 그 어린양의 생명을 주겠다"는 약속을 나의 마음 가운데 하나하나 새기듯이 성령님께서 깨우쳐주셨다. 그러나 사람들은 오늘날 먹음직하고, 보암직하고, 탐스러운 지혜를 얻기 위해 몸부림치며 살아가고 있다. 에덴동산에서 아담과 하와를 유혹한 뱀이 지금은 세상에서 용의 권세와 같은 힘과 권세로 사람들에게 선악과를 따먹으라고, 그러면 눈이 밝아져 하나님처럼 살 수 있다고 유혹하고 있는 것이다.

사람들은 어떻게 보이지 않는 하나님의 명령으로 살아갈 수 있느냐고 묻는다. 그러면서 하나님의 명령 앞에 복종하지 않는다. 자기 자신이 인생에서 하나님이 되려 한다. 죄로 말미암아 죄의 눈이 밝아져버린 사람들의 눈에는, 오늘날 하나님의 말씀이 얼마나 어리석게 보일까.

그러나 생각해보면 하나님께서는 아담과 하와에게도 임의대로 선택할 수 있게 자유를 주셨다. 다시 말해 하나님은 오늘날 사람들에게도 자유로 선택할 수 있는 권리를 주시고 이렇게 말씀하고 계신 것이다.

"그럼 네 마음대로 선택해라. 나는 너희들에게 선택할 수 있는 자유를 주었으니, 네가 스스로 너의 인생에서 하나님처럼 되려면 되어 보아라. 그러나 이것 또한 네가 알아야 할 것이다. 선악을 알게 하는 나무의 열매를 네가 먹는 날에는 정녕 죽으리라. 그러나 네가 생명나무의 열매를 먹으면 너는 영원히 살 것이다. 네가 악을 알아버린 그 에덴동산 대신 하나님의 어린양으로 대신하여 새롭게 세워진 새 하늘 새 땅에서."

> "또 그가 수정 같이 맑은 생명수의 강을 내게 보이니 하나님과 및 어린 양의 보좌로부터 나와서 길 가운데로 흐르더라 강 좌우에 생명나무가 있어 열두 가지 열매를 맺되 달마다 그 열매를 맺고 그 나무 잎사귀들은 만국을 치료하기 위하여 있더라 다시 저주가 없으며 하나님과 그 어린 양의 보좌가 그 가운데에 있으리니 그의 종들이 그를 섬기며 그의 얼굴을 볼 터이요 그의 이름도 그들의 이마에 있으리라 다시 밤이 없겠고 등불과 햇빛이 쓸 데 없으니 이는 주 하나님이 그들에게 비치심이라 그들이 세세토록 왕 노릇 하리로다" (계 22:1~5)

지금까지 내가 알지 못했던 많은 진리를 성령님께서 생명나무의 실과와 선악을 알게하는 나무의 열매를 통해 가르쳐주시고 깨우쳐주셨으므로 나는 이 말씀에 대한 것들을 누군가에게 알려 주고 싶은 마음에 다음 길을 재촉했다.

넓은 길과 좁은 길

생명나무 아래에서 일어나 나는 또다시 성령님을 친구삼아 길을 걷고 있었다. 그때 내 앞으로는 수없이 많은 사람들이 저마다 호화로운 옷들을 입고서 걸어가고 있었다. 나는 이 사람들이 다 어디로 가고 있는지 궁금해 내 앞에 가고 있는 사람에게 물어보기로 했다. 마침 한 아주머니가 큰 보따리를 머리에 이고 가는 모습이 보였다.

"저, 아주머니! 지금 어디로 가시나요? 너무 힘들어 보이시는데, 제가 보따리를 좀 들어 드릴까요?"

그런데 아주머니는 아주 큰 소리로 화를 벌컥 내는 것이었다.

"남이야 보따리를 이고 가든 짐을 지고 가든 무슨 상관이요. 이것은 내 보따리니 내가 이고 갈 것이오. 상관하지 말고 당신 갈 길이나 가시오! 내 원 참 별꼴을 다 보겠네. 요즘 것들은 통 믿을 수가 없단 말이야. 친절하게 도움 주는 척 하다가 나중에는 빼앗아가려고 하는 걸 내가 모를 줄 알고? 나쁜 것!"

아주머니는 화를 내면서 나를 향해 온갖 욕을 쏟아냈다. 나는 민망한 마음에 사과를 하고서는 향하던 길을 재촉했다.

이전까지는 항상 조용히 길을 걸었는데 그곳은 어찌나 사람이 많은지 도무지 혼자 호젓하게 길을 걸을 수 없어 보였다. 나는 조금 빠른 걸음으로 걷다가 이번에는 마차를 끌고 가는 노인을 만나게 됐다. 노인의 마차는 소나 나귀가 끌고 가는 것이 아니라 노인이 직접 끌고 가는 것이었다. 그리고 노인 옆에 그의 가족으로 보이는 젊은 남자와 여자와 아이들도 있었는데 그들은 마치 남의 일 보듯 아무도 이 노인의 마차를 끌어주려 하지 않고 구경만 하면서 가고 있었다.

나는 노인이 땀을 뻘뻘 흘리면서 가는 것이 안타까워 조금 전 아주머니에게 욕먹었던 것을 까마득하게 잊어버리고는 이 노인을 도아주고 싶은 마음에 그에게로 다가가 말을 걸었다.

"저 어르신, 지금 어디로 가시나요? 마차를 끌고 가시는 것이 많이 힘들어 보이셔서요. 제가 잠깐 밀어드려도 될까요?"

나는 최대한 공손하게 말을 건넸지만 어르신은 나를 향해 아예 말도 못 붙이게끔 온갖 역정을 내셨다.

"원 세상에 나쁜 것들, 이제는 하다하다 모르는 젊은 것들까지 내 것을 빼앗으려고? 가까이 와서 친절한 척 말 붙이면 내가 모를 줄 알고? 나쁜 것들 같으니라고."

노인은 끌고 가던 마차에서 지팡이를 꺼내더니 나를 지팡이로 내리치려고 했다.

나는 또 이런 모욕을 당하고 나니 '도대체 저 사람들은 왜 이렇게 친절을 베풀어주겠다는 사람들에게도 화를 내는 것이지? 도대체 저 마차에다 무엇을 싣고 가는 것이지?' 하는 궁금증이 생겼다.

그때 노인의 마차 옆을 같이 지나오면서도 노인이 마차 끄는 것을 도와주지 않고 그냥 구경꾼처럼 옆에 서 있기만 하던 사람이 내게 말을 건넸다.

"내 그럴 줄 알았지. 그것 봐요! 괜히 친절 베푸는 척 하다가 봉변 당하지 말고 그냥 가던 길이나 잘 가시오."

그들은 나를 향해 저희들끼리 키득키득하며 비웃어댔다. 그러더니 그중 아들 같은 한 사람이 나를 향해 빈정거리듯 말해주었다.

"저 노인이 어떤 노인인 줄 아시오? 지금 저 마차에는 평생 모은 금은보화들이 가득 담겨 있소. 저 노인은 금은보화를 누구에게도 주지 않아요. 심지어는 우리 아들딸에게도 주지 않고 혼자서 저렇게 안고 가는 사람이 란 말이오. 아무리 노력해도 아무것도 주지도 않는 저 노인에게, 혼자 잘 먹고 잘 살라고 우리도 그냥 가고 있단 말이오. 이제 아시겠어요? 저 노인이 당신을 보고 그렇게 소리 지르며 화냈던 이유를. 이런 멍청한 사람 같으니라고."

젊은 남자는 나를 향해 혀를 끌끌 차면서 어서 가던 길이나 가라고 충고했다.

그 말을 듣고서 생각해보니 조금 전 아주머니도 큰 보따리를 이고서 내가 짐을 들어준다고 할 때 그렇게 화를 냈던 것이 생각났다. 그럼 그 아주머니도 보따리 속에 무엇인가 들어 있는 것을 내가 빼앗을까 걱정되어 화를 냈단 말인가? 나는 궁금한 마음에 잠시 오던 길을 되돌아가 아주머니를 다시 찾아보기로 했다. 얼마쯤 가니 수많은 사람들 중에 다시 그 아주머니를 만날 수가 있었다.

아주머니는 땀을 뻘뻘 흘리면서 길을 오고 있었다. 이번에는 나도 생각이 있어 아주머니에게서 조금 떨어진 곳에서 보따리 속에 무엇이 들어 있나 지켜보기로 하고는 몇 걸음 떨어져 그 아주머니를 살피며 길을 걸었다.

얼마 지나자 아주머니는 길 가장자리로 가더니 땅에 주저앉아 보따리를 풀기 시작했다. 나는 그 보따리에 무엇이 들어 있을까 궁금하던 차에 옆에서 조용히 지켜보았다. 보따리에는 수많은 먹을거리들이 들어 있었는데 아주머니는 음식들을 생전 처음 본 사람처럼 혼자서 헉헉대면서 먹고 있었다. 마침 그 옆을 지나던 작은 아이가 음식 냄새를 맡고서는 한 조각만 달라고 사정했다. 그러자 이 아주머니는 다시 그 보따리를 싸기 시작하더니 아이에게 마구 욕을 하며 화를 내는 모습이었다.

"저리 꺼져, 이 못된 놈아! 내 먹을 것도 부족한데 어디서 이 거지 같은 놈이 와서 나에게 먹을 걸 달라고 해? 이 망할 놈!"

음식 한 조각 구걸하다가 음식은 고사하고 욕만 잔뜩 먹은 이 아이도 화가 났는지 길옆에서 돌을 줍더니 아주머니에게 마구 던지기 시작했다. 그 옆을 지나던 사람들은 아무도 그 일에 간섭하지 않고 각자 가던 길을 가느라고 정신이 없었다.

조금 더 길을 걷다 보니 이번에는 한 할머니가 병이 났는지 쓰러져 앓고 계셨다. 그때도 역시 많은 사람들이 그 옆을 지나가고 있었지만 저마다 무엇이 그리 바쁜지 이 할머니를 돌봐주는 사람이 아무도 없었다. 내가 가까이 다가가자 할머니는 나에게 말을 걸어왔다.

"이보시오, 젊은 양반! 나에게 물 좀 한 컵 주시오. 내가 병이 들어 곧 죽을 것 같소. 나 좀 도와주시오. 나 좀 살려주시오!"

나는 급히 배낭 속을 뒤져보았지만 물이 없었다. 어떻게 해야 할까 생각하다가 그 옆을 지나는 사람들에게 부탁해보기로 했다.

"혹시 누구 물이 있으면 이 할머니에게 좀 나눠주세요. 누구 물이 없나요? 누구 물 좀 주세요. 할머니 좀 도와주세요"

그러나 저마다 못 본 척 하면서 할머니 옆을 지나가고 있었다. 심지어는 물을 마시며 그 옆을 스쳐 지나가는 사람들도 있었다. 어떻게 해야 할지 몰라 망설이고 있을 때 문득 좁은 길에서 열매 하나를 따서 배낭 속에 넣어두었던 것이 생각났다. 그 열매를 할머니에게 먹이라는 성령님의 음성이 들렸다.

나는 배낭 안에서 재빨리 열매를 꺼내어 할머니에게 드렸고, 할머니는 순식간에 열매 하나를 다 드셨다. 그리고 신기하게도 얼마 후 할머니는 언제 아팠냐는 듯 일어나 다시 사람들 틈에 끼어 길을 가기 시작하셨다.

나는 할머니가 다시 건강해져 다행이라고 생각됐지만 한편으론 지금 내가 가고 있는 길이 참으로 이상한 길이라는 생각이 들었다. 그곳을 지나가는 사람들은 모두 다 자기만 생각하는 사람들 같았다. 어서 빨리 그 길을 벗어나고 싶어졌다.

빠른 걸음으로 조금 더 가다보니 이번에는 사람들이 길바닥에 주저앉아 술판을 벌이고 있었다. 어떤 사람은 술에 취해 길바닥에 누워 잠들어 있었고, 또 어떤 사람은 옆 사람과 술을 주거니 받거니 하면서 계속해서 마시고 있었다. 지나가는 사람들을 붙잡고 자기들과 함께 술을 마시자며 사람들을 술자리로 끌어들이는 사람들도 보였다. 그밖에도 자기들끼리 치고 박고 싸우는 사람, 먹은 음식들을 토해내는 사람, 길에다 소변을 보면서도 조금도 부끄러워하거나 미안해하는 기색이 없는 사람, 술에 취해 길에서 서로 붙잡고 입맞추는 사람, 지나가는 사람들을 대상으로 음란한 행위를 하는 사람들도 보였다. 나는 견딜 수 없는 고통으로 성령님께 도움을 구했다.

"주님, 지금 제가 어느 길을 가고 있나요? 제가 가야 할 길을 바로 가게 해주세요. 빨리 이 길에서 벗어나게 해주세요."

이때 내 안에 계신 성령님의 음성이 들려왔다.

"이 길도 네가 보아야 될 길이니라."

그러므로 나는 빨리 그 길을 지나가고 싶었지만 천천히 주변을 살펴보기로 했다. 조금 더 가다보니 어느 여인이 길거리에 주저앉아 대성통곡하고 있었다. 그러나 많은 사람들은 이 여인이 통곡하며 울고 있어도 관심 없이 자기들 갈 길만 가고 있었다.

왜 그런가 하고 가까이 가서 보았더니 이 여인이 보따리에 이고 오던 그 음식들을 난폭한 폭군들이 다 빼앗아 먹어 그렇게 울고 있던 것이었다.

그리고 조금 더 길을 가다 보니 이번에는 마차에 황금보석을 싣고 가던 그 노인이 도둑떼들로부터 폭행 당하고 마차의 금은보석들을 다 빼앗기고 있었다.

노인은 지금까지 애지중지 모아온 재물인지라 그 보물들을 빼앗기지 않으려 발버둥쳤지만 힘 센 도둑떼는 이 노인을 폭행하면서 거의 죽일 듯이 때리고 그 보물들을 빼앗아 갔다. 노인은 거의 죽은 것 같은 몸으로 길거리에 내팽개쳐 있었으나 사람들은 그 노인을 향해 못 본 척 자기들 갈 길만 가고들 있었다. 나는 넓은 길을 가는 사람들을 바라보면서 '어떻게 사람들이 이럴 수가 있을까' 심히 마음이 괴로워지기 시작했다.

* * *

얼마 후 아주 좁은 길 하나가 눈앞에 보였다. 그 길 옆에서는 어떤 사람이 흰옷을 입고 지나가는 사람들에게 소리치고 있었다.

"여러분, 지금 여러분들이 가는 길은 넓은 길입니다. 그러나 그 길은 멸망으로 가는 길입니다. 지금 이곳에는 생명으로 가는 좁은 길이 있습니다. 이제 이곳의 좁은 길을 통해 생명으로 가는 길로 가십시오. 여러분, 이곳으로 오십시오. 그 넓은 길은 사망으로 가는 길입니다. 넓은 길의 끝은 사망입니다. 이제 좁은 길로 가십시오. 이 길은 가기에는 좁으나 생명으로 가는 길입니다. 이 길은 천국으로 가는 길입니다."

그는 양쪽의 갈림길 앞에서 "제발 그 넓은 길에서 벗어나 좁은 길, 생명의 길로 오라"고 소리를 지르고 있었다. 그럼에도 사람들은 흰옷 입은 사람을 향해 오히려 욕설을 퍼붓고 삿대질을 할 뿐 넓은 길로 도망치듯 걸어갈 뿐이었다. 대부분의 사람들은 이 사람의 말에 아예 관심이 없는 듯 그냥 지나쳐 넓은 길 쪽으로 걸어가고 있었다.

하지만 그들 중 더러는 갈림길 앞에 멈추어 서서 한참을 생각하더니 좁은 길을 선택해 가기도 했다. 그때마다 흰옷 입은 사람은 좁은 길을 선택하는 사람들을 보며 얼마나 좋아하던지 나는 그들이 누구인지 몹시 궁금해졌다.

가만히 서서 지나는 사람들을 지켜보다 보니 좁은 길을 선택하는 사람들은 대부분이 가난하고 병든 사람, 곧 세상 즐거움에 별로 관심이 없는 사람들 같았다. 또 자신의 잘못 살아온 삶을 후회하는 사람, 실패하거나 병들었거나 혹은 절망으로 인생의 목마름을 느끼는 듯한 사람들이 좁은 길 쪽에 잠시 멈추어 서서는 갈등하다가 좁은 길을 선택하는 듯 보였다. 그때 예수님께서 하셨던 말씀이 갑자기 생각났다.

"좁은 문으로 들어가라 멸망으로 인도하는 문은 크고 그 길이 넓어 그리로 들어가는 자가 많고 생명으로 인도하는 문은 좁고 길이 협착하여 찾는 자가 적음이라" (마 7:13~14)

나는 좁은 길로 들어서는 사람들과 함께 어디론가 가게 되었다. 역시 좁은 길이란 힘든 여정이었다. 마치 오솔길과도 같은 길이었는데 처음 내 앞에 보이던 사람들은 얼마만큼 갔는지 보이지 않고, 마치 나 혼자 그 길을 가고 있는 것처럼 느껴졌다.

넓은 길을 갈 때는 많은 사람들이 함께 어우러져 걸었는데 좁은 길에는 아무도 없어 나 혼자 가고 있다는 생각 때문인지 한없이 쓸쓸하고 외로웠다.

한참을 오솔길을 통과하다 보니 언덕길이 나왔다. 그런데 언덕길이 얼마나 가파른지 많은 짐들을 지고서는 도저히 갈 수 없을 것 같아 보였다. 앞서 간 사람들은 이 언덕길을 오르기 위해 지금까지 메고 지고 왔던 짐들을 다 던져버리고 언덕길을 오르는 듯 보였다.

그래서인지 언덕 아래에는 많은 물건들이 쌓여 있었다. 명품 가방이나 유명 화장품들도 수북이 쌓여 있었고 금목걸이, 귀걸이, 다이아반지 등 금은 보석들까지 가득 쌓여 있었다. 남자들은 그처럼 좋아하는 술병을 뜯지도 않은 채 가득 버렸고, 세상에서 얻은 명예스러운 상장이나 상품들도 마구 버려져 있는 게 보였다. 그처럼 소중하게 여기던 것들을 버리면서까지 언덕을 오르기로 선택한 사람들은 대체 어떤 마음이었을까. 나는 쌓여 있는 물건들을 보면서 적잖은 충격을 받았다. 그러면서 그들의 마음이 더욱 궁금해졌다.

사람들은 그것들을 얻기까지 얼마나 많은 수고를 했을까. 얼마나 많은 시간과 힘을 들였을까. 그럼에도 불구하고 그것들 대신 생명의 길, 언덕길을 선택한 것을 생각하다 보니 예수님의 말씀이 떠올랐다.

> "사람이 만일 온 천하를 얻고도 제 목숨을 잃으면 무엇이 유익하리요 사람이 무엇을 주고 제 목숨과 바꾸겠느냐 인자가 아버지의 영광으로 그 천사들과 함께 오리니 그 때에 각 사람이 행한 대로 갚으리라" (마 16:26~27)

말씀을 암송하면서 언덕길을 오르다 보니 이번에는 열매가 있는 나무 밭이 펼쳐졌다. 그런데 자세히 살펴보니 그 나무들에는 열매가 두 개밖에 달리지 않았다.

'왜 이 많은 나무들에 열매가 두 개밖에 없지?' 라고 생각할 때 내 안에 성령님께서 하시는 말씀이 들려왔다.

"이제 너는 여기 서서 지나가는 사람들이 어떻게 하는지를 살펴보아라."

얼마 후 언덕길을 올라오는 한 남자가 보였다. 그는 몹시도 배고파 보였는데 나무 밑으로 오더니 그 열매 가운데 하나만 따서는 맛있게 먹고 나머지 하나는 남겨두고 떠나가는 것이었다. 그때 그 사람이 하는 말이 내 귀에 들려왔다.

"아, 왜 이곳에는 열매가 두 개밖에 없을까! 내가 이곳을 지날 때 시장했던 것처럼 누군가도 이곳을 지날 때 시장할 것이니 그를 위해 하나는 남겨두고 하나는 내가 먹어도 되겠지".

그 모습을 바라보면서 참으로 놀라워하고 있는 나에게 성령님께서 이렇게 물으셨다.

"너는 어떻게 보았느냐."

"어떻게 저 사람 마음에 누군가를 생각하는 선한 마음이 있을까요?"

내 질문에 성령님께서는 조용한 음성으로 대답해주셨다.

"이 좁은 길을 걸어온 사람들은 언덕길을 오르기 전에 이미 자신의 세상 욕심 짐들을 버려둔 사람들이다. 그때 이 사람들의 마음에는 다른 사람들을 생각할 수 있는 선한 마음이 생긴 것이지."

성령님의 음성을 듣다 보니 얼마 전 넓은 길에서 만난 사람들이 생각났다. 아주머니의 욕심 가득한 음식 보따리나 마차를 끌고 가던 노인의 탐심의 마차나 그들은 모두 세상 것들로 가득 차서 다른 사람들을 생각할 수 없었던 것이다. 그저 자기 욕심만 채우는 탐심의 사람들이었다는 것이 그제야 이해됐다.

그런데 이상한 일이었다. 내가 성령님과 대화를 하는 중에 또 하나의 열매가 맺혀 있는 것이었다.

'어! 이상하다. 분명히 아까 그 사람이 한 개를 따서 먹었으니 이제 열매는 한 개만 열려 있어야 맞는데 어떻게 또 두 개가 되어 있을까?'

나는 신기한 생각에 나무를 자세히 들여다보고 또 보았다. 그때 또 다시 성령님께서 하시는 말씀이 들려왔다.

“너는 어떻게 하려느냐?”

성령님께서 나의 선택을 궁금하게 여기신다는 것을 알게 됐다. 물론 나도 매우 허기진 상태였으나 두 개의 열매 중 하나만 먹고 남은 하나는 이 곳을 지나게 될 누군가를 위해 남겨두기로 했다.

그런데 신기하게도 그 열매를 먹자 마음에 감사와 평안이 가득 채워지는 듯했다. 은혜를 주는 열매 같다는 생각이 들었다. 조금 더 가다보니 참으로 놀라운 광경이 보였다. 조금 전 내 앞에 가던 그 사람이 어느 벼랑 끝 같은 곳에 서 있는 것이었다. 나는 너무 놀라 정신이 어질어질했다.

‘아니, 어떻게 벼랑 끝을 통과한다는 말인가?’

그도 벼랑 끝 앞에서는 어쩔 줄 몰라 하는 것 같았다. 머물러 서 있을 수도, 그렇다고 벼랑 끝 아래로 내려갈 수도 없는 상황이었다. 그는 벼랑 끝 앞에 주저앉아 무언가 골똘히 생각하더니 갑자기 기도하기 시작했다.

그는 아마도 알고 있었던 것 같다. 아무리 벼랑 끝이라 하더라도 앞서 좁은 길을 걸어간 사람들은 이 벼랑 끝을 통과했을 것이라는 사실을 말이다. 나는 그 사람의 행동을 숨죽인 채 하나하나 옆에서 지켜봤다.

“주님! 도와주세요. 제가 이 벼랑 끝을 통과해야 하는데 어떻게 해야 할지를 모릅니다. 그리고 저에게는 이 벼랑 끝을 통과할 만한 능력이 없습니다.”

그의 간절히 기도가 끝나자 하늘에서 커다란 음성이 들려왔다.

“네가 나를 믿으면 하나님의 영광을 보리라 하지 않았느냐.”

하나님의 음성을 듣자마자 그는 고개를 들어 하늘을 한 번 바라보더니 담대하게 벼랑 끝으로 발을 내딛었다. 순간 나는 그만 “악” 하고 소리를 지를 뻔했다. 그가 발을 내딛는 순간, 그동안 보이지 않았던 커다란 날개가 그의 등에 생기더니 그 날개가 활짝 펴지면서 마치 독수리 같이 하늘을 나는 것이었다. 하늘에서는 천사 둘이 내려와 양쪽에서 그를 붙잡고 벼랑 끝에서 언덕 위로 날아 올라주는 모습이었다.

그 모습을 바라보고 있자니 마치 내가 저 하늘을 향해 날아가는 것처럼 설레고 벅차고 흥분되는 것을 감출 수 없었다. 차례를 기다리던 나는 궁금한 마음에 성령님께 질문했다.

“주님, 좁은 길을 통과한 사람들은 모두가 이렇게 벼랑 끝을 통과한 건가요?”

“좁은 길을 통과한 사람들은 생명의 길로 간다는 믿음 하나로 힘들고 어려운 일들을 이겨냈지. 그러는 동안 그들의 믿음이 자라서 벼랑 끝에서도 하나님의 도우심을 바라볼 수 있게 된 것이고. 이제 그들은 이곳을 통과해 하나님 나라로 올라갈 것이다”.

'아, 이렇게 좁은 길을 통과한 사람들이 하나님 나라로 들어가는구나!'

이러한 생각으로 잠시 머뭇거리는 동안 어느덧 내 차례가 되었음을 알게 되었다. 벼랑 끝만 통과하면 하나님 나라로 들어간다는 생각에 담대히 한 발을 내딛으려 하는 순간, 갑자기 어디에선가 강한 회오리바람이 불어오더니 나를 이끌고 어디론가 가버렸다. 나는 한참을 가다가 아래로 뚝 떨어졌다.

'여기가 어디지? 혹시 하늘나라인가?' 라고 생각하면서 주위를 둘러봤다. 그러나 그곳은 어두컴컴할 뿐만 아니라 싸늘한 기운과 두려움이 엄습해오는 곳이었다. 게다가 어디선가 괴상한 웃음소리까지 들려 나를 두려움 속으로 몰아넣는 것 같았다.

'그렇다면 이곳이 지옥이란 말인가? 어찌하여 내가 지옥에 떨어졌단 말인가! 나는 이제 어찌할까. 나는 어찌한단 말인가 … !'

지금까지 생명의 길을 찾아 달려온 내가 지옥에 떨어졌다고 생각하니 도무지 이해할 수가 없었다. 당황한 마음에 어쩔 줄 몰라 하며 탄식하고 있을 때 어디선가 밝은 빛이 비추더니 하얀 날개옷을 입은 천사가 다가왔다.

"주은 기자님, 평안하세요."

나는 천사를 보자마자 얼마나 반가운지 나도 모르게 소리를 지르고 말았다.

"천사님! 천사님! 나를 구해주세요. 내가 지금 지옥에 떨어졌단 말이에요.

나는 지옥에 안 가려고 지금까지 하나님을 잘 믿었어요. 그런데 지금 지옥에 빠졌단 말이에요“,

내가 슬피 울며 매달리자 천사는 나를 위로했다.

“주은 기자님, 당신은 지금 지옥에 빠진 것이 아니고 아직 할 일이 남아 있어 지금 사탄의 세계에 와 있는 것이랍니다”

사탄의 세계에 와 있다는 말을 듣고 나는 더욱 깜짝 놀랐다.

“내가 왜 사탄의 세계에 와야 합니까?”

나의 당황하는 모습을 본 천사는 날갯짓을 한 번 해주더니 온화한 미소로 그 이유를 설명해주었다.

“주은 기자님, 당신은 지금 천로역정 중 거의 마지막 사명에 와 계세요. 사탄의 세계에 대해 세상에 전해야 할 사명이 남아 있지요. 마지막으로 이 사명이 남아 있다는 것을 잠시 잊으셨나요?”

‘그렇지, 사탄의 세계에 던져진 것 또한 내가 걸어야 할 천로역정의 한 부분이지’ 라는 것이 깨달아지자 방금 전까지 당황하며 두려워 떨던 내 모습이 부끄러워졌다.

“이제는 제가 주은 기자님과 함께 있으니 아무것도 두려워하지 마세요.”

천사는 손을 내밀어 나의 가슴을 쓸어주었다. 그런데 한참 대화를 나누다 보니 언젠가 이 천사를 본 것 같은 기억이 났다. 내 생각을 눈치 챘는지 천사는 빙그레 웃더니 내 기억을 상기시켜주었다.

“얼마 전 저와 바닷가를 거닐고 함께 헤엄치며 놀았던 것을 기억하지 못하시겠어요?”

나는 은혜의 바다를 거닐면서 천사와 대화했던 것이 생각났다. 어디 그뿐이었는가. 그때 나는 그 천사의 무릎을 베고 잠들기까지 했었다. 나는 다소 격양된 목소리로 물었다.

"그럼 그 바닷가의 천사 맞나요?"

천사는 대답 대신 두 날개로 날갯짓을 하더니 나의 주위를 빙빙 돌았다.

"혹시, 어떻게 또 내 곁으로 오게 되었는지 말씀해주실 수 있을까요?"

"저는 언제나 주은 기자님을 지키고 있지요. 그렇기 때문에 머리카락 하나도 상하지 않으실 거예요. 이제부터 주은 기자님은 참으로 중요한 일을 해야만 하니까 두려워하지 말고 강하고 담대한 마음으로 사탄과 그의 세계를 인터뷰하세요. 그의 계교와 역사를 살펴보고 잘 기록해두세요.

당신이 이제 전해야 할 내용들은 아주 중요한 것들로 다음 후시대 사람들에게 꼭 알려주어야 할 내용들이니까요."

천사의 이야기를 듣고 있다 보니 은혜의 바다에서 천사를 만나기 전, 죄악의 늪에서 사탄을 만났던 일들도 다시금 떠올랐다. 그때도 천사는 내 옆에서 나를 굳건히 지켜주었다. 그 일을 떠올리자 조금 전까지 그렇게 두려웠던 마음은 사라지고 이제는 담대한 마음으로 또 다시 나의 사명의 길을 갈 수 있을 것 같았다.

* * *

이렇게 천사와 이야기하고 있을 때, 내가 사탄의 마을에 왔다는 소식을 듣고 한 무리의 귀신들이 곁으로 와서는 나를 결박해 잡아가려고 했다. 그곳은 어두움뿐이므로 잘 보이지 않는 곳이었으나 천사의 광채로 인해 나의 눈에 저들의 모습은 물론, 마치 밝은 대낮처럼 모든 것들이 확실하게 보였다.

귀신들은 우리가 상상하는 바로 그 모습이었다. 작은 원숭이들보다는 커 보였는데 마치 도깨비 같이 그들의 이마에는 커다란 뿔들이 나 있었고, 그 뿔들에는 사람들까지도 해칠 수 있는 힘이 담겨 있는 듯 보였다. 그리고 수만의 귀신들이 저들 나름대로 사람들을 해치기 위해 훈련을 받고 있었고, 군대의 대장과도 같은 귀신들은 사람들을 괴롭히고 유혹하는 방법들을 그들에게 가르치고 있었다.

천사의 보호를 받으며 귀신들의 집합 장소로 가보니 그곳은 마치 음부의 세계 같았다. 끝없이 넓고 큰 어두움의 세계였으나 저들 눈에는 모든 것이 잘 보이는 것처럼 행동하고 다녔다. 어떤 귀신들은 날아다니고 또 어떤 귀신들은 사람들을 더욱 강한 힘으로 해치기 위해 창과 칼을 더욱 예리하게 갈고 있었다. 그들의 머리 위로는 세상으로 나올 수 있을 것 같은 커다랗고 둥근 모양의 문도 보였다.

그 문으로 많은 귀신들이 나가기도 하고 들어오기도 했는데 세상에서 중대한 일들이 있을 때는 수백 수천 마리씩 떼를 지어 나가는 모습이었다. 그들은 밤낮없이 활동하고 있는 것처럼 보였다.

나는 사탄의 세계를 여기저기 일일이 둘러보기 원하여 돌아보았으나 얼마나 지독한 냄새가 나는지 너무나 역겨워 토할 것만 같았다. 또 저들은 자신들만이 통하는 말을 하고 있었는데 그 소리를 듣는 것만으로도 귀가 너무 아프고 괴로운 생각이 들었다.

내가 힘들어하는 모습을 보았는지 천사가 곁으로 와서는 아픈 내 귀를 만져주었다. 그러자 신기하게도 조금 전까지 그렇게 아팠던 귀가 깨끗하게 나았다. 그뿐만이 아니었다. 천사의 손길로 나는 저들의 말들까지도 알아들을 수 있게 되었다.

귀신들이 어떤 이야기를 하는지 귀를 열고 다시 주위를 열심히 들여다 보았다. 주위를 살피다 보니 한 쪽으로 커다랗고 둥근 구멍들이 수없이 많이 있는 것이 눈에 띄었다. 그곳에서는 알 수 없는 형체의 연기 같은 것들이 올라오고 있었다. 그것은 귀신들보다는 약간 작은 존재였는데 형체가 하도 괴상스럽게 생겨 말로 표현하기가 어려울 정도였다. 가만히 들어보니 그들은 그 괴상한 존재를 악령이라 부르는 것 같았다.

귀신들은 여러 색깔의 연기들을 큰 호리병에 담아가려고 줄을 서서 기다리고 있었다. 그 연기는 세상 사람들에게 병을 주는 '병 귀신'이라는 것인데, 귀신들은 그것을 사람들의 생각에 넣어주기 위해 담고 있는 듯 했다.

그들이 말하기를 사람들의 생각에 병에 담긴 것들을 부어주면 사람들은 스스로 병에 들어 고생하다가 죽어간다는 것이었다. 그들이 가장 대표적으로 쓰는 것은 자살이라는 병이었는데, 그밖에도 우울증, 살인, 음란의 병 등 종류가 다양한 듯했다. 또 그 가운데는 미움이라는 병도 있었는데 사람들의 머리에 미움의 생각들을 부어주면 사람들은 남을 미워하는 것에서 그치는 것이 아니라 자기 스스로 목숨을 끊기도 하는 등 사람으로서 하지 못할 짓을 많이 하게 된다는 것이었다. 그들의 말을 듣다 보니 나는 더욱 분해 견딜 수 없었다. 한시라도 빨리 저들의 정체를 세상에 알려야겠다는 마음에 가슴이 마구 뛰었다.

* * *

그때 어떤 귀신들이 나를 또 다른 곳으로 데려갔다. 그곳은 다름 아닌 그들의 대장 사탄의 집무실이었다. 내가 가는 곳에는 언제나 천사가 동행해주었기 때문에 그 천사로부터 비치는 빛으로 인해 나는 저들의 모습을 볼 수 있었다.

사탄의 집무실은 생각했던 것처럼 호화롭거나 좋은 장신구들로 꾸며져 있지 않았다. 그곳에는 세상에서 가장 큰 초대형 컴퓨터 모니터가 설치되어 있었고, 마치 극장의 화면처럼 대형 스크린까지 걸려 있었다. 그 스크린에는 그날그날의 세계 모든 사건들이 마치 우리나라 뉴스처럼 그대로 나타나고 있었다. 사탄은 매 순간, 그 사건들을 보면서 다른 귀신들에게 또 세상에 일어나야 할 일들을 지시해주는 듯 했다.

뿐만 아니라 사탄의 집무실에는 대형 스크린만한 몇 개의 액자들이 걸려 있었는데 그 액자들에는 우리가 아는 세계의 주요 사건들이 사진으로 찍혀 걸려 있었다. 더욱 놀라웠던 것은, 그 사진들 가운데는 우리가 아는 세상의 일들이 나타나고 있다는 것이었다. 독일의 나치들에게 유태인들이 학살당하여 독가스 실에서 수백 명의 사람들이 한꺼번에 죽어가는 현장이라든가, 미국의 9.11 사고로 대형 빌딩이 폭파되어 불에 타는 사진도 볼 수 있었다.

또 어느 깊은 산 같은 곳에서 수천 명의 포로들이 사람들에게 채찍질 당하면서 용광로 같은 곳에서 죽기까지 일하며 학대 받는 모습의 사진이 걸려 있었다. 그런가 하면 한 사람의 교주가 "내가 그리스도 예수다" 라고 하자 수백만 명이 그 교주 주위로 몰려와서는 "당신이 우리의 하나님이다" 라고 하면서 그 교주를 신으로 받드는 모습도 볼 수 있었다.

나는 너무 큰 충격으로 다리가 후들후들 떨려 도무지 그대로 서 있기가 어려울 정도였다. 나는 이러한 사탄의 집무실 사진들을 보면서 사탄은 우리의 세계 역사 속에서 그 힘의 능력을 안 끼친 곳이 별로 없다는 생각을 하게 되었다. 이 무섭고도 흉악한 사탄의 계교를 알지 못해서 사탄의 종으로 고통당하는 인생들을 바라보자 한없는 분노와 함께 견딜 수 없는 아픔이 내 안에 밀려 들어왔다.

사탄은 내가 본 귀신들보다 더 흉측하게 생겼을 것이라고 생각했는데 너무나 멋지고 근사한 모습으로 나를 맞았다. 내가 천사와 함께 집무실로 들어서자 뒤를 보고 앉아 있던 사탄이 의자를 돌려 나에게 인사했다.

"어서 오시오. 기다리고 있었습니다."

사탄은 내가 앉을 수 있을 만한 자그마한 의자 하나를 내주면서 거기에 앉으라고 친절을 베풀었다.

'아니, 어떻게 사탄이 친절을 베푼단 말이지?' 하며 너무 놀라워하자 이미 사탄은 나의 속마음까지도 알고 있는 듯 "무엇을 그렇게 놀라워하느냐"

고 했다.

나는 무슨 말부터 해야 할지 생각이 정리되지 않아 혼란스러웠다. 사탄은 벌써 내가 올 것을 미리 알고 있었으므로 어떤 방법으로든지 나를 골탕 먹일 수 있을 것이라는 생각으로 많이 긴장됐다. 이런 내 마음을 눈치챘는지 내 옆에 있던 천사가 나를 향해 힘차게 날갯짓을 몇 번 해주었다. 그것은 어떤 사탄의 힘이나 꾀도 나를 해치지 못할 것이라는 표시이기도 했다. 나는 사탄의 정체를 파악하기 위해 마음속으로 성경 말씀 속에서 사탄에 대해 찾아보기로 했다.

> "그런 사람들은 거짓 사도요 속이는 일꾼이니 자기를 그리스도의 사도로 가장하는 자들이니라 이것은 이상한 일이 아니니라 사탄도 자기를 광명의 천사로 가장하나니 그러므로 사탄의 일꾼들도 자기를 의의 일꾼으로 가장하는 것이 또한 대단한 일이 아니니라 그들의 마지막은 그 행위대로 되리라" (고후 11:13~15)

기억을 더듬어 말씀을 상기하고 나니 사탄은 우리의 일반적인 생각을 초월해 일하고 있다는 생각이 들었다. 새삼 그것들을 깨닫고 나니 등에서는 오싹한 기운과 함께 식은땀이 주르르 흘러내렸다.

사탄의 얼굴을 다시 쳐다보니 신기하게도 그 얼굴 가운데 지금 우리 시대에서 만나볼 수 있는 세계의 여러 사람들 얼굴이 교차 되는 것 같았다. 지금도 세계 평화라는 아름다운 관을 쓰고 마치 자신이 하나님인 양 이 땅의 사람들에게 평화와 행복, 부귀와 영화를 줄 것처럼 외치고 다니는 이들이 생각났다. 나는 다리가 후들후들 떨렸지만 마음은 진정시키고 사탄에게 질문을 계속하기로 했다.

“사탄, 너는 과연 언제부터 존재했는지에 대해 말해라!”

자신들의 정체를 알겠다고 추궁하는 내가 사탄은 얼마나 가소로웠을까. 그러나 내가 담대히 사탄을 추궁할 수 있었던 것은 나는 하나님의 특별한 부르심과 사명으로 그곳에 간 것이기 때문이었다. 그리고 사탄은 인자한 가면을 쓰고 있었기 때문에 나에게까지 포악하거나 흉측한 정체를 드러내지는 못하고 자신들의 정체에 대해 가증스럽게 이야기해줄 수밖에 없는 상황이었다.

“나는 하나님께서 에덴동산을 지으셨을 때, 즉 아담과 하와를 지으셨을 때 그 에덴동산에 그들과 함께 있었다.”

사탄의 말을 듣다 보니 그때 사탄이 아름다운 뱀의 모양으로 나타났었다는 것이 새삼 떠올랐다. 그러면서 반려 동물이라고 해서 많은 사람들이 집에서 개나 고양이를 기르면서 가족처럼 아끼고 사랑하는 모습들이 생각났다. 그렇다면 에덴동산에서 뱀과 사람들은 얼마나 가깝게, 또 친근하게 지냈다는 말인가! 순간 머릿속이 혼란스러워졌다.

생각해보면 당시 아담과 하와는 지금 우리들보다 더욱 들짐승이나 동물들과 친하게 지내며 좋은 관계를 유지했던 것 같다. 아담과 하와는 뱀이 바로 사탄의 정체였다는 사실을 전혀 눈치 채지 못한 채 뱀의 유혹으로 선악과를 따먹었던 것이다. 그렇다면 사탄은 오늘날에도 우리의 사랑하는 그것들 중에서 우리와 가장 친근한 모습으로 와 있다는 말인가. 갑자기 전에 읽었던 요한계시록의 말씀이 생각났다.

"하늘에 전쟁이 있으니 미가엘과 그의 사자들이 용과 더불어 싸울새 용과 그의 사자들도 싸우나 이기지 못하여 다시 하늘에서 그들이 있을 곳을 얻지 못한지라 큰 용이 내쫓기니 옛 뱀 곧 마귀라고도 하고 사탄이라고도 하며 온 천하를 꾀는 자라 그가 땅으로 내쫓기니 그의 사자들도 그와 함께 내쫓기니라" (계 12:7~9)

에덴동산에서 사탄은 뱀의 모양으로 나타나 유혹이라는 작전을 사용했다. 그러나 종말의 때를 살아가고 있는 우리 시대에서는 뱀의 힘이나 모양이 아닌 용과 같은 권세와 힘을 가지고 사람들에게 역사하고 있다고 생각하니 가슴이 답답해졌다. 그때 성령님께서는 나에게 다시 그 뒤의 말씀을 읽어보라고 하시는 것 같았다.

"내가 또 들으니 하늘에 큰 음성이 있어 이르되 이제 우리 하나님의 구원과 능력과 나라와 또 그의 그리스도의 권세가 나타났으니 우리 형제들을 참소하던 자 곧 우리 하나님 앞에서 밤낮 참소하던 자가 쫓겨났고 또 우리 형제들이 어린 양의 피와 자기들이 증언하는 말씀으로써 그를 이겼으니 그들은 죽기까지 자기들의 생명을 아끼지 아니하였도다 그러므로 하늘과 그 가운데에 거하는 자들은 즐거워하라 그러나 땅과 바다는 화 있을진저 이는 마귀가 자기의 때가 얼마 남지 않은 줄을 알므로 크게 분내어 너희에게 내려갔음이라 하더라" (계 12:10~12)

"용이 여자에게 분노하여 돌아가서 그 여자의 남은 자손 곧 하나님의 계명을 지키며 예수의 증거를 가진 자들과 더불어 싸우려고 바다 모래 위에 서 있더라" (계 12:17)

"또 권세를 받아 성도들과 싸워 이기게 되고 각 족속과 백성과 방언과 나라를 다스리는 권세를 받으니 죽임을 당한 어린 양의 생명책에 창세 이후로 이름이 기록되지 못하고 이 땅에 사는 자들은 다 그 짐승에게 경배하리라" (계 13:7~8)

나는 이 말씀들을 읽으며 지금은 마귀와 그의 사자들과 주 예수 그리스도의 성도들이 싸우는 영적 전쟁의 시대임을 알게 되었다. 그런데 왜 많은 그리스도인들이 사탄과 싸우는 영적 시대라는 것을 알지 못하는 것일까. 참으로 안타까워서 견딜 수가 없었다.

하나님께서는 자기의 백성 하나도 잃지 않으시려고 먼저 사탄과 귀신들을 이길 수 있는 능력을 우리에게 주셨다. 어린양의 피로써 그들을 사시고 믿음을 지킬 수 있는 은혜를 우리에게 주셨다. 또 우리가 예수 그리스도를 믿을 때 그 이름을 어린양의 생명책에 기록하시고, 아무리 강한 용의 권세를 가진 사탄이라도 어린양의 생명책에 기록된 백성들은 유혹하고 시험할지언정 이길 수 없게 하셨다. 이 얼마나 감사한 일인가.

나는 사탄의 더욱 간교한 술책을 알아내기 위해 또 다른 방법으로 그에게 질문을 던지기로 했다.

"그럼 이 방법들 말고도 또 어떤 방법으로 사람들을 유혹하고 시험하느냐."

내가 담대하게 질문하자 사탄은 그 간교한 미소로 웃음을 보이더니 이렇게 대답했다.

"나는 사람들이 하나님과 원수가 되는 삶을 살아가도록 그들을 유혹하고 있다. 왜냐하면 그리하면 더욱 많은 영혼들을 우리의 사망의 절벽으로 끌고 갈 수 있기 때문이지."

"육신을 따르는 자는 육신의 일을 영을 따르는 자는 영의 일을 생각하나니 육신의 생각은 사망이요 영의 생각은 생명과 평안이니라 육신의 생각은 하나님과 원수가 되나니 이는 하나님 법에 굴복하지 아니할 뿐 아니라 할 수도 없음이라 육신에 있는 자들은 하나님을 기쁘시게 할 수 없느니라" (롬 8:5~8)

"육신의 일만 생각하며 살다 보면 저들은 당연히 하나님과 원수 되는 삶을 살도록 되어 있다. 그러면 우리가 큰 힘을 쓰지 않아도 저들은 자연스레 우리의 종들이 되어서 우리와 같이 사망의 절벽 앞에 서서 사망의 길로 가게 되는 것이지."

나는 사탄이 지금껏 이야기한 것 외에도 또 다른 방법으로 이 땅의 사람들을 유혹하고 있을 것이라는 생각에 다시 사탄에게 재촉하듯 명령했다. 그러자 사탄은 "나는 이 땅의 사람들로 하여금 예수 그리스도와 그의 나라에 대한 소망을 가지지 못하게 한다"고 털어놓았다.

"주를 향하여 이 소망을 가진 자마다 그의 깨끗하심과 같이 자기를 깨끗하게 하느니라 죄를 짓는 자마다 불법을 행하나니 죄는 불법이라 그가 우리 죄를 없애려고 나타나신 것을 너희가 아나니 그에게는 죄가 없느니라 그 안에 거하는 자마다 범죄하지 아니하나니 범죄하는 자마다 그를 보지도 못하였고 그를 알지도 못하였느니라 자녀들아 아무도 너희를 미혹하지 못하게 하라 의를 행하는 자는 그의 의로우심과 같이 의롭고 죄를 짓는 자는 마귀에게 속하나니 마귀는 처음부터 범죄함이라 하나님의 아들이 나타나신 것은 마귀의 일을 멸하려 하심이라 하나님께로부터 난 자마다 죄를 짓지 아니하나니 이는 하나님의 씨가 그의 속에 거함이요 그도 범죄하지 못하는 것은 하나님께로부터 났음이라" (요일 3:3~9)

이제는 오히려 사탄이 나에게 적극적으로 묻기 시작했다.

"그러므로 예수 그리스도 나라에 소망이 없는 사람들은 어떻게 사는지 아느냐?"

사탄의 질문에 무엇이라 대답해야 할지 몰라 망설이고 있자 사탄은 그럴 줄 알았다는 듯 나에게 다시 이야기했다.

"나는 사람들에게 우선 보이는 세상의 것들만 보여준다. 그들이 얻고자 하는 것들을 보여준다. 그들에게 보여주는 것들이 무엇인지 아느냐?"

> "이는 세상에 있는 모든 것이 육신의 정욕과 안목의 정욕과 이생의 자랑이니 다 아버지께로부터 온 것이 아니요 세상으로부터 온 것이라 이 세상도, 그 정욕도 지나가되 오직 하나님의 뜻을 행하는 자는 영원히 거하느니라" (요일 2:16~17)

언젠가부터 사탄은 내가 하나하나 묻지 않아도 자기 스스로 계속해서 말을 이어가고 있었다.

"뿐만 아니라 그리스도인들이 믿는 그 예수를 나는 어리석은 것이라고, 아니 미련한 것이라고 저들이 생각하게 한다. 그러면 사람들은 이 세상에서 저들은 스스로 지혜롭다고 생각하고 살고 싶기 때문에 미련하게 보이는 그 예수를 버리고 스스로 자신이 지혜롭다 하면서 예수 그리스도를 등지고 나에게로 오는 것이다."

사탄의 말을 듣다 보니 갑자기 생각나는 말씀이 있어 변박하듯 하나님의 말씀을 큰소리로 암송해주었다.

> "십자가의 도가 멸망하는 자들에게는 미련한 것이요 구원을 받는 우리에게는 하나님의 능력이라 …… 하나님의 지혜에 있어서는 이 세상이 자기 지혜로 하나님을 알지 못하므로 하나님께서 전도의 미련한 것으로 믿는 자들을 구원하시기를 기뻐하셨도다" (고전 1:18, 21)

내가 십자가의 도에 관한 말씀을 큰소리로 암송하자 사탄은 비로소 그동안 천사의 모양처럼 가증스럽게 위장하고 있던 본색을 드러내며 소리쳤다.

"나는 그렇기에 항상 배가 아프고, 화가 나고, 특별히 예수 믿는 자들을 보면 원수같이 여기는 것이다. 나는 온갖 방법으로 세상 사람들을 우리의 종으로 삼으려고 했다. 그들을 사망의 절벽으로 이끌고 가려고 창세로부터 지금까지 얼마나 피 터지는 역사를 했는지 아느냐? 그런데 예수 믿는 사람들, 아니 전도자들이 그들에게 전도를 해서 우리에게서 그들을 빼앗아갔다. 그렇기 때문에 내가 이렇게 분하고 화가 나는 것이다."

사탄이 씩씩거리며 성내는 모습에 내가 잠시 움츠러들자 옆에 있던 천사가 나를 위하여 날갯짓을 여러 번 해주면서 "사탄을 두려워하지 말고 계속해서 계교를 알아내라"고 응원해주었다. 그리고 내 안의 성령님도 "너는 강하고 담대하라! 내가 너와 함께하고 있느니라" 라는 말씀을 들려주셨다. 나의 공격적인 질문에 사탄은 자신의 화를 참지 못하고 분이 나서는 계속 떠들어댔다.

"나는 그런 방법만 쓰는 줄 아느냐!"

"그러면 사탄, 너는 또 사람들에게 어떤 방법을 쓴다는 말이냐?"

"나는 저들이 원하는 것을 주지, 으하하하."

"그것이 무엇이냐!"

"저들이 돈을 원하면 돈을 주지. 아니, 그보다 이런 말을 너는 아느냐?"

"마귀가 또 예수를 이끌고 올라가서 순식간에 천하만국을 보이며 이르되 이 모든 권위와 그 영광을 내가 네게 주리라 이것은 내게 넘겨 준 것이므로 내가 원

하는 자에게 주노라 그러므로 네가 만일 내게 절하면 다 네 것이 되리라" (눅 4:5~7)

사탄은 나를 향해 분한 모양으로 이를 갈면서도 아직은 자신에게 이런 권세와 힘과 영광과 능력이 있다는 것을 과시하려는 듯 '너도 나에게 한 번만 절하면 이 영광을 너에게 주리라'고 속삭이는 듯했다.

그러나 내가 오히려 큰 소리로 "주 너의 하나님을 경배하고, 다만 그를 섬기라 하셨느니라" 라고 말씀을 암송하자 사탄은 더욱더 배 아파하는 것 같았다.

"내가 이와 같은 방법으로 사람들을 유혹하면 나의 이 유혹에 안 넘어오는 사람이 별로 없다. 그 독한 예수쟁이들 빼놓고는. 나는 그들이 원하는 세상의 재물도 많이 주고, 그들이 얻고자 하는 명예도 주며, 권세도 주지. 그러면 그들은 자연스레 나의 종이 되어 내가 시키는 것이라면 무엇이든지 하면서 나를 아무 저항 없이 따라오게 되는 것이다. 그러나 그들은 절대로 나의 종이 되었다는 것을 모르고 있지."

사탄의 말을 듣다 보니 저들의 간사한 꾀와 유혹에 사람들이 넘어간다는 생각에 너무 화가 나고 속상했다.

"너는 사람들에게 세상의 재물이나 명예를 주어서 너의 종으로 삼지만 하나님께서는 그것들을 그들에게서 빼앗아버리고 그들로 환난을 당하여 괴롭게 하시지. 그러면 그 사람들은 그 환난 때에 하나님을 찾게 된다. 그때 하나님께서는 그들로 하여금 하나님의 아들 예수 그리스도를 찾게 하시고, 주 예수 그리스도를 찾을 때 그들을 구원해 세상의 것이 아닌 하늘의 것, 즉 영생을 주신다."

내가 이렇게 사탄의 말을 반박하자 사탄도 그 음흉한 얼굴로 나에게 말했다.

"너는 욥의 시대에 내가 어떻게 역사했는지를 잊었느냐? 나는 하나님의 아들들이 모이는 곳에도 가고 땅의 이곳저곳도 돌아다닐 수 있는 영적인 존재라는 것을 잊었느냐! 나는 하나님의 허락으로 욥의 가정을 파괴시키며 욥의 몸에 악창도 줬지. 욥의 재물도 한순간에 빼앗고 욥의 자식들도 다 죽인 그런 힘 있는 존재인 것을 잊었느냐!"

사탄은 쉬지 않고 떠들며 나의 말에 반박하며 이를 갈았다. 그러더니 제 감정에 못 이겨 나에게 자신들이 쓰고 있는 최신식 무기를 그만 털어놓고 말았다.

"이제 나는 그들에게서 재물을 빼앗거나 혹은 건강을 빼앗거나 하지 않는다. 나는 이 세상을 살아가는 사람들에게서 가장 귀한 것을 빼앗기 위해서……."

나는 사탄이 그들에게서 가장 귀한 것을 빼앗는다는 말에 몹시 긴장해 "그럼 그들에게서 생명을 빼앗는다는 말이냐?" 라고 질책하듯 물어보았다. 그랬더니 사탄은 나에게 놀리듯이 말했다.

"사람들의 생명은 하나님의 소관이다. 사람이 살고 죽는 것, 복을 받고 화를 당하는 것은 하나님의 주권이다. 그래서 우리 마음대로 할 수가 없다는 것이다. 그리고 하나님께서 그들 사람들에게 주신 것이기 때문에 내가, 내 힘으로도 권세로도 사람의 생명을 취하거나 빼앗지는 못한다. 다만 특별한 경우에 하나님께서 허락하시면 빼앗을 수가 있지만. 예를 들면, 자살하는 사람도 우리가 그들의 생명을 빼앗는 것이 아니고 우리가 가지고 있는 최대의 무기로 그들에게서 죽고자 하는 생각을 넣어주는 것이지. 그것밖에 우리가 할 수 있는 것은 없다."

사탄은 자신의 이야기에 스스로 취한 듯 내가 끼어들 새도 없이 많은 것들을 말해주고 있었다.

"가룟 유다에게 우리는 예수를 팔려는 생각을 넣어주었다. 이때 유다는 이 일을 실천할 수도 있었고 물리칠 수도 있었다. 그러나 그는 이 생각을 물리치지 않고 이 생각으로 '예수를 팔면 얼마나 받을까' 라고 계산할 때, 그때 우리가 가룟 유다의 마음에 들어가 우리의, 즉 사탄의 힘을 강하게 주었던 것이지. 왜냐하면 우리는 하나님의 아들을 십자가에 못 박혀 죽게 해야만 했으니까. 그러나 가룟 유다에게는 선택할 수 있는 자유가 있었지. 예수 그리스도의 말씀을 따라 회개하고 돌이키든지, 아니면 우리가 주는 그 마음으로 예수를 팔든지. 그때 그는 우리가 주는 강한 힘을 의지해 그 선생을 팔아버렸지. 그리고 우리는 또 그를 찾아가서 '너는 네 선생도 팔아먹은 나쁜 놈이다' 라고 계속해서 정죄를 했지. 그리고 그에게 다시 말하기를 '너 같은 놈은 살아서 무엇 하려느냐! 이제 너는 네 스스로 목숨을 끊어라' 라고 계속해서 그에게 우리의 힘을 실어 속삭여주었더니 가룟 유다는 우리의 말과 힘을 따라서 스스로 목숨을 끊어 자살한 것이다."

하나님께서는 우리 인간들에게 자유의지라는 것을 주셨다. 그런데 그 자유롭게 선택할 수 있는 권한을 잘못 사용함으로 인해 사탄의 계략에 빠져 죄를 짓는 인간들을 생각하니 안타까운 마음에 목이 메었다. 사탄은 이 모든 것들을 이미 알고 있는 듯 계속해서 이야기했다.

"하나님께서는 사람들에게 자유롭게 선택할 수 있는 권한을 주셨지. 그리고 스스로 선과 악을 분별할 수 있는 지혜도 주셨다. 그러므로 우리가 아무리 악한 생각을 넣어주어도 그 생각을 스스로 물리칠 수 있는 능력을 사용하면 된다. 그러나 많은 사람들은 그렇게 하지 않고 있다가 더 많은 죄들을 짓는 것이다. 지금 우리가 사람들에게서 빼앗고자 하는 것은 따로 있다. 우리는 빼앗기 위하여 저들에게 주고 있다."

나는 사탄의 말을 들으면서 "누구도 하나님 앞에 핑계할 수 없다" 라는 말씀이 다시금 생각났다. 사탄은 나에게 쉴 새 없이 말하고 있었다.

"우리는 저들이 원하는 달콤한 것을 주고 있다. 저들에게는 시대에 맞춰 문명이라는 것을 주면서 그 문명의 대가로 나는 저들에게서 생각이라는 것을 빼앗는다. 주은 기자, 당신은 2016년에서 왔으니 당신의 시대가 어떻게 최첨단 과학 문명이라는 혜택을 누리고 있는지 알 수 있지 않은가?"

사탄이 이처럼 조목조목 말을 하자 나도 모르게 내가 살아가고 있는 시대를 생각해보게 되었다. 사탄은 계속해서 말을 이었다.

"우리는 그들에게 초고의 놀라운 지식이라는 것을 주고 있다. 인공지능 로봇, 핵무기, 최첨단 무기들뿐 아니라 모든 이들이 손에서 놓지 못하고 있는 스마트폰까지. 많은 사람들이 손에서 스마트폰을 놓지 못하고, 그것이 들려주는 정보와 달콤함에 취해 시간 가는 줄 모르고 살아가고 있지 않느냐. 그러나 그때 우리는 저들에게서 각자의 생각들을 빼앗는다. 사람들은 점차 제 생각을 잃어가기 시작하지. 마치 현대판 기계와 같이, 좀비들처럼, 생각할 줄 모르는 좀비들의 세상이 되어가도록 우리가 사람들의 머리 위에서, 인간들 세상 위에서 조종하고 있는 것이다."

사탄의 말은 들으면 들을수록 온몸에 소름이 돋았다. 너무 정확하고 현 시대의 현상에 맞는 말들이라 기가 막혀서 기절할 것만 같았다. 그러나 나는 이런 말을 들을수록 정신을 바싹 차리고 저들의 깊은 꾀들이 더 많이 실토되어 나올 수 있도록 유도해야 한다고 생각했다.

"너는 사람들에게서 생각을 빼앗는다고 했다. 그렇다면 어떤 생각들을 빼앗고자 하느냐!"

내 질문에 사탄은 한참을 망설이다가 입을 열었다.

"사람들이 어디에서 와서 어디로 가며, 지금 어디에 있으며 무엇을 하고 있는지, 어떻게 살고 있으며 살아온 결과로 어떻게 무엇을 얻을 것인지 이 모든 생각을 빼앗는다는 말이다."

나는 숨이 곧 멈출 것 같은 충격이었으나 그래도 끝까지 정신을 차리고 왜 그것을 빼앗는지 물어보지 않을 수 없었다.

"왜, 도대체 무엇 때문에 이런 생각들을 사람들이 하지 못하도록 한다는 말이냐!"

내가 이렇게 되묻자 사탄은 그 음흉한 얼굴로 나를 비웃듯이 대답했다.

"나는 사람들에게서 다른 것은 모두 주어도 한 가지만을 빼앗으면 된다."

"그것이 무엇이냐!"

내가 질책하듯 묻자 사탄은 음흉한 웃음을 띠며 대답했다.

“그것은 사람들의 영혼이다. 이제 우리 사탄의 때가 얼마 남지 않은 것을 나는 안다. 그때가 되면 우리는 영원한 지옥 유황불 못으로 들어가게 될 것이다. 그곳에서 영원히 고통 받을 것을 생각하니 너무 두렵고 무서워서 견딜 수가 없다. 그러므로 우리들은 할 수만 있다면 우리의 모든 힘과 권세를 동원해 사람들을 유황불 못에 끌고 가려고 밤낮을 가리지 않고 역사하고 있는 것이다.”

나는 조금 전 사탄이 ‘사망의 절벽’이라고 했던 것을 기억하고 다시 물었다.

“그럼 도대체 사망의 절벽이라는 것은 무슨 말이냐.”

“우리는 하나님의 시간을 알 수 없다. 그렇기 때문에 어느 날 갑자기 우리가 사망의 절벽 아래로 떨어지게 될 텐데 그곳이 우리가 두려워하는 유황불 못이다. 그런데 그것을 아는가? 우리 사탄들 말고도 사람들 중에서 우리에게 힘을 실어주는 이들이 있지. 우리는 그들을 이용하고 있다. 그들은 자신들이 가지고 있는 힘과 신분을 이용해 오히려 우리의 종들이 되어서 우리 지시대로 움직여준다. 우리가 원하는 수많은 영혼들을 떼로 엮어 우리에게로 데려다주지. 우리의 종 된 사람들이 세상에서 큰 힘과 권세를 가지고 우리와 같이 일하고 있기 때문에 우리가 지금까지 능히 셀 수 없는 영혼들을 지옥 불 가운데로 이끌 수 있었던 것이다.”

나는 ‘사망의 절벽’이라는 곳이 어떤 곳인지 알고 싶어 사탄의 집무실 스크린 화면으로 그곳의 모습을 보이라고 사탄에게 명령했다. 그러자 사탄은 어쩔 줄 몰라 벌떡 일어난 그 자리에서 화에 못 이겨 씩씩거리며 부드득부

드득 이를 갈더니 자기 주먹으로 책상을 손이 부서질 정도로 내리치기도 하고, 집무실의 물건들을 내던지기도 하고, 옆의 비서 귀신에게 발길질을 하기도 하며 자기의 본색을 완전히 드러냈다. 그는 싯누런 이를 드러내더니 목구멍이 훤히 들여다보일 정도로 입을 벌려 세상의 가장 더럽고 추악한 욕들을 한동안 정신없이 쏟아 퍼부었다.

사탄의 분노하는 모습은 마치 붉은 용의 힘과 권세를 가진 것처럼 비춰졌다. 만일 그 순간 천사가 내 옆에 없었더라면 나는 사탄에게 큰 화를 입었을 것이란 생각도 들었다.

사탄이 아무리 강한 힘을 가졌다고 하더라도 주 예수 그리스도의 명령이요 하나님의 사자로 내가 명령한 것을 따르지 않을 수는 없기에 사탄은 책상 앞에 있는 초대형 컴퓨터의 키를 작동시켰다.

온 세상의 모든 일들을 볼 수 있는 초대형 스크린 안에는 사망의 절벽의 모습이 나타났다. 그런데 나는 그 모습을 보다가 너무나 놀라워 경악하고 말았다. 조금 전 넓은 길에서 만났던 그 수많은 사람들이 마귀들에게 꽁꽁 결박당한 채로 사망의 절벽 앞에 서 있는 모습이었다. 그들은 마치 굴비를 엮은 것처럼, 노예들처럼 결박을 당하여 줄줄이 서서 사망의 절벽으로 끌려오고 있었다.

그들은 멸망의 지옥으로 들어가는 줄을 알고 절벽 끝으로 안 떨어지려고 발버둥치고 소리 지르고 악을 썼지만 그들의 힘보다 훨씬 강한 사탄 마귀의 힘에 끌려 강제로 사망의 절벽으로 떨어져 갔다.

나는 '사망의 절벽 아래에는 무엇이 있을까' 궁금한 마음에 더욱 눈을 크게 뜨고 그 절벽 아래의 모습을 쳐다보는 순간, 거의 기절할 뻔했다. 왜냐하면 그 절벽 끝 아래에는 사람이 가히 상상할 수 없는 유황 불길이 있는데 그 넓이와 길이와 깊이가 가히 말로 할 수 없을 것 같았다. 그리고 그 불길의 온도는 얼마나 강한지 새파란 연기 같은 것들이 끝없이 올라오고 있었다.

또 그곳에서는 헤아릴 수 없는 많은 사람들이 그 불길 가운데 타고 있었는데 그 불길은 태우고 또 태워도 사람의 형체는 없어지지 않고 그 고통만 더하여지는 곳이었다. 그곳에서 울부짖는 사람들의 소리는 귀가 아파서 가히 듣지 못할 정도의 처절한 몸부림이었으며 이를 갈며 울부짖는 소리들이었다.

그 순간 내 옆에서 나를 지켜주던 천사가 얼른 날갯짓을 하면서 나의 주위를 빙빙 돌아주었다. 그러자 겨우 나의 마음이 진정되면서 어떻게 하든지 이 사탄의 정체를 정확히 바로 알아서 이 세상의 어느 누구의 영혼 하나도 사탄에게 빼앗겨 지옥으로 보내지 말아야겠다는 마음이 간절해졌다.

나는 사망의 절벽과 유황 불길을 본 충격으로 마음이 먹먹해졌지만 그래도 사탄의 정체를 더욱 알아내야 하기 때문에 마음을 진정시키고 사탄에게 침착하게 되물어보았다.

“도대체 너희가 부리는 수종자들은 어떤 직업을 가진 사람들이란 말이냐.”

나의 물음에 사탄은 음흉한 얼굴로 한바탕 웃더니 궁금하면 직접 성경을 찾아보라고 했다. 나는 얼른 배낭에서 성경을 꺼내어 기록된 말씀을 찾아 읽어보았다.

“또 그들을 미혹하는 마귀가 불과 유황 못에 던져지니 거기는 그 짐승과 거짓 선지자도 있어 세세토록 밤낮 괴로움을 받으리라” (계 20:10)

“그러나 두려워하는 자들과 믿지 아니하는 자들과 흉악한 자들과 살인자들과 음행하는 자들과 점술가들과 우상 숭배자들과 거짓말하는 모든 자들은 불과 유황으로 타는 못에 던져지리니 이것이 둘째 사망이라” (계 21:8)

내가 말씀을 찾아 큰소리로 읽자 사탄은 귀를 막으며 “그만! 그만!” 이라고 괴로운 듯 외쳤다. 뜻밖의 사탄의 모습에 내가 오히려 놀라 어리둥절해하자 천사가 내게 그 이유를 설명해주었다.

“사탄은 지옥의 고통을 너무나 잘 알기에 그럽니다. 이제는 하나님께서 저들을 지옥 유황불 못 가운데 던져버릴 시간이 곧 다가오고 있지요. 그 고통당할 것을 생각만 해도 너무나 괴로워서 저렇게 소리 지르며 두려워하는 것이랍니다.”

사탄은 지금껏 많은 사람들을 지옥 불 가운데로 이끌어 고통당하게 했지만 이제는 정작 자신들이 그 고통스러운 지옥을 피할 수 없게 되자 저렇게 이를 갈면서 두려워 떨고 있다는 설명이었다.

나는 사탄의 모습을 바라보면서 끝까지 사탄의 정체를 밝혀내어 단 한 사람이라도 더 하나님 앞으로 인도해야겠다는 사명감에 가슴이 뜨거워졌다.

“그가 우리를 흑암의 권세에서 건져내사 그의 사랑의 아들의 나라로 옮기셨으니 그 아들 안에서 우리가 속량 곧 죄 사함을 얻었도다” (골 1:13~14)

하나님의 말씀을 조용히 머릿속으로 암송하고 있자니 이 말씀이 얼마나 귀한지 눈에서 감격의 눈물이 줄줄 흘렀다. 그러면서도 저 흉악한 귀신들이 때가 얼마 남지 않았음을 알고 이 땅의 사람들을 저들의 권세로 사로잡아가려고 역사하고 있다는 사실에 몸서리쳐졌다.

지금도 사람들은 저 흉악한 사탄의 힘과 능력, 그리고 그들의 세계에 대해 강 건너 불구경하듯 살아가고 있음을 생각하자 마음이 너무 아팠다. 그때 성령님께서 내 안에서 다시 말씀해주셨다.

"그런즉 너희는 하나님께 복종할지어다 마귀를 대적하라 그리하면 너희를 피하리라" (약 4:7)

"근신하라 깨어라 너희 대적 마귀가 우는 사자 같이 두루 다니며 삼킬 자를 찾나니 너희는 믿음을 굳건하게 하여 그를 대적하라 이는 세상에 있는 너희 형제들도 동일한 고난을 당하는 줄을 앎이라" (벧전 5:8~9)

하나님께서는 그분의 권세와 성령의 능력을 이미 사람들에게 주셨다. 그러므로 사탄은 우리가 두려워해야 할 대상이 아닌 것이다. 우리가 하나님의 이름으로 사탄을 대적하면 사탄이 우리를 피할 것이며 우리의 굳건한 믿음으로 사탄을 이길 수 있다는 믿음이 생겨났다. 성령님께서 사탄을 대적하고 이기라는 말씀을 친히 내 안에 부어주신 것이었다. 그러면서 성령님께서는 또한 다음 말씀을 들려주셨다.

"시몬아, 시몬아, 보라 사탄이 너희를 밀 까부르듯 하려고 요구하였으나 그러나 내가 너를 위하여 네 믿음이 떨어지지 않기를 기도하였노니 너는 돌이킨 후에 네

형제를 굳게 하라" (눅 22:31~32)

"끝으로 너희가 주 안에서와 그 힘의 능력으로 강건하여지고 마귀의 간계를 능히 대적하기 위하여 하나님의 전신 갑주를 입으라 우리의 씨름은 혈과 육을 상대하는 것이 아니요 통치자들과 권세들과 이 어둠의 세상 주관자들과 하늘에 있는 악의 영들을 상대함이라 그러므로 하나님의 전신 갑주를 취하라 이는 악한 날에 너희가 능히 대적하고 모든 일을 행한 후에 서기 위함이라 그런즉 서서 진리로 너희 허리띠를 띠고 의의 호심경을 붙이고 평안의 복음이 준비한 것으로 신을 신고 모든 것 위에 믿음의 방패를 가지고 이로써 능히 악한 자의 모든 불화살을 소멸하고 구원의 투구와 성령의 검 곧 하나님의 말씀을 가지라 모든 기도와 간구를 하되 항상 성령 안에서 기도하고 이를 위하여 깨어 구하기를 항상 힘쓰며 여러 성도를 위하여 구하라 또 나를 위하여 구할 것은 내게 말씀을 주사 나로 입을 열어 복음의 비밀을 담대히 알리게 하옵소서 할 것이니" (엡 6:10~19)

하나님께서는 주의 백성들이 사탄과의 싸움에서 능히 승리할 힘을 이미 주셨다. 따라서 마귀는 우리와의 씨름에서 이미 예수의 이름으로 패한 자이지만 그래도 세상을 사는 날 동안은 언제든지 미혹하고, 유혹하고, 시험을 줄 수 있는 존재이기에 성도들이 깨어 근신하고 하나님의 전신갑주를 입어 마귀를 대적할 수 있어야 한다는 깨달음이 생겨났다.

그들의 정체를 파악하기 위한 인터뷰를 다 마치자 내 옆에서 나를 지켜주던 천사는 "이제 우리는 사탄이 소굴을 벗어나야 하니 강하고 담대하게 나를 따르세요" 라며 한 걸음 앞서 걸어갔다.

내가 떠나려는 것을 눈치챈 귀신들은 나를 괴롭히기 위해 주위로 몰려들었으나 천사의 광채로 인해 두려워 발발 떨면서 다시 자신들의 자리로 돌아갔다.

열두 진주 문

사탄의 세계에서 빠져나오자 앞서 좁은 길을 걸어간 사람들이 서 있던 벼랑 끝에 다시 이르게 되었다. 내가 사탄의 세계로 들어가기 전, 벼랑 끝에 서서 한 발 내딛던 바로 그곳이었다.

나는 다시금 앞서 믿음으로 강을 건넜던 사람들을 떠올리며 한 발짝 내디뎠다. 그런데 조금 전까지 그토록 두려울 것 같았던 마음에 담대한 새 힘이 솟아나더니 한 발을 내딛는 순간 나의 몸이 새털같이 가벼워졌다. 그러더니 나의 등에도 날개가 생긴 듯 하늘나라 같은 곳으로 날아오르는 것이었다.

지금까지 나와 함께했던 천사도 역시 내 옆에서 같이 날아오르면서 푸르고 깊은 강을 건너 하나님 나라로 들어갔다. 하늘나라는 오색 빛깔이 찬란한 곳으로 참으로 눈부셨다.

안으로 들어가기 위해서는 문을 통해야 하는데 그곳에는 수많은 사람들이 줄을 서서 기다리고 있었다. 푸른 잔디가 넓게 펼쳐진 그곳에는 세상에서는 보지 못했던 향기롭고 아름다운 꽃들이 오색찬란하게 피어 있었고, 나비들도 훨훨 날아다녔다.

그곳에는 세계 각국에서 많은 사람들이 모여 있었는데 그들은 하늘나라에 들어가기 위해 줄을 서서 기다리는 듯했다. 그런데 가만히 살펴보니 그들의 줄은 하나가 아니고 얼핏 보아도 열 줄은 넘어 보였다. 신기한 것은 누가 가르쳐준 것도 아닌데 사람들은 저마다 자신이 들어가야 할 문을 찾아 그 앞에서 기다리고 있다는 것이었다.

어떻게 된 일인지 천사에게 물어보려고 옆을 돌아보는 순간, 지금까지 나를 인도해준 천사는 어디론가 사라지고 없다는 것을 알게 되었다. 그때 마침 어디에선가 아름다운 옷을 입은 또 다른 천사가 나타나서는 방긋 웃어주었다.

"주은 기자님, 어서 오세요! 이곳에 오심을 환영합니다. 이제부터는 제가 이곳을 안내해드릴게요."

천사는 매우 공손한 목소리로 인사했다. 그 음성에는 나를 향한 사랑과 감사와 섬김이 담겨 있음이 느껴졌다. 그러나 나는 지금까지 나와 함께 한 천사가 보이지 않자 궁금한 마음에 그것부터 물어보았다.

"그런데 궁금한 게 있어요. 지금까지 세상에서 내가 사명을 다하도록 함께해주었던 그 천사는 왜 보이지 않는 것이죠?"

"지금까지 주은 기자님과 함께했던 천사는 보호의 천사입니다. 주은 기자님이 하나님의 특별한 부르심으로 그 귀한 사명을 잘 완수하도록 하늘에서 보내심을 받은 특별 천사이지요. 주은 기자님께서 이렇게 그 사명을 잘 완수하고 여기까지 오셨으니 보호의 천사는 하나님 앞으로 돌아간 것입니다. 저는 섬김의 천사라고 합니다. 이제부터는 제가 주은 기자님을 섬기는데 부족하지 않도록 최선을 다하여 섬길 것입니다. 그러니 주은 기자님은 언제든지 무엇이든지 저에게 명하실 수 있으며, 저는 기자님을 섬김을 최고의 기쁨이며 최고의 영광으로 생각할 것입니다."

천사의 말에 나는 나무나 황송해 몸 둘 바를 몰라 했다. 그러한 내 모습을 눈치 챘는지 천사는 "주은 기자님뿐 아니라 여기 줄 서서 기다리는 모든 사람들에게는 천사가 따로 있다"며 나를 안내하겠다고 나섰다.

* * *

천사는 먼저 가장 많은 사람들이 줄 서서 기다리고 있는 문 앞으로 나를 데리고 갔다. 그 사람들은 얼마나 많은지 셀 수 없을 정도였다. 나는 많은 사람들이 줄 서 있는 것으로 보아 그 문은 더욱 특별하고 좋은 문일 것이라고 짐작했다. 그러나 가까이 가서 보니 그 문에는 아무런 빛도 비추지 않았다. 매우 큰 문이었으나 그저 세상에서 볼 수 있는 어느 성문 같아 보였다.

"천사님, 이 문은 이렇게 볼품없고 초라한데 왜 이곳에서 이렇게 많은 사람들이 줄 서서 들어가고 있지요?"

내 말에 천사는 약간 얼굴이 굳어지더니 조심스레 입을 열어 설명해주었다.

"이 문은 부끄러운 구원을 받은 사람들이 들어가는 문입니다."

나는 깜짝 놀라서 재빨리 천사에게 다시 물었다.

"아니, 그것은 또 무슨 말입니까?"

"이 문으로 들어가는 사람들은 세상에서 예수 그리스도를 믿기는 믿었어도 하나님 앞에 아무런 상을 받지 못할 사람들입니다. 그들은 예수님을 믿는다고 했지만 자신들만을 위해 살았을 뿐 예수님을 기쁘시게 하지 못했기 때문입니다. 그리고 이곳에 있는 사람들 중에는 평생 예수님을 믿지 않다가 가족들의 기도와 전도로 인해 죽음을 앞두고 예수님을 영접한 사람들이 많습니다. 그뿐만이 아니라 …….”

천사의 말에 나는 더욱 궁금해져 견딜 수가 없었다.

“그뿐만이 아니라면 또 다른 사람들도 있다는 말인가요?”

“예, 이곳에 온 사람들 중에는 한때 예수님을 잘 믿었으나 세상의 유혹으로 믿음에서 떠나 세상에서 방황하며 살다가 그 귀한 세월을 다 잃어버리고 나중에 간신히 예수님을 믿음으로 구원을 얻은 사람들도 많습니다. 그들은 다시 예수님께로 돌아오기는 했으나 귀한 세월과 시간을 놓쳐버리는 바람에 하늘에 상을 다시 쌓을 시간이 없어 겨우 구원만 받고 온 것이지요.”

그들의 사연에 대해 설명하는 천사의 얼굴을 들여다보니 결코 밝지만은 않아보였다. 그래도 구원을 받은 것이 얼마나 감사한지 모르겠다며 천사는 미소를 지었다. 그러면서 천사는 나에게 또 다른 이야기를 들려주었다.

“하나님 보좌 앞에 가까이 가서 세상에서 구원 받은 성도들을 섬기다보니 느끼게 된 것이 있지요. 바로 하나님께서는 죄인들이 하나님께로 돌아오면 기뻐하시고, 반면에 사람들이 주 예수님을 영접하지 않은 채로 지옥에 떨어지면 함께 아파하신다는 사실을 알게 되었어요. 천국의 모든 천사뿐 아니라 예수님, 그리고 먼저 구원받은 성도들까지도 지옥에 가는 영혼들을 보면 슬퍼한답니다.”

천사의 이야기를 들으며 주 예수 그리스도께서 하셨던 말씀이 생각났다.

"내가 너희에게 이르노니 이와 같이 죄인 한 사람이 회개하면 하나님의 사자들 앞에 기쁨이 되느니라" (눅 15:10)

이번에는 또 다른 문 앞으로 갔다. 그곳 역시 많은 사람들이 줄을 서서 기다리고 있었는데 나는 그 사람들을 보고는 깜짝 놀랐다. 왜냐하면 그들은 누구나 알아볼 만큼 세상에서 유명한 사람들이었다. 그들 중에는 유명한 정치인, 기업가, 배우들도 있었고, 유명한 목사님들도 몇 분 계셨다. 나는 그곳에 줄 서 있는 사람들로 보아 그 문은 참으로 크고 영광스럽게 빛나는 진주 문일 것으로 생각됐다. 그런데 가까이 가서 그 문을 보고는 하마터면 소리를 지를 뻔했다. 그 문은 내 생각과는 너무나 다르게 진주 문이기는 하나 아무런 빛이 없는데다가 간신히 아주 희미한 빛만이 깜박이고 있었기 때문이었다.

천사는"주은 기자님, 왜 그렇게 놀라워하세요?"라며 나에게 질문했다.

"천사님, 이분들은 세상에서 아주 유명할 만큼 큰 일들을 많이 하신 분들인데 왜 이렇게 영광이 없는 초라한 문으로 들어가시나요? 이분들 중에는 아주 유명한, 세상에서 이름만 들어도 다들 잘 아시는 목사님들도 여러 분들 계신데요."

내 이야기에 천사는 한숨을 내쉬며 대답해주었다.

"주은 기자님, 저분들은 이미 세상에서 영광을 다 받으신 분들입니다. 영광만 받으신 것이 아니라 상도 이미 세상에서 다 받아 누리셨습니다. 겉으로는 예수님의 이름을 높이며 예수님을 전한다 하셨지만 예수님 앞으로 돌아갈 영광을 때로는 가로채기도 하고, 때로는 그분들이 수고한 것보다 훨씬 더 많은 혜택을 받아 누리기도 했지요. 그분들을 따르는 사람들이 예수님보다 자신을 더욱 섬기게 하기도 했고 세상에서 큰 권세와 힘과 재물로 어느 왕 부럽지 않게 사치하며 살았지요. 그러나 그분들은 그래도 평생 예수님을 전하고 따랐기에 이곳 천국에 와서 저분들이 행한 대로 상을 받는 것입니다."

천사의 이야기를 들으며 나는 또 하나의 말씀이 떠올랐다.

> "사람에게 보이려고 그들 앞에서 너희 의를 행하지 않도록 주의하라 그리하지 아니하면 하늘에 계신 너희 아버지께 상을 받지 못하느니라 그러므로 구제할 때에 외식하는 자가 사람에게서 영광을 받으려고 회당과 거리에서 하는 것 같이 너희 앞에 나팔을 불지 말라 진실로 너희에게 이르노니 그들은 자기 상을 이미 받았느니라 너는 구제할 때에 오른손이 하는 것을 왼손이 모르게 하여 네 구제함을 은밀하게 하라 은밀한 중에 보시는 너의 아버지께서 갚으시리라" (마 6:1~4)

이번에는 사람들이 가장 적게 서 있는 줄 앞으로 가보았다. 그 문은 얼핏 보아도 찬란한 빛을 내는 진주 문이었다. 나는 그 문 앞에 서서 자신의 차례를 기다리는 사람들을 바라보았다.

"이곳은 어떤 사람들이 기다리는 곳입니까?"

세상적인 안목으로 볼 때 그들은 유명한 사람들 같지는 않아 보였다. 그러나 그 사람들에게서는 남다른 겸손함이 묻어났고 각 사람 나름의 순수함과 아름다움이 풍겼다.

"저희 천사들은 이분들의 얼굴을 뵈옵는 것만으로도 아주 행복하고 영광스럽답니다. 이분들은 참으로 이름 없이 빛도 없이 언제나 그리스도 예수님의 사랑에 감사하여 남모르게 주님을 기쁘게 한 사람들이지요."

천사의 말을 듣고 나니 나 또한 그분들을 뵙는 것이 너무나 감사해 고개가 절로 숙여졌다. 그리고 무엇보다 그들의 겸손함을 배우고 싶은 마음이 간절해졌다.

"이분들은 주님을 섬길 때 오른손이 하는 일을 왼손이 모르게 한 사람들입니다. 언제나 주님을 기쁘시게 하는 것이 그들의 목적이었기에 그들의 행함은 하나님 아버지 앞으로 바로 올라갔지요. 따라서 그들의 행한 일들은 저희들도 알지 못한답니다. 이제 그들은 천국에서 크고 영광스러운 상을 받겠지요. 그리고 그 영광의 빛과 광채 속에서 주 예수님의 큰 기쁨이 되어 주와 함께 세세토록 해와 같이 빛날 것입니다."

"그 때에 의인들은 자기 아버지 나라에서 해와 같이 빛나리라 귀 있는 자는 들으라" (마 13:43)

천사는 이번에는 손으로 셀 수 있을 정도의 적은 사람들만이 줄을 서서 기다리고 있는 곳으로 나를 안내했다. 그런데 어쩐지 천사는 그분들 앞에서는 숨도 제대로 쉬지 못할 만큼 그분들을 경외심으로 대하는 것처럼 보였다. 나는 그들 한 명 한 명 인터뷰하고 싶은 충동이 들었지만 나 역시 조심스러운 마음이 들어 조용히 그 문 앞으로 갔다.

그곳의 진주 문은 세상의 언어로는 가히 표현할 수 없을 만큼 아름다운 빛이 찬란하게 빛나고 있었는데, 그 빛이 너무 아름다워 눈을 뜰 수 없을 정도였다.

“도대체 이분들은 어느 분들이며 어떤 삶을 세상에서 살았기에 이렇게 찬란하고 아름다운 영광의 문으로 들어가는 것이죠?”

“이분들은 세상에서 주 예수님과 그의 나라를 위해 목숨을 바친 분들입니다. 이들 가운데는 죽기까지 충성하고 복음을 전하다가 주 예수님 앞으로 오신 선교사님들과 한평생을 얼마 되지 않는 양 무리를 위하여 죽도록 충성하다가 오신 목회자들도 있지요.”

천사의 말을 듣다 보니 나 또한 그분들을 바라보기조차 송구스러운 마음이 들었다. 또한 그렇다면 나는 어느 줄에 서서 기다려야 할지 깨달아지지가 않았다. 궁금한 마음에 나의 섬김이 천사에게 물어보았다.

“그런데 나는 어느 줄에 서서 주님 나라에 들어가기를 기다려야 할지 모르겠어요.”

“주은 기자님은 아직도 남은 사명이 많아 그 사명을 완수하고 오시면 그때 저분들처럼 주님의 나라에 영광스럽게 들어갈 것입니다. 그러니 세상에서 사명을 위해 죽도록 충성하세요. 그리고 이제 주 예수님께서 약속하신 하늘나라의 영광을 바라보고 지극히 작은 것도 상 주신다는 말씀에 귀를 기울이시며 주님 나라에 합당한 삶을 살아가기를 하늘에서 저희 천사들도 응원하겠습니다. 이제는 제가 주 예수님의 말씀을 들려드리겠습니다.”

> “보라 내가 속히 오리니 내가 줄 상이 내게 있어 각 사람에게 그가 행한 대로 갚아 주리라” (계 22:12)

갑자기 머리맡에 두었던 휴대폰에서 새벽기도 시간을 알려주는 아름다운 찬양 소리가 은은하게 들려왔다. 잠에서 깨어 보니 모든 것이 꿈이었다.

나는 한동안 정신이 멍했다. 꿈속에 있는 것인지 생시에 있는 것인지 분간하기가 어려웠다. 나의 살을 꼬집어보았으나 분명 꿈은 아니었다. 잠에서 깨었는데도 꿈에서 일어난 일들이 마치 방금 일어난 일들처럼 생생했다. 꿈에서 쉽게 벗어나지 못할 것 같은 생각이 들었다.

나는 정신을 차리고 일어나서 지금까지의 내용들을 하나도 빠짐없이 기록하여 후시대 사람들에게 전해야겠다는 생각을 했다. 아침 샤워를 간단히 하고서는 책상 앞에 앉아 두 손을 모았다. 그러고는 이 귀한 꿈의 내용이 많은 사람들을 저 천국으로 인도하는 도구가 되기를 간절히 기도했다.

양선교의 천로역정

1판 인쇄일 2022년 4월 22일
1쇄 발행일 2022년 4월 30일

지은이 _ 양선교
펴낸이 _ 김윤혜
펴낸곳 _ 태평양
등　록 _ 제481-251002016000017호(2016. 4. 12.)
주　소 _ 경기도 남양주시 진접읍 해밀예당1로 272, 2307-902호
전　화 _ 031)573-9179

총판처 _ 가나북스
경기도 파주시 파평면 율곡로 1406
전화 031)959-8833　팩스 031)959-8834

값 19,000 원

ISBN 979-11-961493-0-7　03230

* 이 책의 성경본문은 개역개정판을 사용했습니다.